세계 문학 전집을 읽고 있습니다 1

세계 문학
전집을

읽고
있습니다

김정선 지음

1

포도밭

들어가며

살면서 한번쯤은 누리고 싶은, 세계 문학 전집을 읽는 시간

누구나 살면서 한번쯤 내게도 일어나길 바라는 일들이 있다. 가령 평생 잊지 못할 열정적인 사랑이나 로또 당첨 같은 것. 나이가 들면서 자연스레 내 몫이 아니려니 포기하게 되지만 그래도 마음 한편엔 죽기 전에 언젠가는, 하고 바라는 일이기도 하다.

내겐 한 가지가 더 있었다. 세계 문학 전집을 쌓아놓고 한 권씩 읽어 나가는 일.

어릴 때 교보문고나 종로서적에 책 구경을 가면 늘 전집 코너 앞에서 발길을 멈추고 마치 잘사는 이웃집 바라보듯이 선망의 눈길로 진열된 책들을 쳐다보곤 했다. 저걸 다 읽은 사람이 있을까, 어떤 사람일까, 하고 부러워하면서 나도 언젠가는 읽어볼 수 있겠지, 속으로 중얼거리곤 했다.

다행히 이건 시간이 지나면서 자연스레 내 몫이 아니려니 하고 포기할 필요가 없는 일이었다. 세계 문학 전집에 포함된 작품들이라면 해당 작가들이 완숙기에 창작한 작품들일 테니 나 또한 어느 정도 나이가 든 뒤에 읽어도 괜찮으리라 여겼기 때문이다. 아니 지금보다 나이가 든 뒤에 읽는 것이 훨씬 낫겠다고 위안 삼을 수도 있었다. 그러니 지레 포기할 필요도 초조해할 필요도 없었다. 다만 시간이 문제였을 뿐.

그런데 그런 시간이 내게 찾아왔다. 건강 문제로 더 이상 일을 할 수 없게 된 것. 몸을 추스르고 나니 일도 없는데 더 이상 서울 살이를 고집할 이유가 없겠구나 싶었다. 대전으로 거처를 옮기고 바로 꿈꿔온 일에 착수했다. 어차피 따로 할 일도 없었으니까.

우선 내가 가지고 있는 책부터 읽기 시작했다. 다른 책들은 도서관에서 빌려 읽을 생각이었지만 '코로나 19' 때문에 도서관 이용이 불가능해지는 바람에 어쩔 수 없이 동네 근처 대형 서점이나 동네 책방, 또는 중고서점에서 구입해 읽었다. 혹시나 오해가 생길까 봐 밝혀두는데 출판사나 번역자를 따로 고려해서 책을 고르지 않았다. 그저 손가는 대로 읽기 편한 책을 선택했을 뿐이다.

누구나 제목 정도는 들어봤음직한 유명짜한 작품들을 주로 골랐다. 학창 시절 이미 읽어본 책은 다시 읽었고 처음 읽는 책은 특별한 경우를 제외하곤 대개 두 번 읽었다.

일단 2020년 6월 말부터 2021년 3월 초까지 작품 수로 70편, 권수로는 1백 권의 책을 읽고 쓴 기록을 책으로 묶는다. 앞으로 얼마나 더 읽고 쓰게 될지 모르겠다. 바라기는 이렇게 세 권 정도 낸다면 모두 3백 권 정도를 읽게 되는 셈이니 어린 시절 선망의 눈길로 바라보기만 했던 작품들을 얼추 다 읽지 않을까 싶다.

여전히 열악한 조건에서도 세계 문학 전집에 속한 작품

들을 유려한 한글로 옮기느라 애쓰는 번역자 분들께 경의를 표하고 싶다. 세계 문학 전집을 기획하고 출판하는 여러 출판사 관계자와 편집자 분들께도 머리 숙여 감사드린다. 기획 단계부터 이런저런 아이디어를 주면서 전체적인 방향을 잡아주었을 뿐만 아니라 원고를 꼼꼼히 살피고 편집과 디자인까지 맡아 준 포도밭출판사 최진규 편집자에게도 고마움을 전하고 싶다. 주로 소파에 누워서 책을 읽었는데, 내 몸무게를 버텨내느라 좋이 10센티미터는 주저앉았을 소파에게도 인사를 전한다. 이 책에 자신들의 이야기를 담는 걸 허락해 준 동생과 P, 그리고 연필선인장 '연필이'에게는 앞으로도 늘 함께하자는 말과 함께 행운을 빈다는 인사를 전하고 싶다. 이 책을 통해 만나게 될 독자분들께도.

김정선

차례

들어가며
살면서 한번쯤은 누리고 싶은, 세계 문학 전집을 읽는 시간   5

2020, 여름

노인과 소년   17
『노인과 바다』, 어니스트 헤밍웨이

마스크는 언제 벗을 수 있을까?   21
『페스트』, 알베르 카뮈

긴 장마처럼   25
『콜레라 시대의 사랑』 1·2, 가브리엘 가르시아 마르케스

아니야, 결코 가볍지 않아!   29
『참을 수 없는 존재의 가벼움』, 밀란 쿤데라

순전히 얼음 때문에   33
『백 년 동안의 고독』, 가브리엘 가르시아 마르케스

북북서로 미쳤다고?   37
『햄릿』, 윌리엄 셰익스피어

이 무슨 호사인가   40
『위대한 개츠비』, 프랜시스 스콧 피츠제럴드

외진 곳의 장기 투숙자   44
『설국』, 가와바타 야스나리

오직 편지글로만   47
『파멜라』 1·2, 새뮤얼 리처드슨

재난지원금 덕분에   51
『클러리사 할로』 I~VIII, 새뮤얼 리처드슨

술 냄새와 책 냄새 진동하는 소설   54
『화산 아래서』, 맬컴 라우리

현명해져야 하는 건 리어일까 나일까?   59
『리어 왕』, 윌리엄 셰익스피어

가면의 진실   63
『도리언 그레이의 초상』, 오스카 와일드

권력은 나눌 수 없는 걸까?   66
『오이디푸스 왕』, 소포클레스

누구나 언제든 삶의 한가운데를 산다   70
『삶의 한가운데』, 루이제 린저

우당탕탕 지나가 버린 젊은 시절   75
『젊은 베르테르의 슬픔』, 요한 볼프강 폰 괴테

흉내 내기   78
『돈키호테』, 미겔 데 세르반테스

성공한 속편은 없는 걸까?   81
『돈키호테 2』, 미겔 데 세르반테스

2020, 가을

가을의 문턱에서 만난 도스토옙스키   85
『카라마조프가의 형제들』 1~3, 표도르 도스토옙스키

『죄와 벌』을 다시 쓴다면?   90
『점원』, 버나드 맬러머드

도와줘요, 빨강머리 앤!   94
『그린게이블즈의 빨강머리 앤』 1~10, 루시 모드 몽고메리

외진 곳에 불시착한 영혼   98
『테레즈 데케루』, 프랑수아 모리아크

집에 돌아가는 길   103
『댈러웨이 부인』, 버지니아 울프

합의와 치욕   107
『변신』, 프란츠 카프카

쓸쓸하다   111
『호밀밭의 파수꾼』, 제롬 데이비드 샐린저

세상이 너무 지겨워!   115
『베니스의 상인』, 윌리엄 셰익스피어

세상의 모든 하루   119
『이반 데니소비치, 수용소의 하루』, 알렉산드르 솔제니친

발작적인 아름다움   123
『나자』, 앙드레 브르통

무서워라!   126
『이상한 나라의 앨리스』, 루이스 캐럴

세계와 나   129
『푸른 꽃』, 노발리스

내 연인은 슬픔   132
『연인』, 마르그리트 뒤라스

크로머는 어떻게 살았을까?   136
『데미안』, 헤르만 헤세

청춘의 비가(悲歌)   140
『수레바퀴 아래서』, 헤르만 헤세

정신의 과장된 삶 143
『만연원년의 풋볼』, 오에 겐자부로

권력과 반역은 한 쌍이다 147
『맥베스』, 윌리엄 셰익스피어

기계와 불멸 150
『모렐의 발명』, 아돌포 비오이 카사레스

기만 없는 사랑이 가능할까? 154
『전원 교향악』, 앙드레 지드

비겁한 사랑 158
『좁은 문』, 앙드레 지드

사랑과 증오의 세 꼭짓점 162
『주홍 글자』, 너새니얼 호손

고(故) 박지선 씨를 기억하며 167
『노르웨이의 숲』, 무라카미 하루키

어떤 섹스가 우리를 구원할 수 있을까? 172
『채털리 부인의 연인』 1·2, 데이비드 허버트 로렌스

철없는 사랑과 공동체의 운명 177
『로미오와 줄리엣』, 윌리엄 셰익스피어

"개 같군!" 181
『소송』, 프란츠 카프카

이 사람, 대체 정체가 뭘까? 186
『성』, 프란츠 카프카

악을 품은 선과 선을 품은 악 192
『지킬 박사와 하이드』, 로버트 루이스 스티븐슨

연필선인장과 히스 197
『워더링 하이츠』, 에밀리 브론테

나는 나를 보았을까? 204
『말테의 수기』, 라이너 마리아 릴케

제인 에어와 다락방의 여인 210
『제인 에어』, 샬럿 브론테

2020, 겨울

이야기의 핵심에 감추어진 것 217
『암흑의 핵심』, 조지프 콘래드

출구 없는 세상에 갇힌 아들 222
『인간 실격』, 다자이 오사무

출구 없는 세상에서 자기 혁명을 꿈꾸는 딸 227
『사양』, 다자이 오사무

자비 없는 냉담한 서술자 232
『미하엘 콜하스』, 하인리히 폰 클라이스트

"창조주여, 나는 네 주인이다. 순종하라!" 238
『프랑켄슈타인』, 메리 셸리

도시와 시간 244
『악의 꽃』, 샤를 보들레르

근대 소설의 최대치 248
『전쟁과 평화』 1~4, 레프 톨스토이

소설보다 더 소설 같은 255
『카탈로니아 찬가』, 조지 오웰

아무래도 소설 같지 않은 260
『모비 딕』, 허먼 멜빌

이야기의 보수성 265
『마의 산』 상·하, 토마스 만

탁월한 서술자와 완벽한 구성 271
『오만과 편견』, 제인 오스틴

『오만과 편견』의 그늘 아래서 277
『이성과 감성』, 제인 오스틴

천박해지는 것에 대한 두려움 282
『위대한 유산』 1·2, 찰스 디킨스

행복은 정말 다른 곳에 있는 걸까? 288
『마담 보바리』, 귀스타브 플로베르

미리 만나 보는 현대 소설 294
『고리오 영감』, 오노레 드 발자크

독자를 만들어야 하는 작가의 운명 300
『아Q정전』, 루쉰

포크너, 포크너! 305
『소리와 분노』, 윌리엄 포크너

고급 심리소설의 초상 311
『한 여인의 초상』 1·2, 헨리 제임스

문학이란 무엇인가 317
『보이지 않는 인간』 1·2, 랠프 앨리슨

쥘리엥 소렐은 뫼르소의 모델일까? 322
『적과 흑』 1·2, 스탕달

'빈곤 포르노' 속에 버려진 인물들 328
『목로주점』 1·2, 에밀 졸라

소설가 염상섭 335
『삼대』, 염상섭

2020, 여름

노인과 소년

『노인과 바다』
어니스트 헤밍웨이, 이인규 옮김
문학동네, 2020(2012)

저 길 위쪽 오두막에서 노인은 다시 잠을 자고 있었다. 그는 여전히 엎드려서 자고 있었고 소년이 옆에 앉아 그를 지켜보고 있었다. 노인은 사자 꿈을 꾸고 있었다.
(133쪽)

2020년 6월 25일 대전으로 이사했다. 대전엔 연고도 없고 지인이 살지도 않는다. 이런저런 일로 몇 번 갈 일이 있었는데, 나중에 굳이 서울에 살 필요가 없을 때 옮겨 와 살면 좋겠다는 생각을 했을 뿐이다. 건강 문제로 2월에 교정 교열 일을 그만두면서 바로 이사 준비를 했다.

책을 빼면 짐이랄 것도 없어서 동생이 차로 두 번 날라주었다. 4년 동안 지낸 서울 동북쪽의 자취방에선 전 세입자가 놓고 간 낡은 냉장고를 이어받아 쓴 데다 세탁기도 없이 손빨래를 하며 지냈다. 침대며 책장도 없이 살았기에 가전제품이며 가구들도 새로 들여야 했다.

동생은 하룻밤 지내고 가면서 많은 이야기를 쏟아냈다.

25년 넘게 일하며 청춘을 바친 업계에서 불미스러운 일까지 당하며 쫓겨나다시피 한지라 할 이야기가 많았다. 자신의 가족 문제 때문에 오랫동안 마음고생을 하기도 했고. 잠을 못 잔다고 해서 정신과 진료를 받고 약을 먹어보라고 권했다. 이미 6개월 넘게 우울증 약을 먹으며 정신과 진료를 받고 있는 형의 제안에 동생은 약은 거부하고 상담 치료만 생각해 보겠노라고 했다.

동생이 돌아가고 나서 남은 짐 정리를 하며 이런저런 생각을 했다. 중년이 되어 삶에서 밀려난 우리는 패배자일까, 자문해 보기도 하고.

심란한 마음을 다스리기 위해 미국 작가 어니스트 헤밍웨이(1899~1961)가 1952년에 펴낸 소설 『노인과 바다』를 펼쳤다. 쿠바의 한 어촌에서 고기잡이로 생계를 유지하는 노인 산티아고와 다섯 살 때부터 노인에게서 고기잡이를 배운 이웃집 소년 마놀린의 이야기다.

노인이 84일째 고기를 한 마리도 잡지 못하자 마놀린의 부모는 다른 배로 소년을 보내버린다. 그래도 착한 마놀린은 늘 노인을 챙기며 언젠가는 노인과 함께 다시 고기를 잡을 날을 기다린다. 부인과 사별하고 혼자 허름한 집에 살며 간혹 사자 꿈을 꾸거나 소년과 함께 메이저리그 야구 선수 이야기를 나누는 게 유일한 낙인 노인은 85일째 날 혼자 먼바다까지 배를 끌고 나가 어마어마한 크기의 청새치를 잡는다. 낚싯줄을 온몸에 감다시피 하며 한 손으로 정어리와 만새기 따위 생선을 잘라 날로 먹으면서 꼬박 이틀 밤낮을 버틴 노인은 마침내 청새치를 죽여 자신의 배에 묶는 데 성공한다.

하지만 피 냄새를 맡은 상어 떼들이 덤벼드는 바람에 또 한 차례 사투를 벌여야 했다. 결국 노인은 머리와 꼬리 그리고 뼈만 남은 5.5미터짜리 청새치와 함께 집으로 돌아온다. 소년은 엉망이 된 노인의 손을 보고 울면서 커피와 먹을거리를 가져다주고 동네 사람들은 뼈만 남은 청새치의 크기를 잰다고 법석을 떤다. 노인은 소년이 지켜보는 가운데 잠에 빠져들어 다시 사자 꿈을 꾼다.

헤밍웨이가 아니면 쓸 수 없는 소설이겠다 싶다. 단지 그의 경험만을 얘기하는 건 아니다. 실제로 헤밍웨이는 쿠바에 거주하면서 자신의 배로 청새치를 잡기도 했다지만, 그런 체험이 소설을 쓰는 데 득보다는 실이 되는 경우도 많으니까. 간결한 문장으로 덤덤하게 서술해 나가면서 욕심 부리지 않고 꼭 써야 할 것만 쓰는 작가의 스타일이 이런 걸작을 낳지 않았을까.

낚시를 전혀 즐기지 않는 나 같은 독자까지 끌어들이기 위해, 노인이 바다 위에서 잠을 못 자고 사투를 벌이는 장면에서 그의 삶 전체를 돌아볼 만도 한데, 작가는 그런 실없는 짓은 하지 않는다. 거구의 흑인과 하루 밤낮 동안 팔씨름을 벌여 승리한 일화나 젊은 날 선원으로 경험한 일 등 상황에 필요한 부분만 거론하고 말 뿐. 어떻게 부인을 만나 결혼했고 그 뒤로는 어떤 일들을 겪었는지 구구절절 늘어놓았더라면, 노인은 더는 젊지 않은 노인에 불과할 뿐, 여전히 자신의 일을 하며 동업자인 소년과 우정을 나누는 어부로 남지 못했으리라. 집으로 돌아온 노인을 맞은 소년이 그의 몰골을 보며 눈물을 흘린 것도 동업자이자 친구에 대한 깊은 우정 때문이었다. 그러니 그 소년 곁에서 사자 꿈을 꾸며 잠든 노인은 '더 이상 젊지 않은 패배자'가 아닌 셈이다.

바닷가 카페 주인이 노인이 잡아온 뼈만 남은 청새치를 거론하며 전날 소년이 잡은 두 마리의 물고기도 그에 못지않았다고 추어주자 소년이 "제가 잡은 그까짓 건 지옥에나 가라고 하세요"라고 소리치며 울먹일 때, 나는 독자로서 산티아고 노인이 한없이 부러웠다. 질투가 날 정도로. 그에겐 진정한 의미의 친구가 있는 거니까. 함께 일하고 추억을 공유하며 같은 관심사에 대해 이야기를 나눌 뿐만 아니라, 자신이 죽은 뒤에도 아주 오랫동안 기억해줄 친구. 그러니 산티아고는 패배자가 아닌 셈이다.

오래전에 처음 읽었을 땐 노인과 바다, 그리고 청새치만 눈에 들어왔더랬다. 노인이 허먼 멜빌의 소설 『모비 딕』(1851)에 나오는 이슈메일, 그러니까 바닷속에 수장된 피쿼드호의 유일한 생존자처럼 느껴지기도 했고. 이슈메일이 나이 들어 다시 바다로 나가 또 한 번의 사투를 벌이는 것 같았달까. 하지만 이번에 다시 읽으니 바다나 청새치보다는 소년이 유독 눈에 들어왔다.

동생을 응원하고 새로 시작된 나의 대전 생활을 축하하는 의미에서 산티아고 노인과 마놀린 소년을 떠올려 보았다. 베란다 창으로 내다보이는 대전의 여름밤 모습이 밤바다 풍경처럼 느껴진다. 내가 마치 어두운 바다 한가운데 떠 있는 배 안에 홀로 누워 있는 것만 같았달까.

마스크는 언제 벗을 수 있을까?

『페스트』
알베르 카뮈, 이휘영 옮김
문예출판사, 2012

> 우리의 도시에서는 이제 아무도 거창한 감정을 품지 않게 되었다. 모든 사람은 단조로운 감정을 느끼고 있었던 것이다. "이젠 끝날 때도 되었는데" 하고 시민들은 말하곤 했다. (199쪽)

정말이지 이젠 끝날 때도 된 것 같은데, 출구가 보이지 않는 터널 속에 갇힌 것처럼 답답하기만 하다. '코로나 19' 이야기다. 마스크를 쓰는 게 일상이 된 지도 어느새 반년이 넘었다. 초기엔 마스크를 깜빡하고 집을 나섰다가 다시 돌아가는 일이 잦았는데 이젠 습관이 돼서 입에 마스크가 덮이지 않은 상황을 상상하기 어렵게 되었다.

공교롭게도 내가 이사 올 무렵 그간 청정 지역 같았던 대전도 확진자 수가 늘면서 긴장이 한껏 고조되고 있다. 새로 적응해 살아야 하는 지역의 이곳저곳을 돌아볼 수 없음은 물론 새로운 공기를 마음껏 호흡할 수조차 없어 답답하기만 하다. 그저 답답할 뿐인 나보다 더 큰 피해를 보고 있는 사람들을 위해서도 얼른 진정이 되어야 할 텐데 걱정이다.

프랑스 작가 알베르 카뮈(1913~1960)가 1947년에 펴낸 소설 『페스트』를 다시 읽는다. 알제리 해안 도시 오랑에 페스트가 번져 도시가 봉쇄된 가운데 의사 베르나르 리외를 비롯한 여러 인물들이 페스트와 싸우며 삶의 의미와 윤리적 가치를 깨달아 간다는 이야기다.

알제리의 해안 도시 오랑에서 페스트가 발병해 도시 전체가 봉쇄된다. 오랑의 의사 베르나르 리외는 병을 앓고 있는 아내를 도시 밖 요양원에 보내고 환자를 돌보는 일에 매진한다. 오랑에 취재 왔다가 갇혀버린 신문기자 레몽 랑베르는 연인이 살고 있는 파리에 가려고 브로커와 접촉했다가 마음을 바꿔 리외를 돕기 위해 남고, 여행객인 장 타루는 보건대를 조직해 궂은일을 도맡으면서 자신이 겪은 일들을 노트에 기록하며, 예수회 신부 파늘루는 시민들에게 회개하라고 설파했다가 판사 오통의 어린 아들이 처참한 고통 속에서 죽어가는 걸 목도하고 싸워 이겨내자는 메시지를 전한다. 마침내 10개월에 걸친 봉쇄가 풀렸을 때 아내를 잃은 리외는, 기쁨의 환호성 속에서도 페스트는 어딘가에 잠복해 있다가 다시 나타나리라는 상념에 젖는다.

학창 시절 이 소설을 읽으면서는 별로 흥미를 느끼지 못했더랬다. 흥미는커녕 밀려오는 배신감에 어쩔 줄 몰라 했던 기억이 난다. 『이방인』(1942)의 작가가 이런 소설을 써도 되는 거야, 싶었달까. 페스트와 싸우는 사람들이 왜 그렇게 낯설게 느껴지던지.

나이 들어 다시 읽으니 거꾸로 이런 소설을 쓴 작가가

『이방인』 같은 소설은 왜 썼을까 의문이 들 정도로 흥미로웠다. 나이가 들어서 그런 건지 아니면 '코로나 19' 때문인지……

허무와 부조리, 패배감, 부질없음 같은 생각에 빠지기엔 남사스러워진 나이가 된 것만은 확실하지만, 그렇다고 모두 물리쳐버릴 만큼 긍정적이 된 것도 아니다. 외려 부정적인 생각들을 긍정하게 되었달까. 삶은 부조리하고 허무하며 누구에게나 패배감을 안겨줄 뿐이니 부질없이 애쓸 필요 없다는 생각도 삶에는 필요할 테니까. 인용문처럼 거창한 생각 같은 건 어디에도 존재하지 않고, 그저 단조로운 일상 속에서 가끔씩 "이젠 끝날 때도 되었는데" 하고 혼잣말을 하게 만드는 것, 그것도 삶의 한 단면 아니겠는가. 그러니 페스트와 싸우든 '코로나 19'와 싸우든 엄청난 적과 싸우고 있다는 생각은 버려야 할지 모른다. 그래서는 오래 버틸 수 없을 테니까. 물론 마스크는 꼭 쓴 채로 버텨야겠지만.

카뮈의 소설을 읽다 보면 서술자가 흥미롭다고 느낄 때가 많다. 뭐랄까, 윤리적이라고 할까. 서술자에게 윤리라는 덕목을 요구할 수 있을는지 모르겠지만, 만일 그럴 수 있다면 첫손에 꼽고 싶은 서술자는 단연 카뮈 소설의 서술자다. 이야기를 전달하면서 어느 인물에게도 쉽게 스며들지 않고 들뜨지 않는데다 인물들을 극단적으로 몰아붙이지 않는다. 선인도 뭐 이런 사람이 다 있어, 할 정도로 선하게 그리지 않고, 악인 또한 싱겁기 그지없게 그려내는 데 그칠 뿐이니까. 이야기를 좀 더 흥미롭게 전달하기 위한 이런저런 꼼수를 부리는 서술자와는 거리가 멀어 보인달까.

그래서 카뮈의 소설을 읽을 때는 서술자가 느닷없이 목소리를 바꾸거나 엉뚱한 이야기를 늘어놓지 않을 거라는 믿음이 유지된다. 단지 흥미를 돋우기 위해 인물을 극단적인 상황으로 무리하게 밀어붙이지 않을 거라는 믿음도 생기고. 그저 편안하게 이야기를 듣고 있으면 되는데, 그 이야기가 대부분 편안하게 들을 수만은 없는 이야기라는 게 역설적이다. 이 역설을 통해 자신의 이야기가 갖는 무게감을 조용히 전하는 서술자라는 점에서 윤리적이라고 표현하고 싶다. 『페스트』가 감동적으로 읽히는 데는 이런 부분도 한몫하지 않았을까.

긴 장마처럼

『콜레라 시대의 사랑』 1·2
가브리엘 가르시아 마르케스, 송병선 옮김
민음사, 2006(2004)

그녀가 말했던 대로 나이를 먹은 그녀에게서는 시큼한 냄새가 풍겼다. (중략) 그는 네 살 더 먹은 자기도 똑같은 냄새를 풍겼을 것이고, 그녀 역시 동일한 감정을 느꼈으리라 생각하면서 위안을 삼았다. 그것은 그가 아주 오래된 애인들에게서 맡은 적이 있고, 그녀들도 그에게서 맡았던 인간의 발효 냄새였다. (2권 308쪽)

장마가 끝날 줄 모르고 이어진다. 세상이 눅눅해지니 내 몸 어딘가에도 곰팡이가 스는 느낌이다. 비가 올 때 산책을 포기하고 주차장에 내려가 맥없이 왔다갔다하다 올라오곤 한다. 비 오는 걸 구경하기도 하고 비 냄새를 맡기도 하는데, 너무 오래 내리니 이젠 비도 슬슬 지겨워진다. 한국도 동남아시아 국가들처럼 우기(雨期)를 따져야 할 때가 온 걸까?

빗소리를 들으며 콜롬비아 작가 가브리엘 가르시아 마르케스(1927~2014)가 1985년에 펴낸 소설 『콜레라 시대의 사랑』을 읽는다. 19세기 말에서 20세기 중반까지 콜롬비아에서 두 남자와 한 여자가 운명 같은 사랑에 빠져든다는 이야기다.

두 남자는 후베날 우르비노 박사와 플로렌티노 아리사고 한 여자는 페르미나 다사다. 우르비노 박사와 페르미나는 부부로 박사가 여든한 살에 사망할 때까지 결혼생활을 이어가고, 플로렌티노는 열일곱 살에 페르미나를 처음 보고 사랑에 빠지지만 안타깝게도 서로 맺어지지 못한 뒤로 53년 7개월 동안 페르미나를 잊지 못하다가 우르비노 박사의 장례식 날 혼자 된 페르미나에게 두 번째 고백을 한다. 우르비노 박사는 죽을 때까지 딱 한 번의 외도 말고는 아내 곁을 지키는데, 플로렌티노는 평생 페르미나를 잊지 못하면서도 여러 여자들과 관계를 맺는 데다 그중에는 심지어 미성년자도 있다.

마르케스가 얼마나 대단한 이야기꾼인지 실감하게 만드는 소설이다. 마치 세 인물의 인생 이야기를 머릿속에서 동시에 진행시키면서 소설을 쓰고 있는 듯, 세 인물의 과거와 현재가 씨줄과 날줄이 되어 교차하는 상황에도 숱한 에피소드들이 사족이 되지 않고 되살아나 적절한 무늬를 만드는 모습이 가히 장관이라 할 만하다. 어찌 보면 단순하기 그지없는 사랑 이야기일 뿐인데 그 단순한 뼈대에 이토록 복잡한 살을 더하고도 기형적으로 보이지 않게 만드는 솜씨가 놀라울 따름이다.

그럼에도 다 읽고 나면 자연히 두 가지 의문을 품게 되는 소설이기도 하다. 하나는, 이야기꾼으로서 마르케스가 가질 만한 자신감과 의욕을 감안하더라도 왜 굳이 이런 구성을 택했을까 하는 의문이고, 다른 하나는, 제목을 왜 '콜레라 시대의 사랑'으로 지었을까 하는 의문이다.

만일 작가가 의도한 것이 53년 7개월 동안 이어진 외사랑이 마침내 결실을 맺는 감동적인 사랑 이야기였다면 굳이 이런 구성을 택할 필요는 없지 않았을까. 십 대 시절에 처음 만나 사랑에 빠진 이야기부터 시작해서 노인이 되어 다시 두 번째 사랑 고백을 하기까지의 과정을 순서대로 서술하는 것이 나았을 테니까. 설령 두 번째 고백을 먼저 제시함으로써 독자로 하여금 그 지난한 사랑의 과정을 먼저 상상하게 만들고 싶었다 해도 나이 든 부부의 하루 이야기를 94쪽까지 끌고 간 첫 장은 좀 지나쳐 보인다. 그러니 이 같은 구성에는 다른 의도가 깃들어 있으리라고 의심할 만하지 않겠는가. 그리고 다른 의도라면, 깊이 생각할 것 없이, 두 번째 사랑 고백이 얼마나 뜬금없고 엉뚱하며 병적이기까지 한지를 드러내는 것이리라.

한편 콜레라와 내전은 이 소설에서 배경으로만 등장한다. 주인공들 중 누구도 콜레라와 내전의 직접적인 피해자가 아닐뿐더러 그 참상은 그들이 배로 여행하다 보게 되는, 강물에 떠 있는 참혹한 시신들로만 표현될 뿐이다. 그런데도 굳이 제목을 '콜레라 시대의 사랑'으로 정한 것 역시 다른 의도가 있으리라고 의심해 볼 만하다. 19세기 말에서 20세기 중반까지를 시간 배경으로 하고 있으니, 어렵게 식민지에서 벗어난 뒤에도 잦은 내전으로 발전은커녕 과거에 발목 잡혀 있는 라틴아메리카의 암울한 정치 상황을 상징할 수도 있겠지만, 콜레라라는 전염병을 생각하면 열병, 아니 역병 같은 사랑을 상징하는 제목이기도 하겠다.

플로렌티노가 오랫동안 관계를 이어온 여성 가운데 유일하게 성관계를 맺지 않은 여성이 있다. 바로 흑인 여성 레오나 카시아니다. 밤거리에서 만났지만 한 번도 플로렌티노와 몸을 섞지 않고 함께 해운 회사를 일구며 나이 들어가는 동료이자 친구로 그려진다. 역병 같은 사랑만 아니라면 플로렌티노에게 가장 잘 어울리는 상대는 아무리 봐도 카시아니가 아닌가 싶다. 플로렌티노를 가장 잘 알고 깊이 이해해 주는 사람은 카시아니뿐이니까. 하지만 두 사람은 외려 그 역병 같은 '사랑'이 장애가 되어 평생의 배우자로 맺어지지 못한다.

나이가 들면 자연스럽게 몸에서 발효되는 냄새가 나는 것처럼 사랑도 시간이 지남에 따라 자연스럽게 발효되면 좋으련만 그렇지 못하다는 게 축복이면서 동시에 저주라는 생각이 들게 만드는 소설이다. 적어도 내게는 그랬다.

아무래도 내일은 빨래를 해야겠다. 오래 널어두어 냄새가 좀 나더라도 뭐 어쩌겠는가. 시간이 만들어낸 냄새려니 하고 감수해야지.

아니야, 결코 가볍지 않아!

『참을 수 없는 존재의 가벼움』
밀란 쿤데라, 이재룡 옮김
민음사, 2005(1999)

나는 이들이 마지막 순간까지 이렇게 각각 떨어져서 혼자 남아 있지 않을까 무척 염려되었다. (336쪽)

옥천에서 1인 출판사를 운영하는 지인이 찾아왔다. 화분을 하나 들고 왔는데 이름이 '연필선인장'이란다. 실제로 연필처럼 가늘고 긴 줄기들이 하늘을 향해 열 손가락을 좍 편 듯이 뻗어 있다. 공연히 비싸기만 하고 실제로는 별로 필요도 없는 걸 사올까 봐 손 많이 가지 않는 작은 화분이나 사오라고 부탁했는데 제법 큰 걸 사왔다. 화분도 옛날 화분이다. 왜 그 벽돌색 화분.

고마웠지만 내가 잘 키울 수 있을지 걱정이었다. 다행인 건 한 달에 한 번 물을 주기만 하면 된단다. 그래도 베란다 한쪽을 차지하고 있는 그 친구를 볼 때마다 뭐라도 해줘야 하는 건 아닌지, 이렇게 방치해도 되는 건지, 걱정이 앞선다. 어릴 때 병아리를 키워본 걸 제외하면 동물이든 식물이든 한 번도 키워본 적이 없어서 더 그런 모양이다.

체코 작가 밀란 쿤데라(1929~)가 1984년에 펴낸 소설 『참을 수 없는 존재의 가벼움』을 읽는다. 1968년 체코 '프라하의 봄'을 배경으로 네 명의 남녀가 이른바 필연의 소산이라고 여겨지는, 무겁기 그지없는 억압적인 체제 속에서, 우연들이 겹치고 겹쳐 이루어지는 한없이 가벼운 삶을 이어가는 이야기를, 반복적이지만 미세한 차이를 드러내는 변주 형식으로 전하는 작품이다.

프라하의 외과 의사 토마스(토마시)는 우연히 지방 도시의 술집 여종업원 테레사(테레자)를 만나 사랑을 나누지만, 결혼 2년 만에 이혼하고 아내와 아들에게서 벗어나 독립적인 삶을 살게 된 터라 테레사뿐만 아니라 다른 여성들과도 아무렇지 않게 관계를 갖는다. 여성적인 수줍음을 없앤다고 어릴 때부터 딸을 그악스럽게 다룬 어머니에게서 벗어나는 게 꿈이었던 테레사는 토마스에게 의탁하지만 그의 여성 편력에 치를 떨고 만다. 토마스의 여자들 중 한 명인 화가 사비나는 완고하고 고지식한 아버지와는 다른 삶을 살기 위해 어려서부터 단체 행동은 물론 5월 1일 노동절 행진마저도 거부하는 등 지극히 개인적인 삶을 추구하는 여성이다. 토마스는 사비나를 통해 테레사에게 새로운 직업을 찾아주지만, 1968년 민주화를 요구하는 프라하 시민을 소련군이 탱크로 진압한 이른바 '프라하의 봄' 사태가 벌어지면서 세 사람은 스위스 취리히와 제네바로 각각 몸을 피한다.

제네바에서 사비나는 대학교수이자 장성한 딸을 둔 유부남 프란츠를 만나 연인이 되는데, 막상 프란츠가 자신과 결합하기 위해 이혼을 결심하자 사비나는 미국으로 떠나 버린다. 사비나와 달리 서구 개인주의에 신물을 느끼고 억압과 저항의 역사를 가진 동유럽 출신 사비나의 배경을 동경해 온 프란츠는 '대장정'에 환상을 품고 캄보디아로 떠나는 지식인 대열에 참여했다가 참극을 맞는다. 한편 토마스는 함께 키우던 개 카레닌을 데리고 조국으로 돌아가 버린 테레사를 따라 귀국했다가 잡지사에 기고한 글이 문제가 되어 의사 직을 잃고 유리창 청소부로 일하며 테레사와 함께 산다. 하지만 그의 여성 편력은 그치지 않는다. 어느 날 자신의 글을 실었던 잡지사 기자와 성장한 아들이 찾아와서는 시국 선언문에 사인할 것을 요구하자 토마스는 그 제안을 거절하고 테레사의 요청에 따라 시골로 들어가 트럭 운전사로 일하며 살다가 사고로 테레사와 함께 사망한다. 사비나는 미국에서 화가로 생활하다가 토마스의 아들이 보낸 편지를 통해 토마스와 테레사가 사망한 사실을 알게 된다.

오직 한 번뿐이어서 다시 고쳐 살 수 없는 개별적인 삶을 사는 네 인물과, 그들을 그와 같은 삶으로 내몬, 역시 오직 한 번뿐이어서 결코 바꿀 수 없는 집단의 역사 이야기가 묘하게 버무려진 소설이다.

섹스와 정치, 그리고 철학에 대한 길고 '무거운' 에세이 같은 이 소설이 의외로 술술 '가볍게' 읽히는 이유는 인용한 문장에서 보이는 서술자의 태도 때문이 아닐까 싶다. 저 문장에서 '나'는 서술자(작가)이고 '이들'은 죽어가는 반려견 카레닌을 사이에 두고 서로 떨어져 누워 있는 토마스와 테레사다. 독자는 이미 서술자의 앞선 설명을 통해 두 사람이 트럭을 타고 가다가 사고를 당해 사망했음을 알고 있다. 그런데도 천연덕스럽게 저런 문장을 들려준다. 어느 소설에서도 본 적 없는, 자신이 창조한 인물이 어찌 될까를 걱정하며(이미 그들의 마지막을 알렸음에도 불구하고), 마치 혼잣말처럼 중얼거리는 걸 당당한 서술로 내세우는 서술자라니! 자신이 창조한 이야기를 들려주는 이른바 전지적인 서술자(무거움)를, 작가보다도 더 주인공을 걱정하는 심약한 독자(가벼움)처럼 만들어 버리는 저런 서술이 이 작품을 에세이처럼 읽게 만든다면, 그럼에도 불구하고 작가가 끝까지 버리지 않은 미덕, 즉 자신이 창조한 인물을 끝까지 살피면서 그들의 삶 속 세세한 사항까지 잊지 않고 거론하며 정리해 주는 바로 그 미덕 덕분에, 이 작품은 흥미롭고 인상적인 소설로 읽힌다.

    이 소설을 다 읽고 나서도 '연필선인장'의 존재는 여전히 가볍게 여겨지지 않는다. 베란다 한쪽에 무겁게 버티고 앉아 있다. 어쩐다? 하긴 내가 뭘 어찌겠는가. 매달 1일을 물 주는 날로 정하고 알람을 설정해 놓는 것 말고는 달리 해줄 게 없는데. 언젠가는 저 친구에게 가볍게 말을 거는 날도 오지 않을까?

순전히 얼음 때문에

『백 년 동안의 고독』
가브리엘 가르시아 마르케스, 안정효 옮김
문학사상사, 2010(1977)

> 그는 방 창가에 서서, 그녀가 옷 보따리를 들고 세월의 흐름을 따라 구부정해진 허리에 다리를 질질 끌면서 마당을 건너 밖으로 나가서 문틈으로 손을 디밀어 빗장을 걸고 사라지는 모습을 지켜보았다. 그 후로 그녀에 대한 소식은 들을 수가 없었다. (398쪽)

기록적인 긴 장마 때문에 올여름 더위는 그냥 지나가나 싶었는데, 때를 속일 수는 없는지 늦더위가 이어지고 있다. 커피에 얼음을 타려고 냉장고를 열었는데 이런, 얼음 칸에 물을 채워두는 걸 깜빡했다. 얼음이 간절해지는 순간 엉뚱하게도 콜롬비아 작가 가브리엘 가르시아 마르케스(1927~2014)가 1967년에 펴낸 소설 『백 년 동안의 고독』이 떠올랐다. 가공의 마을 마콘도에 이주한 부엔디아 가문의 5대에 걸친 잔혹사를 식민 지배와 내전 그리고 자본주의 침탈에 신음하는 콜롬비아 역사와 함께 그려낸 소설이다. 그런데 왜 하필 얼음 생각을 하다가 이 소설을 떠올렸을까? 이유는 책을 펼치자

마자 곧바로 드러났다. 첫 문장이 이렇다. "몇 년이 지나 총살을 당하는 순간, 아우렐리아노 부엔디아 대령은 오래전 어느 오후에 아버지를 따라 얼음을 찾아 나섰던 일이 생각났다."

호세 아르카디오 부엔디아가 식민 지배를 피해 늪지대에 마콘도라는 마을을 세우면서 마콘도에서의 잔혹사가 시작된다. 호세 아르카디오 부엔디아는 마을을 찾아든 집시 멜키아데스에게 연금술을 배운 뒤로 평생을 연금술에만 몰두하다 결국엔 미쳐 버린다. 아들 아우렐리아노 대령은 자유파 반군의 우두머리가 되어 보수파 정부군과의 전쟁에 평생을 바치고, 그의 손자 호세 아르카디오 세군도는 미국 자본이 만든 바나나 공장 노동자들과 연대해 파업을 벌이다 3천여 명의 노동자들이 학살당하는 걸 목도한다. 한편 사생아이자 5대 레메의 아들 아우렐리아노는 호세 아르카디오 부엔디아와 아우렐리아노 대령이 칩거했던 실험실에서 멜키아데스가 양피지에 산스크리트어로 적은 암호 같은 예언서를 해독하느라 청춘을 보낸 뒤 이모 아마란타 우르술라와 결합해 돼지 꼬리가 달린 아이를 낳는다. 마지막에 멜키아데스의 예언서를 해독하고 보니 그 내용인즉, 이제까지의 부엔디아 가문 이야기와 함께 자신이 돼지 꼬리가 달린 아이를 낳는다는 예언까지 담고 있으면서, 예언을 해독한 순간 마콘도 마을 자체가 사라져 버린다는 것이었다.

한편 호세 아르카디오 부엔디아가 불러온 공상과 마법의 희생자들은 대부분 여성들이다. 그의 부인 우르술라는 평생을 부엔디아 가문의 잔혹사를 목도하며, 죽은 남편의 영혼과 함께 늙어간다. 카드 점을 치는 필라르 테르네라는 호세 아르카디오와 그의 동생 아우렐리아노 대령 사이에서 각각 아들을 낳는다. 우르슐라의 딸 아마란타는 업둥이 레베카에 대한 질투 때문에 처녀로 늙어 죽고, 미녀 레메디오스는 남자들을 홀리다가 양탄자와 함께 하늘로 펑 하고 사라져 버린다. 심지어 아마란타 우르슐라는 조카와 부부가 되어 돼지 꼬리가 달린 아이를 낳다가 죽고.

마르케스가 1982년 이 소설로 노벨 문학상을 받았을 때 나는 고등학교 1학년이었다. 마르케스가 소설의 이야기성을 되살린 젊은 소설가로 평가받았던 기억이 난다. 저게 무슨 말인가 싶었더랬다. 한국 문학 전집과 세계 문학 전집에 수록된 소설들을 읽는 재미에 한창 빠져 있던 때라 그랬던 모양이다. 당시엔 내가 읽고 있는 소설 속 이야기들의 전개 방식이 이미 사망 선고를 받은 지 오래라는 걸 까맣게 모르고 있었으니까. 이른바 '현대 소설'이 새로운 돌파구를 찾아 헤매던 시절이었다. 나중에 이 소설을 읽고 소설의 이야기성을 되살렸다는 말이 무슨 의미인지 대충이나마 알게 되었지만, 그땐 이미 세계 문학 전집에 수록된 작품들을 외면한 지 오래되었을 때였다.

이 방대한 이야기에서 유일하게 부엔디아 가문을 자기 발로 살아서 빠져나간 사람이 있다. 바로 산타 소피아 드 라 삐에다드다. 그는 필라르 테르네라가 호세 아르카디오와의 사이에 낳은 아들 아르카디오의 부인이다. 부엔디아 가문에 시집 와서 쌍둥이 아들과 딸을 낳지만, 남편과 쌍둥이 아들은 비참한 죽음을 맞고 딸마저 하늘로 펑하고 사라져 버린다. 기구한 운명 속에서도 산타 소피아는 부엔디아 집안의 온갖 궂은일을 묵묵히 수행하다가 어느 날 그만하자고 중얼거린 뒤 짐을 꾸려 떠나 버린다. 부엔디아 가문 일족 중에서 유일하게 현실적인 인물이면서 역시 유일하게 현실로 빠져나간 인물인 셈이다. 앞에 적은 인용문은 아우렐리아노가 자신의 증조할머니인 산타 소피아가 떠나는 걸 바라보는 장면이다.

순전히 얼음 때문에 다시 읽게 된 소설에서 그전엔 발견하지 못했던 인물을 보게 되었다. "그 후로 그녀에 대한 소식은 들을 수가 없었다"는 문장이 얼음보다 더 나를 서늘하게 만든다. 어쩌면 산타 소피아는 소설에서 현실로 빠져나간 것이 아니라 소설에서 소설의 이면으로 사라져 버린 건지도 모른다. 현실에서 홀연히 사라져 버리는 사람들처럼.

이런 생각을 하니 소설 속 인물 중에서 산타 소피아처럼 홀연히 사라져 버리거나 작가에게조차 잊혀 버린 인물이 또 있지 않을까 하는 엉뚱한 생각이 들었다. 가령 『콜레라 시대의 사랑』의 제레미아 드 생타무르나 『이방인』의 뫼르소 부인처럼 소설이 시작되자마자 죽고 없는 인물들. 한번 찾아봐야겠다.

북북서로 미쳤다고?

『햄릿』
윌리엄 셰익스피어, 최종철 옮김
민음사, 2013(1998)

햄릿: 난 그저 북북서로 미쳤을 뿐이야. 바람이 남쪽으로 불면, 뭐가 매인지 톱인지 분간할 수 있다고. (78쪽, 2막 2장)

더위에 지쳐 쉽게 잠들지 못하는 여름밤, 읽을거리가 없을까 찾다가 『햄릿』을 펼쳤다. 영국 극작가 윌리엄 셰익스피어(1564~1616)가 1601년에 발표한 희곡으로 노르웨이와의 전운이 감도는 시기 덴마크 궁정에서 벌어지는 암투를 그린 작품이다. 책도 얇고 희곡이니 잠이 올 때까지 쉬엄쉬엄 읽기도 편할 거라는 생각은 착각이었다. 금방 빠져들었으니까.

덴마크의 왕세자 햄릿은 선왕이 죽고 삼촌인 클로디어스가 왕위를 이어받으면서 자신의 어머니인 거트루드를 왕비로 취하자 환멸을 느낀다. 그 무렵 선왕의 유령이 햄릿에게 나타나 자신이 클로디어스에게 독살당했음을 알리고 복수를 당부한다. 햄릿은 연인 오필리어를 사랑하다 미친 것처럼 꾸미고, 광대들에게 선왕을 독살하고 형수를 취하는 왕 이야기를 왕궁에서 무대에 올리게 해 클로디어스의 반응을 살핀다. 유령이 죽은 선왕임을 확신한 햄릿은 어머니에게 그 사실을 알리다가 휘장 뒤에서 엿듣고 있던 오필리어의 아버지이자 클로디어스의 측근인 폴로니어스를 칼로 찔러 무참히 살해한다. 햄릿이 자신에게 복수하려 한다는 사실을 깨달은 클로디어스는 두 명의 신하와 함께 햄릿을 영국으로 보내면서 밀서를 통해 영국 왕에게 햄릿을 처단해 줄 것을 당부한다. 기지를 발휘해 위기를 모면하고 덴마크로 돌아온 햄릿을 맞은 건 오필리어의 죽음과 복수심에 불타는 그의 오빠 레어티즈의 칼이었다. 클로디어스는 레어티즈와 짜고 햄릿과 결투 시합을 벌이게 하는데, 레어티즈의 칼끝에 독을 묻히는 것으로도 모자라 시합 도중 햄릿이 마실 포도주에 독을 타 놓기까지 한다. 하지만 포도주는 햄릿 대신 왕비인 거트루드가 마시고 사망하고, 클로디어스는 햄릿의 칼에 맞아 죽고, 독을 묻힌 칼로 서로를 찌른 레어티즈와 햄릿도 사망한다.

이제까지 세 번쯤 읽었는데, 읽을 때마다 이른바 '돈키호테형 인간'에 대비되는 '햄릿형 인간'이라는 정의에 고개를 갸웃하게 된다. 이 작품에 등장하는 인물 가운데 햄릿만큼 포악스럽고 주도면밀할 뿐 아니라 권력욕에 휩싸인 인물은 찾아보기 어렵기 때문. 5막에서는 자신의 입으로 "난 덴마크의 왕 햄릿이다"라고 선언까지 하지 않는가. 고뇌하고 성찰하느라 돈키호테처럼 무조건 행동에 나서지 못하고 주저하는 인간형과는 거리가 멀어 보인달까.

하지만 다시 생각해 보면 바로 그 때문에 햄릿형 인간이 부각되는지도 모르겠다. 햄릿이 고전극에서처럼 단지 왕세자로서의 운명 때문에 비극적인 결말을 맞는 고귀한 인물에 불과했다면 포악해질 필요도 주도면밀해 보일 필요도 없을 테니까. 인용문에서처럼 자신이 '북북서로 미쳤다'고 표현할 필요도 없었으리라. 햄릿에게서 왕세자뿐만 아니라 햄릿이라는 이름을 가진 '나'를 발견하게 된달까. 게다가 나로서의 성격까지 겸비한 인물인 셈이다. 아마도 이 부분이 셰익스피어가 고전극과 현대극을 이어준 천재 작가로 평가받는 부분이리라.

주어진 배역에만 충실하기 어려운 '나'를 가진 인물의 등장. 「햄릿」에서 햄릿은 왕세자로서의 자신의 운명에 맞서느라 힘겨워하기보다 개인, 즉 '나'로서의 성격(지나치게 성찰적인 성격) 때문에 더 고통스러워하고, 「리어 왕」의 리어 또한 왕으로서의 운명에 맞서느라 황야에 나섰다기보다 리어 자신의 성격(질투)이 초래한 사건 때문에 황야의 칼바람을 맞으며, 「맥베스」의 맥베스와 「오셀로」의 오셀로 또한 각각 자신의 부인과 이아고 때문에 드러난, 감추어졌던 욕망(권력욕과 질투)을 직시하면서 비극을 맞는다.

인물이 갖는 '나'로서의 성격이 이야기를 이어가는 데 중요한 역할을 하는 건 한 세기 뒤에 그것도 희곡이 아니라 소설이라는 장르를 통해 구현될 터인데, 셰익스피어는 어떻게 이런 방식을 선취하게 되었을까. 천재는 천재인 모양이다.

재미있게 읽긴 했는데 대체 '북북서로 미쳤다'는 게 무슨 말인지 생각하느라 쉽게 잠들지 못했다. 여름밤이 길다.

이 무슨 호사인가

『위대한 개츠비』
프랜시스 스콧 피츠제럴드, 김영하 옮김
문학동네, 2012(2009)

"데이지의 목소리에는 신중한 구석이 없어." 내가 말했다. "목소리에 가득한 건……"
나는 망설였다.
"돈으로 충만한 목소리야." 개츠비가 불쑥 말했다.
(151쪽)

베란다에 빨래를 널다가 문득 깨달았다. 난생처음 아파트에 살고 있는데다 이렇게 높은 곳에 사는 것도 태어나서 처음이라고. 비록 단지형 아파트는 아니지만 엄연히 아파트인데다 8층이니 그런 생각이 들 만도 했다. 이 무슨 호사인가, 싶었달까.

미국 작가 프랜시스 스콧 피츠제럴드(1896~1940)가 1925년에 펴낸 소설 『위대한 개츠비』를 읽는다. 1922년 미국 동부 뉴욕의 웨스트에그로 이사 온 닉 캐러웨이가 옆집에서 호화로운 생활을 하는 제이 개츠비를 만나 그해 여름 그가 죽을 때까지 함께한 이야기를 전하는 형식의 작품이다.

개츠비는 가난한 집안에서 태어나 교육도 제대로 받지 못했지만 이른바 상류층 여성의 대명사격인 데이지를 만나 사랑에 빠진다. 하지만 가진 것 없고 학력조차 변변치 않은 자신에게 데이지 같은 여자가 어울리지 않는다는 자격지심에 개츠비는 맥없이 물러나 입대한다. 제1차 세계대전에 참전해 소령까지 진급하지만 미국에 돌아온 그에게 데이지는 여전히 자신이 범접할 수 없는 높은 곳에 위치한 여인이다. 게다가 이미 톰 뷰캐넌이라는 부잣집 아들과 결혼해 살고 있다. 개츠비는 유대인 마이어 울프심을 만나 어둠의 경로로 큰돈을 번 뒤, 이스트에그의 데이지 저택이 멀리 내다보이는 웨스트에그에 거대한 저택을 구입한다. 매일 수많은 사람들을 불러 호화로운 파티를 열던 개츠비는 이웃인 닉을 통해 데이지에게 접근한다. 5년 만에 해후한 두 사람은 서로의 사랑을 확인하지만, 개츠비를 질투하는 톰은 그의 출신과 부자가 된 경위를 의심한다. 한편 톰은 자동차 정비소를 운영하는 윌슨의 아내 머틀과 불륜 관계를 유지하는데, 어느 여름날 톰 뷰캐넌 부부와 개츠비, 닉 그리고 그의 연인이자 데이지의 친구인 골프 선수 조던 베이커가 더위를 피해 뉴욕의 호텔을 찾았다가 톰과 개츠비, 데이지가 한바탕한 뒤 돌아오는 길에 그만 데이지가 몰던 개츠비의 차가 머틀을 친다. 부부싸움 끝에 집에서 뛰쳐나와 개츠비의 차를 톰의 차로 착각한 머틀이 차도로 뛰어드는 바람에 사망 사고를 낸 것. 그들이 뉴욕으로 갈 때는 차를 바꿔 몰았기에 윌슨은 톰이 범인이라고 생각하고 총을 들고 톰과 데이지를 찾아갔다가 실은 개츠비의 차였다는 말을 듣고 수영장 매트 위에 누워 있던 개츠비를 쏘고 자살한다. 개츠비는 경찰이 찾아오면 자신이 운전했노라고 주장할 참이었다. 개츠비의 장례식엔 아무도 오지 않았다. 그 많던 파티 참석자들은 물론, 뉴욕 호텔에서 한바탕할 때 톰을 통해 개츠비가 어떻게 돈을 벌었는지 알게 된 뒤 개츠비를 선택하는 데 주저했던 데이지조차 코빼기도 비추지 않았다. 개츠비의 화려한 저택은 주인의 운명처럼 외롭게 폐허로 변한다.

    제1차 세계대전을 계기로 '근본 없는'(?) 초라한 변방 국가에서 이른바 군사 강국이자 소비 대국으로 떠오른 미국의 번영기를 배경으로 한 작품인지라 개츠비를 당시의 미국을 상징하는 인물로 보기도 한다지만, 내겐 어쩐지 『폭풍의 언덕』(1847)의 히스클리프가 겹쳐져 떠오른다. 업둥이로 '워더링 하이츠(폭풍의 언덕)'에 들어가 온갖 학대를 당하면서도 캐서린을 사랑하는 힘으로 버텼는데 배신을 당하자 애증으로 인한 복수심에 이를 갈면서 워더링 하이츠의 주인이 되어 말 그대로 '폭풍의 언덕'의 칼바람 같은 삶을 살게 된 인물. 말하자면 개츠비는 히스클리프의 미국 자본주의 버전이랄까. 데이지를 '돈으로 충만한 목소리'를 가진 여자로 치부하면서도 그 사랑에 모든 걸 걸고 종국에는 파멸의 길로 들어서는 건 아무리 생각해도 히스클리프가 품었던 애증으로 인한 복수심이 밑바탕에 깔려 있었기에 가능하지 않았을까 싶다. 작품 중간중간 툭툭 튀어나오는 톰의 대사처럼, 신흥 강대국의 지위를 누리면서 한편으로는 아시아인과 흑인을 멸시하고 두려워하는 미국 백인 부유층이 가진 이중적인 인식과, 돈이라고 다 같은 돈이 아니라는 자본주의 자체의 이

중성까지, 개츠비가 애증을 갖게 된 이 모든 대상이 데이지라는 여성에 한꺼번에 육화된 것은 아닐는지.

빨래를 걷으며 베란다 창밖을 내다보았다. 주변이 훤히 내려다보인다. 가만히 물러나 방으로 돌아왔다. 어쩐지 세상을 함부로 내려다봐서는 안 될 것 같다는 생각이 들어서였다.

외진 곳의 장기 투숙자

『설국』
가와바타 야스나리, 유숙자 옮김
민음사, 2010(2002)

> 고마쿠의 전부가 시마무라에게 전해져 오는데도 불구하고, 고마쿠에게는 시마무라의 그 무엇도 전해지는 것이 없어 보였다. 시마무라는 공허한 벽에 부딪는 메아리와도 같은 고마쿠의 소리를, 자신의 가슴 밑바닥으로 눈이 내려 쌓이듯 듣고 있었다. (134쪽)

일본 작가 가와바타 야스나리(1899~1972)가 1948년에 펴낸 소설 『설국』을 읽는다. 더위를 잊기 위한 꼼수다. 한여름에 읽는 눈의 나라 이야기라니!

도쿄에 부인과 아이들을 둔 시마무라는 부모에게 물려받은 재산으로 무위도식하다시피 하며 서양 무용에 관한 글을 쓰는 지식인이다. 1년에 한 번 눈의 고장에 있는 한 온천장을 찾아 휴양을 하는데 그곳에서 고마쿠라는 스무 살도 안 된 게이샤를 만난다. 첫해엔 게이샤가 아니었지만 다음해에 찾았을 때 고마쿠는 게이샤가 되어 있었다. 그날 밤 기차에서 우연히 만난 요코라는 여성이 병든 남자를 데리고 함께 내렸는데, 알고 보니 고마쿠는 그 남자의 어머니에게 춤을 배웠고 그 남자와는 어릴 때 함께 자란 데다 동기(童妓)가 되어 도쿄로 떠날 때 배웅해 준 인연으로 게이샤 일을 하며 요양비를 대준 것. 시마무라는 고마쿠에게서는 눈처럼 깨끗한 피부 뒤에 숨은 열정과 허무를, 요코에게서는 청아하게 맑은 눈빛 뒤에 숨은 알 수 없는 쓸쓸함을 읽어낸다. 고마쿠는 시마무라가 묵는 방에 수시로 드나들거나 함께 눈길을 산책하면서 마치 오래 사귄 연인처럼 무람없이 굴지만 시마무라가 언제든 떠날 사람이라는 걸 알고 있다. 시마무라가 도쿄로 돌아가는 날 배웅 나온 고마쿠를 찾아 역까지 뛰어온 요코가 남자가 죽어간다고 전해 주지만, 고마쿠는 시마무라의 강권에도 불구하고 끝까지 배웅을 한다.

다음해 다시 찾았을 땐 남자도 죽고 남자의 어머니인 고마쿠의 선생도 죽은 뒤다. 요코는 고마쿠가 일하는 여관에서 술을 날라주는 등의 허드렛일을 하는데, 어느 날 고마쿠의 메모를 전해주러 시마무라의 방을 찾아서는 고마쿠에게 잘해 달라고 부탁하는 한편 자신을 도쿄로 데려가 달라고 청한다. 고마쿠는 요코가 자신에게 짐이 된다면서 데려가주면 자기에게도 좋을 거라고 말하면서도 질투를 느낀다. 시마무라는 이젠 이곳을 다시 찾지 못하겠다는 생각을 한다. 눈 쌓인 풍경에 의탁해 자괴감을 깊은 허무로 포장하는 자신을 위해서나, 아무것도 해줄 게 없으면서 공연히 헛바람을 집어넣는 것만 같은 고마쿠를 위해서나. 돌아가기 전날 시마무라와 고마쿠가 함께 눈길을 산책하다가 은하수가 내리는 하늘 한편에서 불길이 치솟는 걸 목격하는데, 불이 난 곳은 마을 사람들이 2층에 모여 영화를 구경하던 고치 창고였다. 사람들이 모여들고 구조가 이루어지는 와중에 2층에서 요코가 떨어져 죽는다.

앞에 적은 인용문은 시마무라와 고마쿠의 묘한 관계를 잘 설명해 준다. 외진 곳을 찾은 여행자와 그곳에서 생계를 유지하는 여자. 이 소설은 시마무라의 눈을 통해 보는 겨울 온천 지역의 풍경 묘사가 압권이지만, 그 풍경들이 하나같이 을씨년스럽게 느껴지는 건, 아마도 그 풍경의 핵심에 고마쿠가 있기 때문이리라. 시마무라에게 고마쿠는 외진 곳에서 만난, 내 삶의 쓸쓸함을 의탁할 만한 풍경에 불과할 테니까. 내게 말을 걸고 내 말을 들어주는 풍경.

고마쿠를 생각하며 이 소설을 읽다 보면 왠지 스스로가 외진 곳의 허름한 여관에서 홀로 생활하는 장기 투숙자처럼 느껴진다. 한편 요코의 시선으로 읽게 되면 '설국'은 우울과 허무로 새하얗게 뒤덮인 수렁 같다는 생각이 들기도 한다. 요코에겐 절망의 색깔이 눈의 색깔 아니었을까. 새빨간 불길 속에서 그 수렁 속으로 몸을 던진 요코의 눈에 마지막으로 비친 풍경 또한 온통 새하얀 눈으로 뒤덮인 바로 그 풍경이었을 테니까.

한여름에 눈의 나라 이야기를 읽으니 더위는 한풀 가신 느낌이지만, 대신 쓸쓸함이 더해졌다. 공연히 내가 정처를 잃고 외진 곳에서 장기 투숙하는 여행자가 되었다가 다음 순간 온통 하얗기만 한 눈 덮인 풍경 속으로 곤두박질하며 한없이 떨어져 내린 것 같아 잠깐 몸서리를 쳤다.

오직 편지글로만

『파멜라』 1·2
새뮤얼 리처드슨, 장은명 옮김
문학과지성사, 2011(2008)

"틀림없이 나리는 우리 주인의 형상을 한 악마 자신이 겠지요. 그렇지 않다면 제게 이렇게 대할 리가 없으니까요." (1권 382쪽)

"나리는 너무나 좋은 분이에요." (2권 127쪽)

남쪽 지방에 사는 P와 통화했다. P는 10여 년 전부터 내 심리 상담사 역할을 해주고 있는, 내게는 둘도 없는 인생의 동지다. 나이도 비슷하고 살아온 환경도 다르지 않은 데다 성격도 닮은꼴이라 얘기가 잘 통한다. 편의점에서 일하는 P에게 불특정 다수를 상대해야 하는지라 걱정이 된다고 하니 마스크 잘 쓰고 있으니 염려 말라면서 대전 생활은 어떠냐고 묻는다. 내가 연필 선인장을 키우게 되었다고 하자 P는 하하하 하고 웃는다. 코로나 상황이 좀 나아지면 보자고 했다.

전화를 끊고 P가 있는 남쪽 지방의 코로나 상황을 잠깐 검색해 보고 나서 영국 작가 새뮤얼 리처드슨(1689~1761)이

1740년에 펴낸 소설 『파멜라』를 읽었다. 파멜라라는 이름의 하녀가 자신이 모시는 영주 B에게 온갖 추행과 회유, 협박을 당하면서도 지혜롭게 대처하거나 때로는 용기 있게 맞선 끝에 결국엔 그를 개과천선하게 만들어 행복하게 결혼한다는 이야기를 담고 있다.

이 긴 소설을 파멜라가 자신의 부모에게 보내는 편지글로만 전개해 나갔다는 게 인상적이다. 18세기 초에 쓰인 소설이라는 사실이 믿기지 않을 정도로 섬세하고 복잡한 심리 묘사가 눈길을 끌지만, 바로 그 18세기 초라는 게 발목을 잡았던 걸까. '이 시대에 이런 소설이?' 하고 눈을 동그랗게 뜨게 만든 1권과 달리 2권은 어처구니가 없어서 다시 눈을 동그랗게 뜨게 만든다. 탁월한 사회소설이 아무런 맥락도 없이 훈훈하고 교훈적인 아침 드라마가 되었달까.

파멜라는 원래 고인이 된 마님의 몸종이었다. 마님의 마음에 쏙 들었던지 글쓰기, 책 읽기, 바느질, 악기 연주를 비롯해 숙녀가 갖추어야 할 덕목들을 익혀 나갈 수 있었다. 하지만 마님이 사망하고 나자 상황은 180도 달라진다. 마님의 아들인 B가 이제 열다섯 살인 파멜라의 외모에 빠져 성추행은 물론 납치 감금, 협박, 회유, 주변 인물들을 통한 압박과 감시, 폭언 등을 일삼으며 어떻게든 파멜라를 굴복시키기 위해 집요하게 괴롭힌다. 파멜라에겐 눈물로 지새우는 지옥과도 같은 나날들이 이어지는데 그래도 끝까지 굴하지 않고 편지를 쓰며 버틴다.

1권의 내용만 보면 권력을 가진 남성이 한 여성을 상대로 위력에 의한 성추행, 성폭행을 일삼을 때 어떤 비열한 방법들을 동원하는지 낱낱이 쓰여 있어서 예나 지금이나 다를 게 하나도 없구나 싶어 씁쓸해진다. 지금도 같은 위험에 노출되어 있는 여성에게 가이드북으로 권하고 싶을 정도랄까. 특히 남자에 맞선 파멜라의 태도가 그렇다. 그 모든 행태들을 낱낱이 기록으로 남기고 있으니까. 심지어는 다른 사람의 편지를 자신의 편지에 옮겨 적기까지 할 정도로 치밀하다. 어디 그뿐인가. 빼앗긴 편지에 적은 내용은 기억을 더듬어 다른 편지에 요약해서 전하기까지 한다. 덕분에 독자가 중간중간 앞의 내용을 되새길 수 있을 정도로.

남자는 파멜라에게 끊임없이 진실을 요구한다. 물론 자의적으로 선택된 진실이다. 그는 파멜라가 자기에게 거짓을 말할까 봐 늘 불안해한다. 반면 파멜라는 시종일관 객관적 사실로 맞선다.

> "네가 그렇게 기분 좋게 진실을 말해주기 때문에 난 널 사랑한단다. (후략)"(2권 31~32쪽)

> 전 다만 사실만 썼거든요. (2권 40쪽)

자의적으로 선택된 진실(자신만이 진실이라고 믿고 있는 거짓 진실)만을 강요하는 마치 소시오패스 같은 성범죄자들에게 맞서는 방법은 오직 객관적 사실만을 말하고 기록으로 남기는 것일 테다.

이렇게 1권까지는, 아니 2권 초반부까지는 팽팽한 긴장감으로 가득한 소설이 2권 초반부를 지나면서 돌변한다. 남자가 개과천선한 것이다. 특별한 계기도 없다. 파멜라의 편지 가운데 일부를 빼앗아 읽어본 것이 전부다. 파멜라의 태도도 납득이 안 되기는 마찬가지다. 18세기 판 '스톡홀름 증후군'도 아니고 느닷없이 남자를 영국에서 가장 훌륭한 신랑감으로 대하다니. 앞에 적은 인용문에서처럼 '악마'가 갑자기 '너무나 좋은 분'으로 변신한 셈이다. 이 정도면 공포소설 아닐까?

    2권은 시종일관 두 사람에 대한 찬사와 교훈적인 이야기로 채워진다. 읽기 민망할 정도여서 간간이 몇 쪽씩 건너뛰기도 했는데, 그래도 민망한 장면들이 여전히 이어진다. 두 사람은 그렇게 남들의 부러움을 사는 한 쌍이 되어 결혼한 뒤 아들 딸 낳고 행복하게 잘 살았단다. 참, 18세기 작가에게 뒤통수 한번 제대로 맞았다.

재난지원금 덕분에

『클러리사 할로』 I~VIII
새뮤얼 리처드슨, 김성균 옮김
지만지, 2012

하지만 네가 이 곤경을 명예롭게 벗어난다면 너는 여자 이상의 사람이야. (I권 176쪽, 하우 양의 편지 중에서)

나는 언제나 글쓰기를 좋아했어. 그런데 나는 지금 어려운 일을 당하고 있기 때문에 쓸거리가 충분해. (III권 112쪽, 클러리사 할로 양의 편지 중에서)

우라지게도 긴 편지네. 이야기도 아니면서. (IV권 594쪽, 러블레이즈의 편지 중에서)

동생이 찾아와 며칠 머물다 갔다. 나하고 달리 술을 잘 마시는 편이라 매일 저녁 반주로 소주를 마시며 그동안 속에 꾹꾹 눌러 담아두었던 이야기들을 하소연하듯 혹은 원망하듯 털어놓았다. 동생이 살아온 이야기를 이렇게 세세하게 듣기는 처음이었다. 지금으로서는 의사와 나 말고는 딱히 말상대도 없는 형편이라 가끔씩 추임새를 넣어가며 묵묵히 들어주었다. 동생은 쏟아내고 나니 좀 낫다고 했다. 무엇보다 그동안 일하느라 수고했으니 이젠 좀 쉬라는 말을 난생처음 들어봤다면서 고마워했다.

"이젠 안 괴롭힐게. 걱정하지 마."

"괴롭히는 거 아니니까 너야말로 걱정하지 말고 언제든 전화해."

동생이 돌아가고 나서 한동안 심란해하다가 새뮤얼 리처드슨이 1748~49년에 펴낸 소설 『클러리사 할로』를 집어 들었다. 좀 긴 소설을 읽다 보면 마음이 진정될까 싶어서였다. 『클러리사 할로』는 모두 여덟 권으로 된 소설이다.

이사 오기 전에 중앙정부에서 받은 재난지원금으로 동네 책방에서 구입했다. 어디다 쓸까 고민하다가 책 만드는 일을 도우면서 지금까지 생계를 유지해 왔으니 아무래도 책을 사는 데 써야겠다 싶어 결정했다. 언제 읽게 될까 싶었는데 같은 작가의 소설 『파멜라』를 읽은 김에 연이어 집어 들었다.

중류 계층에서 자란 클러리사 할로는 부모와 오빠, 언니가 집안의 재산을 늘리려는 욕심으로 자신들이 정한 남자와 결혼할 것을 강요하자 저항한다. 어느 날 오빠와 결투를 벌였던 난봉꾼 러블레이즈의 꾐에 빠져 가출을 감행하지만, 그는 클러리사를 겁탈할 목적으로 매음굴에 가두고 온갖 협박과 계략으로 괴롭히다가 마침내는 강간하고 만다. 클러리사는 그 충격에 시름시름 앓다가 사망하고 러블레이즈도 클러리사의 사촌오빠 모든 대령과 결투 끝에 사망한다는 이야기다.

영국 소설 가운데 가장 긴 소설이란다. 6, 7백여 쪽에 달하는 단행본 여덟 권 분량이니 그럴 만하다. 인용문의 문장처럼 정말이지 '우라지게 긴' 소설이다. 더구나 등장인물들이 서로 주고받은 편지들로만 이루어져 있어 더 길게 느껴지기도 한다. 아무리 길어도 중심 화자가 따로 있다면 어쨌든 이야기를 따라가는 맛으로라도 읽겠지만, 이 소설은 여러 사람의 편지로만 이루어진 탓에 사건의 맥락이 자꾸 끊겨 끝까지 읽어내기가 여간 어려운 게 아니다. 마치 여러 사람이 한꺼번에 자기 이야기를 들려주는 것 같달까.

굳이 편지글 형식을 고집한 이유가 뭘까 싶어 해설을 들여다봤더니 작가는 인쇄공 출신으로 나중엔 직접 인쇄소를 운영했다는데, 편지 쓰기 교본 같은 책을 만들어 출간하려다가 소설을 쓰게 되었단다. 말하자면 편지글 형식에 꽂힌 셈이랄까. 그래도 그렇지 이렇게까지 길게 쓸 필요가 뭐 있담!

그래도 높게 살 만한 점이 없지는 않다. 『파멜라』의 경우처럼 여러 인간 군상들의 성격과 심리를 집요하게 묘사했다. 비슷한 시기에 소설을 쓴 영국 작가 헨리 필딩이 끊임없이 이어지는 사건들로 등장인물들에게 깊이 생각할 여유를 주지 않고 정신없이 행동하게 만들었다면(『업둥이 톰 존스 이야기』, 1749), 새뮤얼 리처드슨은 거꾸로 등장인물들을 책상 앞에 앉아 끊임없이 편지를 쓰게 함으로써 자신의 생각과 느낌을 정리하게 만든 셈이다.

재난지원금이 아니었다면 이 많은 책을 한꺼번에 구입하지도 못했을 텐데, 덕분에 오래된 소설을 한 편 읽었다.

술 냄새와 책 냄새 진동하는 소설

『화산 아래서』
맬컴 라우리, 권수미 옮김
문학과지성사, 2011

"제프리, 도망가는 게 아니라 다시 시작하는 거예요. 세상 어딘가에서 정말로 깨끗하게 새로운 삶을 사는 거예요. 마치 다시 태어난 것처럼 말이죠." (401쪽)

술을 잘 못 마신다. 마흔이 넘어서 겨우 소주 반 병 정도 마시게 되었지 그전엔 한 잔만 마셔도 얼굴이며 온몸이 빨개져서는 바로 잠들곤 했다. 지금도 물론 얼굴은 빨개진다. 그래도 가끔 술 생각이 난다는 게 신기하다. 마흔이 넘어 갑자기 술을 조금씩 마시게 될 때까지는 한 번도 그런 경험을 해본 적이 없으니까. 물론 약을 먹기 시작한 뒤로는 그 '가끔'마저 정말 가끔 찾아올 뿐이지만.

영국 작가 맬컴 라우리(1909~1957)가 1947년에 펴낸 『화산 아래서』는 술 냄새가 진동하는 소설이다. 등장인물들이 세상의 끝과도 같은 멕시코에서 1938년 11월 2일 이른바 '죽은 자의 날'에 12시간 동안 함께하는 이야기다. 멕시코와 영국의 국교 단절로 일자리를 잃은 전임 영사 제프리. 알코올 중독자인 그를 보기 위해 이혼한 아내 이본과 이복동생 휴가 찾아오지만 멕시코를 떠날 수도 머무를 수도 없고 술을 끊을 수도 끊지 않을 수도 없는 제프리가 점점 파멸의 길로 치닫는 이야기를 담고 있다.

1939년 11월 멕시코. '죽은 자의 날'에 프랑스인 영화감독 자크 라루엘과 멕시코 의사 비힐 박사는 테니스를 치며 정확히 1년 전 '죽은 자의 날'에 사망한 전임 멕시코 주재 영국 영사를 떠올린다. 영국 식민지 인도에서 태어났지만 고아가 되어 영국의 유력 가문에 입양된 제프리 퍼민. 훌륭한 교육을 받고 영국군 장교로 복무하다가 멕시코 영사까지 지내는데, 영국과 멕시코의 수교 단절로 일자리는 물론 돌아갈 곳마저 잃는다. 그는 상선으로 가장한 영국 함대가 U보트의 독일군들을 생포해 배 안에서 산 채로 불구덩이 속에 던져 넣을 때 중재자가 아닌 명령권자였다는 혐의를 받은 데다 아내와의 이혼까지 겹쳐 멕시코에서 알코올 중독자가 된다.

1938년 11월 2일 죽은 자의 날 아침에도 제프리는 술에 취해 환영을 보고 환청을 듣는데, 전처 이본 컨스터블이 제프리를 떠난 지 1년 만에 멕시코로 돌아온다. 마침 제프리의 이복동생 휴 퍼민도 와 있다. 휴 또한 제프리와 마찬가지로 인도 태생으로 어린 시절 세계 연주 여행을 할 만큼 기타 연주와 노래 솜씨가 뛰어났지만 엉뚱하게도 뱃사람이 되어 바다를 떠돌다가 기자가 된 인물이다. 스페인 내전을 취재하지 못했다는, 아니 국제의용단에 참여하지 못했다는 자책으로 멕시코를 떠나지 못하고 술에 취해 인터내셔널가를 불러대는 인물이다. 이본은 하와이에서 태어난 미국인으로 어릴 때 데뷔해서 할리우드에까지 진출한 유명 배우지만 지금은 쇠락의 길을 걷고 있다. 스페인에서 제프리를 만나 결혼했으나 제프리의 알코올 중독을 견디지 못하고 이혼한다. 재결합을 위해 멕시코를 찾은 이본은 어쩌다 술을 마시면 땅을 치며 통곡하는 자신의 환영을 본다.

세 사람은 이본이 도착한 그날 아침 토말린으로 투우 경기를 보러 떠난다. 멕시코 화산인 포포카테페틀을 가까이서 보겠다는 목적도 겸해서. 떠나는 길에 그들은 자크 라루엘을 만난다. 프랑스인 영화감독으로 어린 시절 제프리가 입양된 집안에 잠깐 머물며 제프리와 '절친'이 되었지만 멕시코에서는 이본과 불륜에 빠져 제프리를 괴롭히는 인물이다. 제프리는 아내 이본이 자크뿐만 아니라 휴와도 불륜을 저질렀을 거라고 짐작한다. 이들은 버스를 타고 토말린으로 향해 가다가 머리에 피를 흘리며 길가에 쓰러져 있는 멕시코 인디언을 발견하는데, 근처를 지나던 자경단의 경고에 맥없이 물러난다. 토말린 투우장에서는 흥분한 휴가 느닷없이 경기장으로 뛰어들어 투우사처럼 황소 등에 타고 관중의 시선을 끈다. 투우장을 나온 이들은 술집에 앉아 자신들이 구하지 못한 인디언에 대해 떠들어대다가 국제여단의 패배로 끝나가는 스페인 내전을 비롯해 멕시코의 혁명과 파업에 대해 열변을 토한다. 하지만 제프리는 여전히 취해서 환영을 보고 환청을 듣는다.

포포카테페틀 산 근처 숲에서 휴와 이본이 제프리를 찾아 헤매던 시간에 제프리는 어느 술집에서 외상으로 술을 마시다가 경찰과 자경단을 비롯한 멕시코 사람들과 시비가 붙어 총에 맞는다. 제프리는 자신이 앰뷸런스에 실려 산 정상을 향해 가고 있다고 느끼다가 마침내는 화산 분화구 속으로 떨어지는 환상 속에서 죽는다. 그날 하루 종일 맞닥뜨리곤 했던 개 한 마리와 함께.

세 편의 소설과 한 편의 희곡 작품을 떠올리게 만드는 소설이다. 세 편의 소설은 오에 겐자부로의 『동시대 게임』(1979), 조지프 콘래드의 『로드 짐』(1900), 제임스 조이스의 『율리시스』(1922), 그리고 한 편의 희곡은 횔덜린의 『엠페도클레스의 죽음』이다.

『동시대 게임』은 이 소설의 존재를 알게 해준 소설이다. 오에 겐자부로가 『동시대 게임』에서 맬컴 라우리의 『화산 아래서』를 수도 없이 언급했으니까. 그런 인연으로 이 소설이 번역되자마자 반갑게 읽었는데, 글쎄, 기대가 너무 컸던 탓일까. 내겐 그저 알코올 중독에 걸린 좌파 지식인의 난해한 주정 정도로 여겨졌더랬다. 오에 겐자부로가 좋아할 만한 소설이겠군, 했던 기억이 난다.

이번에 다시 읽게 된 건 올해 1월에 멕시코에서 화산이 폭발했다는 기사 때문이었다. 나중에 검색해서 알게 된 사실인데 화산 이름이 포포카테페틀이었다. 어, 왜 이름이 낯설지 않지? 하다가 이 소설을 떠올렸다.

다시 읽어보니 이 소설은 『로드 짐』으로 시작해서 『율리시스』처럼 이어가다가 『엠페도클레스의 죽음』으로 마무리 지은 듯하다. 안타까운 건 세 작품의 장점을 묘하게 피해 갔다는 것. 자크 라루엘이 1년 전을 회상할 때까지만 해도 승객들을 끝까지 구하지 못하고 먼저 배에서 뛰어내린 선장

짐의 역할을 제프리가 맡고 자크가 말로의 역할을 맡는 건가 싶었지만, 2장으로 넘어가면서는 오쟁이 진 제프리가 블룸이 되고 이본이 몰리가 되고 라루엘이 보일런이 되면서 콰우나우악이 더블린처럼 보이더니, 마지막엔 제프리가 비록 환상 속에서이긴 하지만 에트나 화산에 몸을 던진 엠페도클레스처럼 포포카테페틀 화산에 몸을 던진다. 엄청나게 많은 책과 작가들을 거론하면서 횔덜린과 『엠페도클레스의 죽음』만 쏙 빼놓은 걸 보면 작가도 의식했던 모양이다.

결국 『로드 짐』에서 다루어진 '구원'이라는 주제에, 『율리시스』에서 펼쳐진 '서술된 시간보다 훨씬 긴 서술 시간'이라는 새로운 형식, 그리고 『엠페도클레스의 죽음』에서 다루어진 '오만하게 비쳐질 수밖에 없는 숙명을 타고난 자들의 오만'이라는 문제의식까지 한꺼번에 녹여내리라는 기대 자체가 지나쳤던 걸까. 그냥 술 냄새와 책 냄새만 진동하는 소설이 되고 말았다. 술이 문제였을까? 아니면 저 많은 책들이 문제였을까? 어쩌면 두 가지가 한 소설에 뒤섞인 것이 문제였는지도 모르겠다. 그러고 보니 둘 다 내가 별로 좋아하지 않는 냄새들이다.

술 생각이 잠깐 나다 말았다. 대신 휴대전화로 검색해서 포포카테페틀 화산이 불길을 내뿜는 장면을 구경했다.

현명해져야 하는 건
리어일까 나일까?

『리어 왕』
윌리엄 셰익스피어, 최종철 옮김
민음사, 2013(2005)

바보: 당신은 현명해지기 전까진 늙지 말았어야 했어.
리어: 오, 하늘이여, 미치지 않도록 해주소서!
평정을 주소서. 미칠 마음 없나이다. (57쪽)

늙는 건 두렵지 않은데 어떻게 늙게 될지를 생각하면 마음이 편치만은 않다. 우선 건강 문제가 걸린다. 어머니가 이른바 '기저질환'이라고 부르는 질환 대부분을 지닌 채 오랫동안 앓고 있기 때문인데(나는 외탁을 했다), 혼자 사는 나로서는 갑자기 쓰러져서 거동을 못 하게 되는 상황도 두렵기 그지없다. 연명치료를 거부하는 사전의향서를 작성해 등록하고 장기기증 의사 또한 밝혀놓았지만 개운치는 않다. 나이가 들어 건강이 여의치 않게 되면서 생각마저 외곬으로 향해 그야말로 어리석은 노인이 되는 건 아닌가 두렵기도 하고.

영국 극작가 윌리엄 셰익스피어(1564~1616)가 1606년에 발표한 희곡 「리어 왕」을 읽는다.

브리튼의 왕 리어가 여든이 다 되어 왕좌에서 물러날 결심을 하고, 세 딸에게 영토와 지배권을 물려주면서 자신을 얼마나 사랑하는지 묻는다. 가장 총애했던 막내딸 코딜리어의 냉정한 대답에 분노한 리어는 두 딸에게 코딜리어 몫까지 넘겨주고 그들에게 의탁하고자 한다. 그 과정에서 리어에게 직언한 대가로 추방당한 충신 켄트 백작은 카이어스로 변장하고 리어를 가까이에서 지킨다. 하지만 리어는 큰딸 고너릴과 올버니 공작 부부에게 쫓겨나고 마침내는 둘째딸 리건과 콘월 백작 부부에게까지 내쫓긴다. 한편 업둥이 에드먼드의 계략에 속아 친아들 에드거를 아버지를 배신한 패륜아로 오해한 글로스터 백작은 리건과 콘월 백작 부부에게 눈알이 뽑힌 채로 내쫓겨서는, 아버지를 피해 광인 행세를 하며 도망 다니던 에드거와 해후한다. 모략가 에드먼드는 아버지의 자리를 차지하고 고너릴과 리건 패에 붙는다. 위기에 처한 리어 왕을 구하기 위해, 켄트 백작이 프랑스의 왕비가 된 코딜리어에게 달려가 거병하도록 하지만, 안타깝게도 전투 끝에 코딜리어와 리어 모두 잡힌다. 에드먼드와 함께 프랑스와 맞서 싸운 올버니 공작은 에드거가 전한 편지를 통해, 자신의 부인인 고너릴과 이미 과부가 된 리건이 에드먼드를 놓고 연적이 된 것을 알고 분노한다. 결국 에드먼드는 에드거에게 죽고 고너릴과 리건은 서로를 죽인다. 그리고 에드먼드가 미리 보낸 자객에게 코딜리어가 죽자 그녀의 시신을 안고 울부짖던 리어도 숨을 거둔다.

리어와 글로스터라는 두 아버지가 등장한다. 한 아버지는 여든이 다 된 나이에 딸들의 사랑을 갈구하며 바보 같은 제안을 했다가 자기 목숨은 물론 딸들의 목숨마저 잃게 만들고, 다른 아버지는 자식의 계략에 속아 다른 자식을 의심하다가 두 눈을 잃고 자신이 의심했던 자식의 보호를 받으며 겨우 목숨을 부지한다. 둘 다 어른이라고 부르기 민망한 아버지들이다. 자식들이 아버지의 사랑을 갈구하며 떼를 쓰거나 사랑을 의심한다면 모를까, 이건 뭔가 뒤바뀐 느낌이랄까. 이유는 하나. 아버지가 권력을 가졌기 때문이다. 권력은 주변 사람들을 서로 의심하게 만드니까. 심지어 부모자식이라도.

이렇게만 읽고 만다면 셰익스피어 작품을 감상했다고 말할 수 없을지 모른다. 「리어 왕」이 단지 노망 든 왕이 초래한 어처구니없는 비극에 불과해질 테니까. 햄릿과 마찬가지로 리어 또한 이상한 지점에서 엉뚱한 행동을 한다. 고전적인 희곡에서라면 배역에 맞지 않는다고 지적받을 만한 행동이랄까. 그건 코딜리어도 마찬가지. 이들은 왜 이렇게 어깃장을 놓는 걸까.

고귀한 신분의 인물이 그에 걸맞은 운명에 맞서 싸우다 장렬한 최후를 맞는 것이 고전적인 비극의 공식이라면 현대극은 이른바 평범한 개인들이 등장하는 성격극이라고 규정할 수 있지 않을까. 운명보다는 개인적인 처지와 성격에 갇혀 괴로워하는 평범한 인물들의 비극. 두 극의 차이는 아마도 '나'를 인정하느냐 그렇지 않느냐의 차이일 터. 그러니 셰익스피어 극에서 배역에 걸맞지 않은 인물들의 성향이 불쑥불쑥 튀어나오는 건 바로 '나'의 맹아를 무대 위에서 구현한 작가의 통찰력 때문인지도 모르겠다. 햄릿 복장을 하고 있지만 그 안에 내가 들어 있는 것처럼 보이고, 어색하게 리어의 수염을 달고 있지만 거기서 나를 보게 되는 연극. 셰익스피어의 희곡들이 고전극과 현대극 사이에 다리 역할을 했다고 평가받는 이유겠다.

딸들에게 왕답지 않은 엉뚱한 질문을 던지는 리어나 그 뻔하디뻔한 이른바 '답정너(답은 정해졌고 너는 대답만 하면 돼)' 같은 질문에 정색하고 자기 의견을 드러내는 코딜리어나 모두 왕과 공주라는 배역에 걸맞은 역할을 했다고 볼 수 없겠다. 한 성격 하는 두 사람이 부딪쳤다고밖엔 달리 표현하기 어려우니까. 그 '한 성격'이 결국 비극을 초래하고 말았다. 그러니 현명해져야 하는 건 리어나 코딜리어가 아니라 성격을 갖는 '나'인지도 모른다.

가면의 진실

『도리언 그레이의 초상』
오스카 와일드, 김진석 옮김
펭귄클래식코리아, 2010(2008)

그는 자신이 젊음을 간직하고, 초상화가 대신 늙었으면 좋겠다는 터무니없는 소원을 말했었다. 그 자신의 아름다움은 훼손되지 않고, 캔버스에 그려진 얼굴이 그의 열정과 죄악의 무게를 짊어졌으면 좋겠다고 했었다. (172쪽)

대전의 동네 책방에서 강연을 했다. 대전에 이사 와서는 물론 올 들어 처음 한 강연이었다. '코로나 19' 때문에 올해엔 아예 강연이 없을 줄 알았는데 책방 관계자분이 방역 규칙을 준수해 가면서 소수의 인원으로 강연을 준비해 주었다. 비가 추적추적 내리는 오전에 도시철도를 타고 이동해서 강연을 무사히 마치고 근처 식당에서 점심도 얻어먹고 돌아왔다. 서점에선 책 두 권을 구입했고.

책을 내고 처음으로 강연 의뢰를 받았을 때 나는 못 할 줄 알았다. 책에 다 썼으니 따로 할 이야기도 없고 여러 사람 앞에 오랫동안 서 있는 것도 부담스러웠기 때문. 그렇다고 안 할 수도 없는 노릇이어서, 하는 수 없이 일종의 자기암시를 했다. 가면을 쓰고 연기를 한다고 생각하자, 평소의 나와는 다른 나를 강연장에 세워보자. 효과는 만점이었다.

집에 돌아와 아일랜드 작가 오스카 와일드(1854~1900)가 1891년에 펴낸 소설 『도리언 그레이의 초상』을 읽었다.

주인공 도리언은 화가 바질이 자신의 모습을 그린 완벽한 초상화를 보고 앞으로 자신의 추한 모습은 초상화가 모두 가져가고 자신은 완벽한 아름다움을 간직하게 해달라고 기원한다. 그때 바질의 친구인 탐미주의자 헨리 경이 도리언을 타락시킬 결심을 한다. 그러던 어느 날 도리언은 자기 내면의 추한 모습을 초상화가 그대로 구현한 걸 보고 전율한다. 도리언은 연극배우 시빌 베인과 약혼하고 바질과 헨리 경을 데리고 극장을 찾는데 그날따라 베인의 연기가 엉망이었다. 베인은 이미 도리언을 사랑하고 있어 사랑에 빠진 연기에 몰두할 수 없었던 것. 그런 베인에게 도리언은 "당신은 내 사랑을 죽여 버렸어"라고 몰아붙이고, 그 충격으로 베인은 자살한다. 도리언은 그때부터 헨리 경의 부추김에 빠져 점점 타락의 길로 들어서고 초상화는 흉측해진다. 이 모든 것이 바질 때문이라고 여긴 도리언은 바질을 살해하고 초상화마저 찢어버리는데, 정작 추한 모습이 되어 죽음을 맞는 건 도리언이고 그의 초상화는 젊고 아름다운 모습으로 돌아온다는 이야기다.

누구나 가면을 쓰고 산다. 사실 한 개도 아니다. 여러 개의 가면을 쓸 수밖에 없다. 가족 구성원이면서 동시에 직장의 동료이고 누군가의 친구이면서 경쟁자이기도 하니까. 그

때그때 적절한 가면을 쓰고 그 상황에 맞는 언행을 하는 게 우리의 일상 모습 아닐까. 그래선 안 되는 것 아니냐고? 아니, 내 생각은 다르다. 누구나 자신의 본성을 함부로 드러내지 않고 그때그때 적절한 가면을 쓰고 적절한 행동을 하는 것이 민주주의 사회를 사는 시민의 덕목이라고 여기는 편이다. 철없는 행위를 태연하게 저지르는 성인들이나 이른바 '갑질'을 일삼는 일부 어른들, 그리고 입에 담지 못할 반사회적인 범죄를 아무렇지 않게 저지르는 범죄자들을 보면 제발이지 사회적 가면을 씌워서라도 그 본성이 드러나지 않게 만들고 싶어지니까.

가면을 쓰는 것에 부정적인 사람들은 가면 뒤에 참다운 나가 있다고 믿는 듯하다. 과연 그럴까? 외려 가면이야말로 가면 뒤에 숨어서 온갖 사회적 시선을 피하고 있는 바로 그 '참다운 나'를 대신해 그 모든 걸 다 받아내는 존재 아닐까. 그리고 그 경험치는 고스란히 가면 뒤의 '나'를 사회화하는 데 쓰이고. 이 과정이 원활히 이루어지지 않으면 시간이 갈수록 자신의 얼굴에 책임을 지는 건 가면이고 그 뒤의 '나'는 본성에만 갇힌 괴물이 될지도 모른다.

오늘도 적절한 가면을 쓰고 독자들을 만나고 왔다. 나도 만족했고 그분들도 최소한 불쾌해하지 않고 궂은날 강연장까지 찾아온 보람을 느끼고 돌아가셨으리라 믿는다. 물론 집에 돌아와서는 외출복을 벗듯 가면을 벗고 좀처럼 웃을 일 없는 내 일상으로 돌아왔지만.

권력은 나눌 수 없는 걸까?

『오이디푸스 왕』
소포클레스, 강대진 옮김
민음사, 2020(2009)

크레온: 모든 것을 지배하려 하지 마십시오. 당신이 지배했던 것들도 평생 당신을 따르지는 않았으니까요. (115쪽, 「오이디푸스 왕」)

크레온: 내가 이 땅을 다스릴 때 내 뜻이 아니라 다른 이의 뜻대로 해야 한단 말이냐?
하이몬: 한 사람에게 속한 것은 국가라 할 수 없습니다.
(163쪽, 「안티고네」)

강연차 갔던 대전 동네 책방에서 구입한 책 두 권 가운데 한 권이다. 고대 그리스의 비극 작가 소포클레스(기원전 496년경~기원전 406)가 각각 기원전 440년경(「안티고네」), 기원전 425년경(「오이디푸스 왕」)에 상연한 희곡 작품이 수록되어 있다.

「오이디푸스 왕」은 테바이를 다스리는 왕 오이디푸스의 이야기다. 나라에 질병이 만연하자 오이디푸스가 처남 크레온에게 신탁을 받아오라고 시키는데, 크레온은 선왕인 라이오스의 살해범을 잡아 죗값을 물라는 신탁을 전한다. 범인을 물색한 끝에 드러난 진실은 라이오스와 오이디푸스의 아내인 이오카스테가 아이를 낳았지만 그 아이가 아비를 죽이고 어미와 결혼한다는 신탁에 놀라 아이를 산에 버리라고 시켰는데, 코린토스의 왕 폴뤼보스가 그 아이를 양자로 삼아 키웠다는 것. 성장한 오이디푸스는 신탁의 내용을 전해 듣고 되도록 가족과 멀리 떨어져 홀로 떠돌다 길에서 우연히 만난 라이오스를 살해하고 테바이에 들어가 라이오스의 부인이자 제 어머니인 이오카스테와 결혼해 왕이 된 것이다. 그 뒤로도 코린토스 근처에는 얼씬도 하지 않았지만, 결국 신탁의 내용대로 비극이 이어진다. 충격을 받은 이오카스테가 자살하자 오이디푸스는 제 눈을 찔러 장님이 된 상태에서 나라는 물론 두 아들과 두 딸을 크레온에게 부탁하고 홀로 떠난다.

한편 「안티고네」는 오이디푸스가 떠난 뒤에 벌어진 일을 전한다. 테바이를 교대로 다스리던 오이디푸스의 두 아들 간에 갈등이 생기면서 동생 폴뤼네이케스가 아르고스로 떠나 그 나라 왕의 사위가 된 뒤 군대를 이끌고 테바이로 쳐들어온다. 형제인 에테오클레스와 폴뤼네이케스가 맞서 싸우다 서로를 죽이자 외삼촌인 크레온이 테바이를 다스리는데, 크레온은 나라를 지키려 싸우다 전사한 에테오클레스는 매장하고 장례를 치르게 하지만, 반역자인 폴뤼네이케스의 시신은 매장도 장례도 금한 채 새들의 먹이게 되게 만든다. 그러자 안티고네가 왕의 명령을 어기고 오빠인 폴뤼네이케스의 시신을 매장하고 간단하게나마 장례를 치러주는데, 이에 격분한 크레온은 안티고네를 돌무덤 안에 가둔다. 안티고네의 약혼자이자 크레온의 아들 하이몬이 아버지에게 강력히 항의하고 돌무덤 안에서 목을 매 자살한 안티고네 옆에서 자신도 자결하자, 이 소식을 들은 어머니 에우뤼디케 또한 충격을 받고 자살한다. 그리고 크레온은 비극적인 운명에 오열한다.

셰익스피어 극과 얼마나 다른가. 신탁이라는 운명의 세찬 바람을 그대로 맞을 수밖에 없는 인물들. 오이디푸스에겐 오이디푸스로서의 운명을 떠안은 인물밖에 보이지 않고 안티고네에겐 안티고네로서 행동하는 인물밖에 보이지 않는다. 모두들 비극을 온몸으로 받아들이고 있지만 개인으로서의 고민은 없다. 그러니 비록 이 비극이 고귀한 존재들이 운명의 칼바람에 맞서 스러져가는 모습을 통해 숭고함까지 불러일으킨다고 해도 내가 개인적으로 감정이입할 부분을 찾기는 어렵다. '나'를 대입할 여지 같은 건 없으니까. 이들이 일반 백성이었다면 아마도 '천륜을 저버린 가족이라고 낙인찍어야겠지만 아무도 그 사실을 인지하지 못한 채 벌어진 일이니 안타깝기 그지없는 사건' 정도로 치부되었을 게다. 하지만 안타깝게도 이들은 모두 권력을 가진 자들이다.

고대 그리스 시민들은 이 비극을 어떻게 보았을까? 신탁을 자신들의 의지가 합쳐진 것이라고 여기며 감정이입했을까? 아니면 권력을 가진 자들이 감수할 수밖에 없는 비극적인 운명에 대리만족했을까? 어느 쪽이든 권력이 나에게 속할 수 없다는 것은 분명히 전해졌을 듯하다. 그러니 그들에게나 내게나 거리를 두어야 하는 이야기일 수밖에 없는 건 당연하겠다. 권력은 나눌 수 없다는 메시지를 숨기고 있는 이야기일지도 모르니까.

누구나 언제든
삶의 한가운데를 산다

『삶의 한가운데』
루이제 린저, 박찬일 옮김
민음사, 2019(1999)

> 나는 살려고 해요. 나는 생명을 가진 모든 것을 사랑해요. 그러나 당신은 이해할 수 없어요. 당신은 한번도 살아본 적이 없으니까요. 당신은 삶을 비켜갔어요. 한번도 모험을 하지 않았어요. 그래서 당신은 아무것도 얻지도 못했고 잃지도 않았어요. (349쪽)

임대인이 전화를 해서는 아무래도 집을 내놓아야겠단다. 날벼락 같은 얘기에 어리둥절했다. 이사 온 지 얼마나 됐다고! 사정사정하는 말을 들어보니 세금이 꽤 많이 나와서 실제 집주인인 언니네 부부가 감당하기 어려워한다는 것. 잘 얘기해서 원래 2년 계약이었던 걸 1년으로 바꾸었다. 집은 마음에 쏙 들었지만 등기상의 집주인과 임대인이 다른 게 영 찜찜하던 차였기에 차라리 잘됐다 싶었다. 그러고 나니 기운이 쪽 빠지기도 했지만, 한편으로는 그제야 어색하기만 하던 이 집에 비로소 정이 가는 느낌이었다. 이건 또 무슨 조화인지. 별 탈 없이 평온한 날들이 이어지면 그걸 누리기보다 외려 어색하고 불안해하다가 무슨 일이라도 터지면 그제야 이게 내 삶이지, 하고 안정감을 찾는 심리. 왜 이 모양인지 알다가도 모르겠다.

독일 작가 루이제 린저(1911~2002)가 1950년에 펴낸 소설 『삶의 한가운데』를 펼쳤다. 나치 시대 독일에서 청춘을 보낸 주인공 니나의 열정적인 삶을 그린 소설이다.

니나가 서른일곱이 되던 해 열두 살 터울의 언니 마르그레트를 우연히 만나 함께 며칠을 보내며 니나 앞으로 온 슈타인의 일기와 편지를 읽는 이야기다. 의사인 슈타인은 니나를 진료한 뒤 평생 그를 마음에 두고 살았지만, 니나는 다른 남자와 결혼하고 심지어는 슈타인의 친한 친구와 외도를 해 아이까지 낳는다. 슈타인은 어려움에 빠질 때마다 자신을 찾아오는 니나를 돕다가 나치에 저항하는 지하활동에 참여하기도 한다. 니나가 작가로 명성을 얻게 된 뒤 슈타인은 자신이 암에 걸린 사실을 알고 자살을 택하면서 일기와 편지를 니나에게 보낸다. 마르그레트는 슈타인의 일기와 편지를 통해 비로소 동생이 자신과는 전혀 다른 삶을 살아온 사실을 알게 되고 아이들을 독일에 둔 채 영국으로 떠난 니나 대신 니나의 내연남을 만나 그의 이야기를 듣고 니나의 연락처를 건네준다.

사랑하고 저항하기를 주저하지 않고 매 순간 치열한 삶을 산 니나와(그 치열함에는 자살을 감행하는 일까지 포함된다!) 자신에게 주어진 운명을 숙명처럼 여기고 좀처럼 궤도를 이탈하지 않는 삶을 산 슈타인과 마르그레트의 대비가 인상적으로 그려진 작품이다. 두 사람의 평탄한 삶은 언뜻 니나의 모순적이고도 도전적인 삶을 부각하기 위한 장치처럼 보이지만, 소설이 진행되면서 세 사람 모두 서로에게 영향을 받고 달라진 삶을 살게 되었음을 느낀다. 니나를 만나 사랑하지 않았다면 슈타인은 정치적 위험을 무릅쓰지 않았을 테고 무엇보다 스스로 삶을 정리하는 일은 감행하지 못했을 터. 마르그레트 역시 니나와 함께한 동안 자신 안에 잠들어 있던 삶에 대한 강렬한 열정을 깨닫는다. 그렇지 않았다면 혼자 남아서 여동생의 내연남을 기다리고 그에게 동생의 주소를 전해줄 수 없었으리라. 니나 역시 마찬가지. 소설 속에서 스스로 언급한 것처럼, 비록 자신과는 맞지 않는 사람이었지만 그래도 슈타인의 사랑이 없었다면 전혀 다른 삶을 살았을지도 모른다.

그러니 '삶의 한가운데'를 경험한 것이 비단 니나만은 아니리라. 니나만의 몫으로 남을 수도 없을 테고. 누구나 언제든 삶의 한가운데를 지난다고 말할 수 있지 않을까.

이 소설은 이른바 '현대 소설'의 구성을 보여준다. 서술자가 등장인물의 삶을 일목요연하게 설명해 주거나 편지나 일기 따위의 편집자로 등장하는 게 근대 소설의 특징이라면, 현대 소설은 그마저도 인위적이라는 판단에 현대적인 삶의 우연성을 부각하기 위해 많은 부분을 우연에 맡기곤 하니까. 아니 더 정확하게 말하자면 우연에 의해 사건이 벌어지고 우연에 의해 사건이 정리되는 '것처럼 보이도록' 구성한다고 해야겠다.

근대 소설이었다면 이 소설은 순전히 슈타인의 편지로만 이루어지지 않았을까. 아니면 언니 마르그레트가 동생이 죽은 뒤에 남긴 일기나 편지를 받고 읽어나가는 형식을 띠거나. 최소한 슈타인의 기록에 집중할 수 없도록 만드는 니나의 '다른 남자'를 굳이 설정하지는 않았을 터. 하지만 이 소설은 언니 마르그레트가 우연히 동생 니나를 만났는데 공교롭게 니나가 도망치듯 떠나는 시점이었고, 역시 우연히 그날 슈타인의 소포가 도착한다는 설정을 따른다. 게다가 이미 죽고 없는 사람의 일기와 편지를 니나와 마르그레트가 읽는다. 마치 독자인 나와 함께 읽어 나가는 것처럼. 그러고는 니나는 떠나고 마르그레트는 혼자 남아 니나의 '다른 남자'를 만난다. 근대 소설의 입장에서 보면 우연에 의한 사족이 너무 많다고 해야 할까.

　사족 이야기가 나온 김에 덧붙이자면, 한 번 읽고 연이어 다시 읽기 시작해서 100여 쪽을 보다가 책을 덮었다. 편집자가 미처 살피지 못한 실수 두 개를 발견했는데, 하나는 앞부분에 나오는 마이트와 슈타인의 대화에서 서로 경어를 쓰는 장면이다. 저 뒤쪽에서는 서로 자네, 하면서 반말을 하는 그들이 말이다. 그들의 대화가 나오는 일기는 비록 앞뒤에 배치되었지만 날짜는 가까운데다 반말로 대화를 나누는 일기의 날짜가 앞서 있으니 불과 몇 달 사이에 반말을 쓰던 두 사람이 경어로 대화를 나누는 건 아무래도 어색해 보인다. 둘째는, 니나가 슈타인을 찾아가 친척 할머니 가게에서 생활한 지 1년 반이나 됐다고 말하는 장면이다. 그 기록의 날짜가 1933년 1월 15일인데, 앞서 니나가 친구에게 아버지가 돌아가신 지 6주가 지났고 자신은 친척 할머니 가게에서 지내게 됐다는 내용의 편지를 보낸 날짜가 1932년 11월 2일이니, 길게 봐야 4개월이 지났을 뿐인데 1년 반이라는 숫자가 어떻게 가능한지 알다가도 모르겠다. 원서의 오기라면 따로 설명을 해줘야 하지 않을까.

이런 실수들을 발견하게 되니 비록 지금은 그만두었지만 교정 교열 일을 오래 해온 사람으로 마치 내가 잘못하기라도 한 것처럼 민망해져 더 읽기가 싫어졌다. 그러니 이 책은 한 번 하고 3분의 1 정도를 읽은 셈이다.

어쨌든 1년짜리 집에서 지내게 되었다. 니나의 삶을 대하고 나니 1년 뒤가 기다려진다. 아니, 그런 자세로 임해야겠다는 생각이 든다. 최소한 내 몫으로 주어진 '삶의 한가운데'를 제대로 경험하기 위해서라도.

우당탕탕 지나가 버린 젊은 시절

『젊은 베르테르의 슬픔』
요한 볼프강 폰 괴테, 박찬기 옮김
민음사, 2019(1999)

> 내게는 내 마음만이 유일한 자랑거리이며, 오직 그것만이 모든 것의 원천, 즉 모든 힘과 행복과 불행의 원인이다. 아아, 내가 알고 있는 지식은 누구나 다 알 수 있다. 그러나 나의 마음은 나 혼자만의 것이다. (129쪽)

대전에서 새로 만난 의사는 여성분인데 환자들이 많아서 시간에 쫓길 법한데도 대화를 유도하려 애써주고 약도 줄여주겠노라고 친절하게 말해 주었다. 종국에는 약을 먹지 않고 생활할 수 있도록 도와주겠다는 말도 잊지 않았다. 고마웠다. 나 또한 어쨌든 과거는 우당탕탕 지나버렸고 지금이 내 평생 가장 편안한 시간인데 이렇게 약에 의존하면서 보내고 싶지 않노라고 답했다. 사실이다. 젊은 날로는 단 일 초도 돌아가고 싶지 않을 만큼 지금의 내가 좋으니까.

독일 작가 요한 볼프강 폰 괴테(1749~1832)가 1774년에 펴낸 소설 『젊은 베르테르의 슬픔』을 읽는다. 요즘은 '젊은 베르테르의 고뇌'나 '젊은 베르터의 고뇌'로 번역되기도 한다.

　인간관계에 환멸을 느끼고 한적한 시골로 내려간 베르테르가 친구 빌헬름에게 쓴 편지를 작가가 발견하고 소개하는 형식의 소설이다. 베르테르는 그곳에서 노법관의 딸 로테를 알게 되어 사랑을 느끼지만 안타깝게도 로테에겐 알베르트라는 약혼자가 있다. 모든 걸 포기하고 도망치듯 다른 마을로 떠난 베르테르는 관료 조직에 몸을 담지만 귀족들의 불합리한 행태와 관료 사회에 불만을 품고 다시 로테에게 돌아온다. 그러나 알베르트와 로테 모두 예전처럼 베르테르를 격의 없이 대하지 않자 베르테르는 로테를 그리워하며 권총으로 자살한다.

　제목에 왜 '젊은'이라는 수식어를 붙였을까? 괴테가 노년에 이 작품을 썼다면 수긍할 만하지만, 스물다섯 젊은 나이에 쓴 소설에 굳이 '젊은'이라는 수식어를 붙인 이유가 궁금하다. 작가 자신과 친구의 경험을 토대로 썼다지만 이른바 질풍노도 시대의 분위기를 그대로 녹여낸 소설이어서일까? 그래도 그렇지 그냥 '베르테르의 슬픔'이나 '베르테르의 고뇌' 혹은 '베르테르'라고 해도 될 것을 굳이 '젊은 베르테르의 슬픔'이라는 누가 봐도 유치한 제목을 정한 건 아무래도 이유가 있지 싶다.

　이 소설을 사랑 때문에 자살한 젊은이의 이야기로 규정하기보다 기존의 관습과 세태에 불만을 품고 저항한 젊은 세대의 이야기로 규정하고 싶었던 걸까. 완벽한 소설의 대명사격인 『친화력』(1809)의 작가가 썼다고는 믿기지 않을 만큼 완성도도 떨어지고 곳곳에 치기 어린 대사와 표현들이 난무하는 것도 그 때문이 아닐까 싶다. 베르테르가 권총 자살하는 부분도 다만 사랑 때문이라면 설득력이 떨어져 보인다. 사랑 때문이라면 차라리 작품 중간에 등장하는, 주인 과부를 사랑한 머슴의 경우가 더 비극적이고 소설적으로 읽힌다. 주인 과부에게 사랑을 고백했다가 쫓겨난 뒤 새로 들어온 머슴이 주인 과부를 탐하자 찾아가 살해한 바로 그 머슴 이야기. 게다가 베르테르가 알베르트에게 빌린 (로테의 손을 거친) 권총으로 자살한다는 설정도 어쩐지 과하다 싶다. 결국 '젊음'이 문제였을까.

병원 대기실에서 기다리는 시간이 점점 길어지다 보니 다른 환자들을 살피게 되는데, 유독 이삼십 대로 보이는 젊은 여성들이 많다. 지금 이 땅에서 가장 스트레스를 많이 받는 사람들이겠구나 싶었다. 우당탕탕 지나가버린 내 젊은 날을 아주 잠깐 떠올려 보았다.

흉내 내기

『돈키호테』
미겔 데 세르반테스, 박철 옮김
시공사, 2009(2004)

"나는 내가 누구인지 알고 있습니다. (하략)" (77쪽)

"이미 말하지 않았느냐? 여기서 절망에 빠진 어리석고 성난 아마디스를 흉내내겠다는 것이다. 더불어 용감한 돈롤랑의 흉내도 낼 것이다. (하략)" (315쪽)

어릴 때부터 누군가의 특별한 행동을 곧잘 흉내 내곤 했다. 친구들 앞에 뽐내듯 그런 게 아니라 나도 모르게 습관처럼 받아들이게 되는 식의 흉내였다. 아무래도 개인적으로 닮고 싶은 상대의 습관을 모방했으리라. 아니면 닮고 싶은 사람은 아니지만 특정한 행동이 나도 모르게 배어들 듯 옮겨 왔을 수도 있고. 그렇다 보니 과연 이게 내 것인가 싶어질 때도 많았다. 말투도 그렇고 표정도 그렇고 심지어는 걸음걸이까지. 아, 방금 이 행동은 예전에 아무개의 행동이랑 비슷한데, 하고 불현듯 떠오를 때면 내가 여러 사람의 삶을 동시에 살고 있다는 엉뚱한 생각이 들기도 했다.

스페인 작가 미겔 데 세르반테스(1547~1616)가 1605년에 펴낸 소설 『돈키호테』를 읽고 있다. 내용은 모두 알다시피 스페인 라만차에 살던 오십 대 향사(鄕士) 알론소 키하노가 기사도 소설을 탐독하다 정신이 이상해져 스스로를 기사 돈키호테라 부르며 마을에 사는 농부 산초 판사를 종자로 삼아 좌충우돌 모험에 나서는 이야기다. 작가는 2부에서 이 이야기가 시장에서 구입한, 아라비아인들의 이야기라고 능치지만 이는 검열을 피하기 위한 장치거나 아니면 일종의 소설적 장치로 보인다.

이 소설이 근대 소설의 효시로 꼽히는 이유는 어쩌면 앞에 인용한 대사 때문이 아닐까 싶다. 돈키호테는 소설 속 등장인물 중 자신이 누군가를 흉내 내고 있다는 걸 알고 행동하는 첫 번째 인물인 셈이니까. 마침내 중세의 책 속에서 나와 근대의 현실과 마주한 소설의 주인공이자 문제적 인물이 탄생하는 순간이랄까. 좌충우돌할 수밖에 없겠다. 처음이니까. 말하자면 돈키호테는 앞으로 펼쳐질 허구와 현실의 긴장 관계 속에서 소설 속 인물들이 온전히 자신의 역할을 수행해 낼(흉내 낼) 수 있을 때까지 완충 장치 역할을 한 셈이겠다. 돈키호테의 말대로 '숭고한' 역할이 아닐 수 없다.

이렇게 멀쩡한 판단을 내리는 사람을 어떻게 미치광이라고 할 수 있을까. 외려 그는 미치광이인 척하며 현실이라는 원고지에 새롭게 책을 쓰는 인물이라고 해야 맞지 않을까. 그러려면 모든 걸 알고 있어야 한다. 다른 사람들이 모르는 것들까지도. 다만 다른 사람들은 뻔히 아는 건 몰라야 한다. 가령 스스로는 물론 스스로가 흉내 내는 인물 또한 작가가 만들어낸 가공의 인물이라는 사실 같은 것.

쉰이 넘어서는 누군가를 흉내 낸다는 생각에 빠져본 적이 없다. 비로소 내가 마음에 들어서라기보다 나라는 존재에 적응한 결과이지 싶다. 앞으로는 그런 나를 흉내 내면서 살아볼 생각이다. 그러려면 무엇보다 나를 잊어버리지 말아야겠지.

성공한 속편은 없는 걸까?

『돈키호테 2』
미겔 데 세르반테스, 박철 옮김
시공사, 2018(2015)

"나는 돈키호테다." (669쪽)

"선한 친구들이여, 나를 축하해주시구려. 이제 나는 돈키호테 데 라만차가 아니라 이전 나의 품행으로 인해 '선한 자'로 불렸던 그 알론소 키하노랍니다. (후략)" (875쪽)

세르반테스가 1605년에 펴낸 『돈키호테』 속편이다. 『돈키호테』가 출간되고 나서 1614년 알론소 페르난데스 데 아베야네다라는 작가가 『돈키호테 2편』을 펴내자 세르반테스가 이 위작에 분개하며 1615년에 발표했단다.

무릇 본편보다 더 재미있는 속편은 없는 법. 『돈키호테』도 예외는 아니지 싶다.

위작이 널리 읽히는 데 분개해서 쓴 속편이어서 그럴까. 위작의 내용을 바로잡는 데 지나치게 신경을 쓴 듯하다. 본편과 위작 때문에 이미 널리 알려진 돈키호테와 산초 판사는 어디에서나 환대를 받지만, 더는 광기 어린 주인공들이 아니라 놀림을 받는 광대들이 된 느낌이다. 괴수로 보이는 풍차도, 군대로 보이는 양 떼도 더 이상 존재하지 않으며, 둘시에나는 본 모습을 드러내지 않아 실제로 마법에 걸려 어딘가에 갇혀 있는 공주가 된 듯하다. 하여 이제는 성은 성으로, 돼지들은 돼지들로, 공작은 공작으로, 기사는 그저 기사로 보일 뿐이다. 더군다나 본편보다 더 짜임새 있는 구성을 갖춘 소설을 써야 한다는 강박이 외려 소설의 김을 빼버리고 말았다. 좌충우돌하는 미치광이 돈키호테와 그의 종자 산초 판사를 주인공으로 하는 소설이라면 본편처럼 플롯 또한 좌충우돌하며 이어지는 게 더 어울려 보이지 않을까.

본편에서의 별칭 '슬픈 얼굴의 기사'가 역설적으로 미치광이 노릇을 하는 돈키호테에게 감정이입하게 만들었다면, 속편에서의 별칭 '사자의 기사'는 역시 역설적으로 돈키호테를 안쓰럽게 만든다. 하여 "나는 돈키호테다"라는 대사는 본편의 "나는 내가 누구인지 알고 있습니다"만큼 선언적 의미를 갖지 못하고 도리어 "내가 과연 돈키호테일까?"라는 의문으로 읽힐 뿐이다.

결국 돈키호테는 '이성'(?)을 되찾고 기사도 소설을 탐독했던 과거를 수치스러워하며 원래의 알론소 키하노 노인으로 돌아와 당당하게 유언을 남기고 죽는다. 속편 『돈키호테』의 운명처럼.

2020, 가을

가을의 문턱에서 만난 도스토옙스키

『카라마조프가의 형제들』 1~3
표도르 도스토옙스키, 김희숙 옮김
문학동네, 2019(2018)

"다들 제 아비를 죽여놓고 깜짝 놀랐다는 시늉이군."
(3권 348쪽)

가을이 성큼 다가왔다. 긴 장마와 늦더위에 지쳐 있을 땐 여름이 아예 지날 것 같지 않더니만 시간은 어김없이 흘러간다. 이젠 아침저녁으로 제법 선선한 공기가 살갗을 스친다.

러시아 작가 표도르 도스토옙스키(1821~1881)가 말년에 발표한 마지막 장편소설 『카라마조프가의 형제들』을 읽는다. 가을에 맞춤한 책이 아닐까 싶다. 러시아의 가상의 지방 소도시 스코토프리고니옙스크에서 벌어진 카라마조프가 친부 살해 사건을 작가의 목소리를 통해 소개하는 작품이다. 범죄소설의 형식을 띠었지만, 카라마조프가의 네 부자를 통해 인간의 두 가지 심연, 즉 고등종교와 과학적 이성, 심오한 철학 등을 통해 드러나는 '드높은 이상의 심연'과 질투와 복수, 색욕, 저열한 욕망 등을 통해 드러나는 '타락의 심연'을 동시에 보여주는 작품이다.

'타락의 심연'을 대표하는 인물은 카라마조프가의 아버지 표도르 파블로비치다. 식객으로 떠돌다가 두 여자와 결혼해 챙긴 지참금으로 고리대금업을 하며 재산을 늘린 파블로비치는 두 여자에게서 낳은 세 아들, 드미트리와 이반, 알료샤를 돌보기는커녕 버리다시피 한다. 그리고 마을의 백치 여인을 겁탈해 스메르쟈코프라는 사생아를 낳아 부엌데기로 삼는다. 세 아들이 따로따로 성장해 아버지를 찾는데, 그중 큰아들 드미트리는 고결한 양심을 지녔지만 아버지에게서 물려받은 기질 때문에 방탕하고 포악한 생활을 즐기는 전역 군인이 되고, 둘째 이반은 과학적 이성을 신봉하며 '신이 없다면, 모든 것이 허용되어야 한다'는 논리로 이성적 인간을 자처하는 인물이 되어 나타난다. 셋째 알료샤는 조시마 장로 밑에서 수도사로 성장한, 종교적이면서도 '러시아적 삶'을 사랑하는 인물로 조시마 장로가 입적한 뒤 장로의 유언대로 속세로 돌아온다.

드미트리는 아버지의 정부로 알려진 그루셴카를 빼앗아 도망갈 생각에 3천 루블을 받으러 찾아갔다가 아버지 파블로비치 살해 사건의 용의자가 된다. 한편 이반은 스메르쟈코프가 물려받은 아버지의 저열한 성향을 저주하면서도 어쩐지 자신을 닮은 듯한 모습에 서슴없이 자신의 논리를 들려준다. 모든 것이 허용된다는 바로 그 논리. 백치의 자식이며 사생아인데다 뇌전증으로 툭하면 발작을 일으키는 자신의 형편을 자학하는 한편 아버지의 다른 아들들에 대한 질투와 분노에 사로잡힌 스메르쟈코프는 드미트리가 눈이 뒤집혀 아버지를 찾아온 날 밤 발작을 가장해 누워 있다가 파블로비치를 살해한다. 그리고 이 사실을 이반에게만 털어놓고 공판 전날 목을 매 자살한다. '내가 죽였지만 사주한 건 당신이다.' 이 사실을 알게 된 이반은 섬망증에 사로잡힌다.

그런가 하면 알료샤는, 드미트리가 술집에서 만난 퇴역 군인 스네기료프의 수염을 잡고 끌고 다니면서 그의 어린 아들 일류샤가 지켜보는 가운데 망신을 준 사건 때문에 그들 부자를 보살피게 되지만, 상처를 받고 병을 얻은 일류샤는 결국 사망한다. 소설은 알료샤가, 유죄 판결을 받고 20년 형을 살게 된 드미트리를 탈출시킬 궁리를 하는 한편, 일류샤의 장례식에 참석해 어린 친구들에게 서로를 잊지 말고 선하게 살자고 다짐하는 것으로 마무리된다.

고등학교 때 처음 읽으면서는 대심문관 이야기를 인상적으로 접한 기억이 있다. 민중을 선동한다는 이유로 잡혀 온 예수에게 조용히 돌아가라고, 이제까지 쌓아온 종교적 관습과 제도를 무너뜨리는 짓은 당신이 말하는 그 민중들에게 오히려 해가 될 뿐이라고, 그들에게는 당신보다 종교 제도와 관습이 더 필요하다고 준엄하게 꾸짖는 대심문관 이야기. 카프카의 『소송』(1925)에 나오는 법문 앞에서 벌어지는 문지기와 시골 촌부의 일화처럼 독립된 작품으로도 읽히는 바로 그 이야기. 불가코프의 『거장과 마르가리타』(1967)에 나오는 예수와 빌라도 총독 사이의 긴장감 넘치는 대치 장면만큼이나 인상적이었던 기억이다. 하지만 이제 다시 읽으니 별 감흥이 없다. 민중의 삶에 대해 잘 모르는 건 양쪽(혁명 세력이든 기득권 세력이든) 다 마찬가지인 것 같고.

대신 앞에 인용된 대사, 이반이 형의 공판에 증인으로 참석해 증언하다가 방청석을 보며 내뱉는 저 말이 인상적이었다. '다들 제 아비를 죽였다'는 말보다 '깜짝 놀랐다는 시늉'이라는 표현에 방점을 찍고 싶다. 비록 소설 속에서이긴 하지만 카라마조프가의 친부 살해 사건은 러시아를 들썩인 엄청난 사건이었고 모두들 깜짝 놀랐을 테니까. 어떻게…… 아들이…… 아버지를…… 하지만 제 아비를 죽이는 것이 인간의 '타락한 심연'일지 아니면 '깜짝 놀라는 시늉'을 하는 것이 '타락한 심연'일지 누가 알겠는가. 아니다, 깜짝 놀라는 시늉이라도 해야 할지 모른다. 그것이 인간이 단지 이성의 힘으로만 움직이는 게 아니라 양심의 힘으로 살아가기도 한다는 엄연한 사실을 방증해 줄 테니까. 그러나 그게 단지 '시늉'에 불과하다는 것 또한 기억해야 하리라. '타락한 심연'을 제대로 볼 수 없다면 '드높은 이상의 심연' 또한 인간에겐 별 의미가 없을 테니 말이다.

톨스토이가 나폴레옹의 모스크바 침공이라는 러시아 역사에 다시없을 엄청난 사건을 통해 구현해 낸 문학적 성취를, 도스토옙스키는 지방 소도시에서 벌어진 형사 사건을 통해 이루어냈다는 사실이 놀랍다. 드미트리가 유죄 판결을 받는 과정을 나폴레옹의 퇴각에 버금가는 사건으로 만든 건 온전히 작가가 이루어낸 성취 아닐까.

물론 두 작가의 소설은 판이하다고 해야 할 정도로 다르다. 『전쟁과 평화』(1869)와 비교해 봐도 분명하게 드러난다. 톨스토이는 자신의 이 엄청난 대작을 주요 인물도 아닌 안나 파블로브나 셰레르가 야회에 초대된 손님을 향해 던지는 대사로 시작한다. 그러고는 마치 카메라가 움직이듯 손님들의 등장과 동선을 따라 서술이 이어진다. 반면 『카라마조프가의 형제들』은 등장인물의 첫 대사가 등장하기까지 서술자의 설명이 길게 이어진다. 70쪽에 가까운 제1편 전체가 사전 설명이라고 해도 과언이 아니다. 톨스토이가 치밀한 영상 편집자에 가까운 서술자와 정확한 동선에 따라 연기하는 배우 같은 인물들을 내세워 소설을 보여준다면, 도스토옙스키는 집요한 이야기꾼을 닮은 서술자와 뭔가에 들린 듯 끝없이 이야기를 쏟아내는 인물들을 통해 소설을 들려주는 듯하다.

소설을 이어가는 힘도 달라서 톨스토이가 절제된 장면 전환과 편집의 힘에 기댄다면, 도스토옙스키는 강렬한 사건과 함께 그 사건과 관련한 이야기를, 마치 한자리에 앉아 끊임없이 끌려나오는 감자를 캐듯 끝까지 끌어내는 힘으로 밀어붙인달까. 놀라운 건 어쩌려고 이러는 걸까, 하고 읽는 사람을 조마조마하게 만들 만큼 뭔가에 들린 듯한 인물들을 끝도 없이 채찍질하면서도, 차분한 목소리의 서술자와 시종일관 차분함을 잃지 않는 인물들을 통해 인간 심리의 복잡 미묘한 부분을 보여준 미국 작가 헨리 제임스보다 더 다양하고 심원한 인간 심리의 밑바닥에 대해 들려준다는 사실이다.

『죄와 벌』을 다시 쓴다면?

『점원』
버나드 맬러머드, 김종운 옮김
을유문화사, 1979

"헬렌" 하고 그는 쉰 목소리로 말했다. "내 속은 퍽 착
한 인간이라는 것을 알아줘."
"나도 그렇게 알고 있어요."
"내가 나쁜 짓을 할 때도 나는 착한 사람이야." (177쪽)

오래된 책에선 초콜릿 냄새가 난다. 맡을 때마다 신기하다. 책 냄새는 좋아하지 않는데, 오래된 책에서 나는 이런 냄새는 예외다. 내가 가진 책 중엔 『점원』이 그런 책이다. 미국 작가 버나드 맬러머드(1914~1986)가 1957년에 펴낸 소설인데 내가 가진 번역서는 1979년에 출간된 것이다.

유대계 작가인 맬러머드가 미국 유대인 사회의 빛과 어둠을 그린 소설로, 도스토옙스키의 『죄와 벌』을 다시 쓴 작품으로 평가받는단다. 예컨대 라스콜리니코프가 전당포 노파를 도끼로 내려쳤지만 노파가 죽지 않고 산다면? 게다가 죄책감을 느낀 라스콜리니코프가 노파 주위를 맴돌며 노파의 일을 남몰래 돕다가 사정하다시피 해서 아예 전당포 점원

으로 취직한다면?

    이 소설에서 전당포 노파에 해당하는 인물은 식료품점을 운영하는 유대인 모리스 보우버이고 라스콜니코프는 이탈리아계 청년 프랭크 앨파인이다. 프랭크는 범죄를 모의하는 질 나쁜 친구 워드 미노우그에 이끌려 주류 상회를 털려다가 실패하고 옆 가게인 모리스의 식료품점으로 들어가 모리스의 돈을 뺏고 머리를 가격해 실신하게 만드는 범죄를 저지른다. 물론 모리스를 가격한 건 워드 미노우그였다. 모리스는 부인 아이다 그리고 직장에 다니며 언젠가는 대학에서 문학을 공부하고 싶어 하는 딸 헬렌과 함께 근근이 살아가는 유대인 가장이다. 프랭크는 자신이 절도를 자행한 이 가게에 사정하다시피 해 점원으로 고용된다. 그리고 헬렌과 사귀는데 죄책감에서 비롯된 행동이지만 수완을 발휘해 가게를 잘 봐주면서도 한편으로는 돈을 조금씩 훔치거나 헬렌이 목욕하는 장면을 훔쳐보는 악행을 반복한다.

    그러던 어느 날 프랭크는 돈을 훔친 걸 들켜 가게를 나간다. 그러고는 공원에서 헬렌을 겁탈하려는 워드를 때려눕히고 헬렌을 범한다. 죄책감에 괴로워하면서도 가게 주변을 떠나지 못하던 프랭크는 어느 날 가스가 가득 찬 지하실에 쓰러져 있는 모리스를 구해낸다. 모리스는 입원하고 빈 가게를 프랭크가 다시 보는데 헬렌에게 사과하고 싶었지만 뜻대로 되지 않자 결국 병원에서 퇴원한 모리스에게 강도 사건의 전말을 들려주고 용서를 빈다. 하지만 모리스는 이미 알고 있었다면서 프랭크를 내쫓는다. 가게 운영이 힘들어진 모리스는 일자리를 구하러 다녀보지만 별무소용이다. 그러던 어느 날 가게로 찾아온 낯선 사내가 가게에 불을 질러 보험금을 타내자는 제안을 한다. 말도 안 되는 소리라고 내쳤지만 모리스는 가족들과 건물 위층의 식구들이 외출한 틈을 이용해 불을 놓으려다 몸에 불이 붙는데, 순식간에 나타난 프랭크의 도움으로 겨우 살아난다. 얼마 뒤 옆 가게에서 실제로 불이 나고 불을 낸 워드가 화마 속에서 사망한다. 그리고 모리스는 눈을 치우다가 폐렴에 걸려 죽는다.

프랭크는 헬렌에게 자신의 과오를 솔직히 밝히고 자신이 가게를 운영할 테니 대학에서 문학 공부를 하라고 권한다. 헬렌은 일언지하에 거절하지만 어느 날 퇴근길에 프랭크가 가게에 도움을 주기 위해 야간에도 다른 업소에서 일하는 걸 알게 된다. 헬렌의 마음은 열리고 프랭크는 할례를 받고 유대교로 개종한다.

인용된 대사가 인상적이다. "내가 나쁜 짓을 할 때도 나는 착한 사람이야." 선인과 악인의 구분이 의미 없음을 보여주는 대사랄까. 선함과 악함, 즉 선한 의지와 행동 그리고 악한 의지와 행동은 가능해도, 선인과 악인이 따로 있을 수 없다는 걸 보여주는 소설의 내용과도 부합한다. 아마도 미국으로 이주한 러시아계 유대인 이민자 가정에서 태어나 자란 작가의 배경 때문이지 싶다. 나를 경계 짓는 선들이 많아지면 많아질수록, 겹쳐지면 겹쳐질수록 무조건적인 선과 악 같은 건 따로 없다는 걸 더 쉽게 깨닫게 될 테니 말이다. 거기다가 이중, 삼중으로 소외되었던 경험까지 더해지면 더 말할 것 없으리라.

유대계 미국 작가라고 하니 『오기 마치의 모험』(1953),

『허조그』(1964) 등을 쓴 솔 벨로(1915~2005)나 『포트노이의 불평』(1969), 『더 플롯 어게인스트 아메리카』(2004) 등을 쓴 필립 로스(1933~2018)도 떠오른다. 솔 벨로는 맬러머드처럼 러시아계 유대인 이민 가정에서 태어났고, 필립 로스는 폴란드계 유대인 이민 가정에서 태어났다. 물론 작가를 이렇게 규정하고 묶는 게 개인적으로는 마뜩잖다. 그냥 떠올라서 적어 봤을 뿐이다. 해당 작가들도 썩 좋아하진 않으리라. 작가나 작품을 개인이나 개인의 문학적 발언으로 다루지 않고, 종교나 인종 안에 묶어버리는 것은 또 다른 폭력일지도 모르니까. 더군다나 문학의 이름으로 이런 짓을 저지르는 건 이중의 차별이자 폭력일 수도 있다.

아무려나 이 책은 1979년에 을유문화사에서 낸 책이다. 무슨 이유인지 모르지만 그 뒤로 다른 출판사에서 다시 간행된 바가 없는지 검색이 되지 않아 할 수 없이 이 책으로 읽었다. 제목도 한자로 적혔고 '-읍니다'도 '-습니다'로 바뀌지 않은 데다 컴퓨터가 아니라 인화지로 수작업해 만든 책이어서 불편하긴 했지만, 번역이 나쁘지 않아 끝까지 읽는 데 큰 어려움은 없었다. 특이하게도 차르 체제 아래의 러시아 유대인 수선공 이야기를 담은 소설 『수선공』(1966)과 함께 맬러머드의 대표작이라는데 다시 출간되면 좋겠다. 이 책은 가끔 초콜릿 냄새가 그리워지면 살짝 꺼내서 **냄새를 맡는 용도로** 쓰면 되니까.

도와줘요, 빨강머리 앤!

『그린게이블즈의 빨강머리 앤』 1~10
루시 모드 몽고메리, 김유경 옮김
동서문화사, 2016(2002)

어느 날 밤, 월터가 물었다.
"왜 바람은 행복하지 않아요, 엄마?"
앤은 대답했다.
"그것은 바람이 이 세계가 시작된 뒤 모든 슬픔을 기억하고 있기 때문이란다." (6권 118쪽)

몸과 마음의 상태가 다시 엉망이 되었다. 수시로 산책을 하는데, 운동 효과를 보려는 목적도 있지만 더 중요하게는 컨디션을 체크하기 위해서다. 그런데 땅 밑에서 누군가 내 두 발을 잡아당기기라도 하듯 걸음이 제대로 옮겨지지 않고, 머리 위에서는 거대한 손이 짓누르기라도 하듯 몸이 구겨지는 느낌이다. 또 시작이군, 하고 겨우 집에 돌아와 비상약을 챙겨 먹고 누웠다. 이번엔 효과가 있을까? 요즘 이런 증상이 다시 시작되었는데 예전과 달리 비상약도 효과가 없다. 며칠째 괜찮아졌다 나빠지기를 반복하고 있다.

책을 읽을 엄두는 못 내겠고 하는 수 없이 소파에 누운 채 빨강머리 앤을 떠올렸다. 앤의 긍정 에너지가 약보다 낫겠다 싶었달까. 이사 오기 전 동네 도서관에서 빌려 읽었는데, '코로나 19' 때문에 이곳에선 아직 도서관 카드도 만들지 못했다.

『그린게이블즈의 빨강머리 앤』은 캐나다 작가 루스 모드 몽고메리(1874~1942)가 1908년에 펴낸 소설로, 모두 열 권이다. 고아 앤 셜리가 집안일을 도울 남자아이를 원했던 매슈 커스버트, 머릴러 커스버트 남매에게 착오로 입양되면서 이야기는 시작된다. 앤은 말괄량이 유년 시절을 지나 고향의 초등학교 교사로 처녀 시절을 보낸 뒤 대학에 진학하고 중학교 교장으로 부임해 주위의 편견에 맞서 싸우면서도 유쾌한 성격을 잃지 않는다. 앤은 어린 시절 친구 길버트와 결혼해 여섯 아이를 낳아 키우지만 아들 셋과 막내딸의 연인이 모두 제1차 세계대전에 참전해 안타깝게도 그중 둘째인 월터가 전사해 슬픔을 겪는다. 하지만 꿋꿋이 이겨내고 다시 밝은 삶을 찾아가는 앤의 이야기는 따뜻한 감동을 전한다.

개인적으로는 따뜻하고 밝은 버전의 『제인 에어』를 보는 듯했다. 그 밝음과 따뜻함이 어색했을까? 저런 문장들을 메모했으니 말이다. 긍정적인 생각을 갖고 행복을 자연스럽게 받아들이는 것도 연습이 필요하다는데, 나는 아직 연습이 덜 된 모양이다. 아니면 거부하는 건지도……

책이 없으니 휴대전화에 메모해 놓은 문장들을 다시 읽으며 책의 내용을 떠올려본다. 우선 그린게이블즈를 지어 살던 매슈와 여동생 머릴러가 떠오른다. 깐깐하고 남의 일에 참견하기 좋아하는 이웃 린드 부인이 '산다기보다 그저 우두커니 있는 곳'이라고 비아냥거렸던 집이다. 앤이 그런 린드 부인에게 한바탕 쏘아붙이고는 머릴러의 손에 이끌려 사과하러 가는 장면도 떠오른다. 마치 연기를 하듯 그럴듯하게 사과를 해내는 앤을 보고 머릴러는 처음으로 앤이 단지 몽상에만 빠져 지내는 말괄량이가 아니라 부당한 일은 참지 못하면서도 뒷수습을 하는 데도 남다른 재능을 보이는 아이라는 걸 깨닫는다. 그리고 앤이 퀸즈아카데미에 진학해 그린게이블즈를 떠나던 날 머릴러는 진짜 엄마처럼 펑펑 눈물을 쏟는다. 머릴러에게는 앤이 착오로 잘못 입양된 군식구가 아니라 진짜 딸이 된 순간이다.

2권에서는 새로운 이웃이 된 해리스 씨와의 만남이 흥미로웠다. 앤의 소가 해리스 씨의 보리밭을 헤집고 다니는 바람에 사과를 하는데, 어느 날 해리스 씨의 밭에 들어간 소를 다시 발견하고 놀라서 급히 팔아버렸더니 그 소가 해리스 씨의 소였다는 에피소드도 웃음을 자아냈다. 앤이 가르치는 학생 가운데 한 명이었던 폴 어빙과의 만남도 기억난다. 이른바 '서로를 부르는 영혼'들의 만남이었달까. 무엇보다 큰 사건은 앤의 단짝 친구 다이애너가 프레드 라이트와 사귄 일이겠지.

3권에서는 역시 자신이 태어난 집을 찾았다가 새로운 집주인에게 부모 이야기를 전해 듣고 마치 부모를 찾은 것 같은 기분에 빠져드는 앤이 인상적이었다. "이제부터 나는 고아가 아니야"라고 말했던가.

4권에서 앤 셜리는 서머사이드 중학교 교장으로 부임한다. 그곳에서 만난 이웃 폴린과 부교장 캐서린의 사연이 기억난다. 폴린은 깐깐하기 이를 데 없는 어머니를 간병하느라 홀로 늙어가는 여성인데 변변한 외출 한번 못해보다가 앤의 기지로 사촌언니의 금혼식에 다녀오면서 행복을 느낀다. 한편 캐서린은 늘 앤을 불만스러워하고 사교성도 떨어져 홀로 하숙방에서 크리스마스를 보낼 형편이었는데, 앤이 손을 내밀어 고향집 그린게이블즈에 데려가 함께 훈훈한 크리스마스를 보낸다.

5권에선 역시 앤과 길버트가 결혼해 포 윈즈라는 항구에 신혼집을 차린 것이 큰 사건이겠다. 선장인 짐과 그의 인생록 노트를 받아 책으로 내는 작가 오언, 그리고 기구한 인생을 산 여성 레슬리가 기억난다. 오언과 레슬리를 연결해 준 것도 물론 앤이었다.

6권에서 앤은 첫아이를 유산하고 나서 막내딸 릴러까지 모두 여섯 아이를 낳아 키운다.

8권에선 제1차 세계대전이 발발해 앤의 세 아들과 릴러의 연인까지 참전하는 이야기가 전개된다. 결국 월터가 집으로 돌아오지 못한다.

앤의 이야기뿐만 아니라 책에 섞인 삽화들까지 떠올려 보니 기분이 좀 나아지는 것 같다. 그래도 소파에 좀 더 누워 있어야겠다. 밥 생각도 나지 않는다. 창밖이 시나브로 어두워지고 있다.

외진 곳에 불시착한 영혼

『테레즈 데케루』
프랑수아 모리아크, 조은경 옮김
펭귄클래식코리아, 2011

> 파리에서 혼자 지내고, 스스로 생활비를 벌고, 어느 누구에게도 의지하지 않는 여자가 되는 것이다……. 가족 없이 사는 것이다! 가족을 마음 가는 대로 선택하는 것이다. 혈연이 아닌 정신에 따라, 또는 육체에 따라 선택하고, 아무리 드물고 아무리 멀리 떨어져 있더라도 진정한 자신의 가족을 발견하는 것이다……. (159쪽)

의사에게 약을 먹어도 자꾸 증세가 반복된다고 전하면서 마치 어느 외진 곳에서 장기 투숙자로 살고 있는 느낌이라고 말했다. 내 삶을 살고 있는 기분이 전혀 들지 않는다고도 했다. 의사는 증세가 나타날 때의 심리 상태를 꼬치꼬치 묻고는 약을 추가해 주었다. 계속 줄여 나갈 줄 알았는데 다시 약이 늘고 말았다.

프랑스 작가 프랑수아 모리아크(1885~1970)가 1927년에 펴낸 소설 『테레즈 데케루』를 읽는다. 남편을 독살하려 했다는 이유로 재판을 받았으나 공소기각으로 풀려나 다시 남편 곁으로 돌아가 살게 된 여성의 이야기다.

테레즈 데케루가 지방법원에서 공소기각 판결을 받고 풀려나면서 소설은 시작된다. 변호사와 아버지의 마중을 받고 마차와 기차를 타고 다시 집으로 돌아가면서 테레즈는 과거를 회상한다. 사춘기 시절부터 이어진 시누이 안 드 라 트라브와의 우정. 책 읽기를 좋아하고 수줍음이 많은 테레즈와 달리 책 읽기보다는 서슴없이 사냥을 하며 웃기 좋아하는 수녀원 학교 학생 안. 고향 아르즐루즈에서 가장 넓은 땅을 소유한 라로크와 데케루 가문의 결합인 베르나르와의 결혼은 테레즈에겐 비극이었지만 안에겐 더없이 기쁜 일이었다. 베르나르는 스스로 자신을 잘 안다고 생각하고 특히나 자신의 감정에 대해서는 누구에게도 물을 필요 없다고 믿으며 대가족의 중요성을 강조하는 전형적인 시골 지주다. 테레즈는 숨이 막혔다. 하지만 신혼여행에서 임신을 하고 만다. 테레즈는 딸 마리를 낳지만 아기에게도 별 애정을 느끼지 못한다. 마을에선 담배만 피우는 테레즈가 모성애도 없는 이상한 여자라고 수군거린다. 베르나르는 몸이 좋지 않아 비소 화합물을 복용하는 파울러 치료법을 받게 되는데, 인근에서 큰불이 나던 날 흥분한 나머지 약 먹은 걸 잊고 두 번 복용했다가 곤욕을 치른다. 그 순간 테레즈는 묘한 기분을 느낀다. 그리고 베르나르가 다시 쓰러졌을 때 의사는 가짜 처방전을 발견하고 테레즈를 의심한다.

집에 도착해서 테레즈는 남편에게 모든 사실을 고백하리라 결심하지만 남편은 이미 이 사건을 원점으로 되돌릴 결정적인 증거를 가지고 있다면서 테레즈에게 아무런 의견도 내지 말고 시키는 대로 방에 머물며 부엌 근처엔 얼씬도 하지 말라고 주문한다. 다만 가족 행사나 종교 행사엔 아무 일 없다는 듯 다정한 부부로 참석해야 한다는 것까지. 사라져 버리겠다는 테레즈의 말에 남편은 당신에겐 그럴 권리조차 없다고 못 박는다. 그러면서 테레즈가 그런 일을 저지른 이유는 자신이 죽고 나면 남은 재산을 독차지할 수 있기 때문이라고 주장한다. 그 이유밖에는 없다면서.

베르나르는 테레즈에게 여동생 안이 결혼하고 나면 당신은 자유의 몸이 될 수 있노라고 제안하고 마침내 안의 결혼식 다음날 파리의 한 카페에서 두 사람은 마주앉아 대화를 나눈다. 베르나르가 처음으로 테레즈에게 왜 그랬느냐고 자신이 그렇게 끔찍하게 싫었느냐고 묻자, 테레즈는 당신이 걱정하고 궁금해하고 심란해하는 모습을 보려고 그랬노라고 말한다.

길지 않은 소설인데 술술 읽어내기가 쉽지 않다. 마치 한지에 번지는 먹물처럼 문장들은 서로 깊이 스며들고 문장 속 풍경과 인물의 심정도 서로의 흔적을 지우듯 번져 나간다. 시점도 일관되지 않아 작가에게 소설 속 사건에 대해 합리적인 설명을 할 의도 같은 건 애초부터 없었던 게 아닌가 의심이 들기도 한다. 합리적인 설명이라. 그게 가능할까. 아마 작가도 테레즈가 왜 남편을 독살하려 했는지 분명하게 설명하기 어려웠을 테다. 글쎄, 테레즈에게 직접 물어도 시원한 답변을 기대할 수는 없지 않을까. 테레즈의 결혼 생활은 모파상이 『여자의 일생』(1883)에서 "디디고 올라설 가장자리도 없는 결혼"이라고 표현한 주인공 잔의 결혼 생활과 다르지 않았다.

언제부터였을까. 테레즈가 마치 남의 삶을 살듯, 자신의 삶에서 끊임없이 밀려나는 걸 느끼게 된 것이. 하긴 그게 뭐가 중요할까. 의미로 충만한 삶을 살면서도, 아니 그렇기에 더욱 그 삶에서 정작 '나'는 별반 중요하지 않다고 느끼는 게 삶이기도 한 것을. 의미로 충만한 삶을 누리는 인물을 연기해야만 하는 삶, 최악이다. 혹시 테레즈는 '지금-여기'서 벗어나고 싶었던 걸까. 꼭 그렇게 보이지도 않는다. 마침내 자신을 옥죄던 삶에서 벗어나 파리의 카페에 앉은 테레즈의 표정이 그다지 행복해 보이지 않았으니까. 파리에 살면서도 테레즈는 또 그곳을 벗어나고 싶어 했을지 모른다.

다만 그 마음을 헤아려 볼 근거가 아주 없지는 않다. 마지막 장에서 파리의 카페에 마주앉은 남편 베르나르가 왜 그랬느냐고 물었을 때, 테레즈는 마침내 남편이 그 질문을 던졌다는 사실에 그간의 고통을 보상받았다고 느끼니까. 그리고 남편이 '내 당신을 용서하겠소. 이리 오시오'라고 말한다면 당장 일어서서 남편을 따라가겠노라고 생각하기도 하고. 자신의 마음 상태를 궁금해하고 물어 주는 것, 테레즈가 남편뿐만 아니라 자신을 둘러싼 세상에 바랐던 유일한 것인지도 모른다. 자신도 잘 알지 못하는 그 마음 상태에 대해 물어 뭐하겠는가, 제대로 답하지도 못할 거면서. 아니다. 중요한 건 답해 주는 것이 아니라 물어 주는 것이다. 남에게 감히 하지 못할 말들을 서로 나누며 정체 모를 그 마음을 함께 헤아려 볼 수 있는 상대가 남편이고 가족일 수 없다는 게 비극의 시작 아니었을까. 베르나르는 그 시작이 두려웠으리라. 자신의 아내는 물론 가족 누구에게든 마음의 상태를 묻고 대화를 나누는 것, 그게 끔찍이도 두려웠겠지. 이 또한 비극이긴 마찬가지다.

그나저나 궁금하다. 파리에서 테레즈가 어떻게 살아갔을지. 제발이지 어떤 형태의 결혼이든 모두 거부하고 새로운 가족도 만들지 않았길 바랄 뿐이다.

생각해 보니 외진 곳에서 장기 투숙하는 사람처럼 산 것이 어제오늘 일이 아니었다. 왜 그랬는지 모르겠지만 철들면서부터 줄곧 그랬던 기억이다. 엉뚱한 곳에 불시착한 영혼처럼, 마치 남의 인생을 살 듯 할 때 가장 곤혹스러운 건 매번 역할 연기를 해야 한다는 것이다. 내 것이다 싶은 게 없으니 모든 게 연기가 돼버리니까.

다시는 그 외진 곳으로 돌아가고 싶지 않다. 테레즈 데케루와 함께 가을이 깊어지는 저녁이다.

집에 돌아가는 길

『댈러웨이 부인』
버지니아 울프, 이태동 옮김
시공사, 2012

> 그녀에게도 지키고 싶은 중심의 무언가가 있었지만, 그것은 쓸데없이 복잡한 일상 속에서, 잡담에 파묻히고 거짓말에 더렵혀지기도 하여 녹아 없어졌다. 하지만 그 남자는 중심을 지켜냈다. 죽음은 그것을 지켜내려는 저항이었다. (269쪽)

동생과 통화했다. 동생은 정신과 의사에게 상담 치료를 받고 있다. 내 경우와는 다른 데다 개인적인 사정도 있어서 나도 굳이 약을 권하지 않았다. 의사가 묻더란다. 몇 층에 사느냐고. 연립주택 2층인데 1.5층 같은 2층이라고 했더니 높은 곳에 살지 않아 다행이라고 하더라나. 동생은 그 말을 농담하듯 웃으면서 전하고 나 또한 쓴웃음을 지으며 들었다.

영국 작가 버지니아 울프(1882~1941)가 1925년에 펴낸 소설 『댈러웨이 부인』을 읽는다. 1923년 6월의 어느 하루 동안 런던에서 벌어진 일을 그린 작품으로 파티를 주최하는 댈러웨이 부인과 전쟁에 참전했다 신경쇠약에 걸려 자살하는 셉티머스가 중심인물로 등장하는 이야기다.

서술자가 특이한 소설이다. 등장인물들 속을 이리저리 돌아다니며 그들에게 몸뿐만 아니라 내면의 음성까지 빌려 독자에게 말을 건넬 뿐 자신의 자리가 따로 없다. 심지어는 길을 지나는 행인들도 일일이 이름을 부여받고 서술자에게 잠시나마 몸을 빌려주어야 할 정도다. 자신의 자리도 없이 아무것도 주관하려 하지 않는 서술자. 그런데 누가 봐도 신뢰할 수 없는 이 같은 서술자가 전하는 이야기가 혼란스럽고 맥락 없이 느껴지기는커녕 한 치의 오차도 없이 잘 짜인 구성의 완벽한 이야기처럼 들리는 건 왜일까. 심지어 등장인물들의 내면을 그린 소설인데. 이런 소설의 서술자가 매번 자리를 바꾼다면 이야기는 요철을 뿌려놓은 것처럼 울퉁불퉁, 들쭉날쭉하기 십상일 텐데, 외려 한 사람이 차분한 목소리로 모두의 내면 이야기를 전하는 것처럼 안정감 있게 들리니 신기할 따름이다.

그 이유를 꼽아보자면, 우선 매번 되돌아가는 중심인물이 있어서겠다. 클라리사와 셉티머스. 파티를 열어 사람들을 모으고 그들이 한껏 상승하도록 돕는 클라리사와 전쟁에서 돌아와 무너질 대로 무너진 채 삶의 바닥으로 내려가다가 결국엔 창밖으로 몸을 던져 자살하는 셉티머스. 두 인물의 이야기가 묘한 대비를 이루며 서술자의 안정적인 두 다리가 되어준다.

다음은 같은 날의 런던이라는 시공간을 공유한다는 점을 꼽을 수 있겠다. 서술자가 아무리 이리저리 돌아다녀도 어차피 같은 배경과 시간 속일 뿐이라는 게 안정감을 주는 듯하다. 이 소설에 반복적으로 등장하며 시간을 알리는 빅벤의 종소리가 거슬리기보다 묘하게 소설의 중심과 균형을 잡아주는 역할을 하는 이유랄까.

마지막으로 흔들리지 않는 문장들도 한몫한다. 내면의 의식을 그것도 주로 과거 이야기와 함께 반복적으로 전하면서도 매번 새로움을 느끼게 만들어주는 명징한 문장들. 만일 이 소설을 댈러웨이 부인이 파티를 위해 꽃을 사러 나갔다가 이런저런 상념에 빠져 과거를 회상하면서 꽃을 사 집에 돌아와서는 창밖으로 뛰어내려 자살하는 걸로 마무리했다면 어땠을까? 그랬다면 문장들은 식자(識者)들이 말하는 이른바 '의식의 흐름' 소설에 걸맞은 문장들이 되었을 테고, 소설은 제임스 조이스의 『율리시스』(1922)처럼 의식의 수렁 속을 헤맸을지도 모르겠다. 하지만 이 소설의 문장들은 의식을 따라 흐르지도 고여 있지도 않다. 빅벤의 종소리처럼 정확한 시간에 울려 동심원을 그리며 퍼져나갈 뿐. 다음과 같은 문장들처럼.

> 아, 마침 빅벤 종이 울렸다! 처음에는 음악적인 예고음이었고, 그다음은 돌이킬 수 없는 시간을 알리는 종소리였다. 둔중한 종소리가 공중에서 수많은 원을 그리며 부서져 내렸다. (9쪽)

상황이 지금보다 더 심각해지더라도 동생이 건물에서 뛰어내릴 일은 전혀 없다. 그렇게 믿고 있다. 물론 1.5층 같은 2층에 살기 때문은 아니다. 그냥 그런 믿음이 있다. 나 또한 그러지 않을 테고.

    삶이란 어쩌면 파티를 위해 꽃을 사러 나갔다가 집으로 돌아오는 일 같은 것인지도 모르겠다. 전쟁에 나갔다가 집에 돌아오는 일 같은 것이기도 할 테고. 비록 셉티머스는 전장에서 집으로 제대로 돌아오지 못했지만 댈러웨이 부인은 파티를 무사히 치러냈다. 등장인물의 표현대로 파티나 즐기는 속물이면 어떤가. 제발 모두 무사히 집으로 돌아갔으면 좋겠다.

합의와 치욕

『변신』

프란츠 카프카, 홍성광 옮김

열린책들, 2009(2007)

"만일 저 애가 우리 말을 알아듣는다면 말이다." 아버지는 또 한 번 같은 말을 되풀이하고는, 그런 일은 말도 안 된다는 여동생의 확신을 자신도 받아들인다는 뜻으로 두 눈을 지그시 감았다. "그렇다면 저 애와 합의를 볼 수도 있을 텐데 말이다. 그런데 저렇게……." (151쪽, 「변신」)

"그 치욕을 아시겠습니까?" (180쪽, 「유형지에서」)

의사에게 약을 끊어보겠노라고 말했다. 약이 아닌 내 몸과 마음으로 잠들고 깨어나고 감정을 느끼며 살고 싶다고 덧붙였다. 약의 힘으로 정해진 시간에 잠들고 깨어나고 또 약이 정한 한도에서만 감정 기복이 허락되는 생활에 지쳤던 건 사실이니까. 다행히 의사는 내 의견을 존중해 주었다. 말하자면 합의를 본 셈이다. 아마도 '그래 한번 해봐라. 다시 오게 되더라도 날 원망하진 말고' 뭐 이런 생각을 하지 않았을까 싶기도 하다. 아무튼 9개월 만에 약에서 해방되었다. 비록 일주일 뒤와 3주 뒤에 다시 가서 확인을 받아야 하지만.

체코 작가 프란츠 카프카(1883~1924)의 단편소설「변신」과「유형지에서」를 읽는다. 카프카가 1915년(「변신」)과 1919년(「유형지에서」)에 펴낸 단편집에 수록된 단편들이다.

「변신」은 영업사원으로 근무하며 부모와 여동생을 부양하는 그레고르 잠자가 어느 날 갑각류의 벌레로 변한 뒤 처음엔 가족들의 보살핌을 받지만, 나중에는 말도 못 하는 벌레를 돌보는 일에 지친 가족들에게 버림받고 죽는다는 이야기다.

「유형지에서」는 유형지의 장교가 죄수들의 몸에 죄명을 새기고 고문하는 기계를 계속 운용하기 위해, 유형지를 찾은 답사 연구자에게 자랑하듯 보여주지만, 반응이 신통치 않자 자신이 직접 기계에 몸을 맡겼다가 죽는다는 이야기다.

인용문에서 보듯이「변신」의 잠자를 죽게 만든 건 아버지가 던진 사과가 아니라, 가족들의 강요된 합의였다. 집 밖의 세상이 기반으로 삼는 바로 그 합의. 놀랍게도 합의는 집 안에서도 그 위력을 발휘한다. 그레고르 잠자가 죽자 가족은 하숙생들을 내쫓고 하녀마저 나가게 한 뒤 나란히 식탁에 앉아 각자의 직장 상사에게 하루 결근하겠다는 편지를 쓴다. 그러고는 오랜만에 가족 외출에 나선다. 희망찬 미래를 기약하면서.

하지만 치욕은 오랫동안 그들을 괴롭힐 것이다. 가족을 죽였다는 죄책감이 아니라 오히려 그 죄책감을 씻어내기 위해 합의를 이용한 데서 비롯된 치욕. 세상에 이성적이고 합리적인 중재자 같은 건 없다는 걸 그들은 그 치욕을 통해 깨닫게 되리라.

「유형지에서」에 나오는 기계는 비인간적으로 작동한다. 죄수를 '침대'에 눕히고 '도안 장치'에 달린 바늘로 죄수의 몸에 그가 저지른 죄목을 새겨 넣으니까. 죄수는 피를 흘리고 죽어가거나 구덩이에 버려진다. 죄수에게는 그 자체가 재판이자(자신의 죄목을 알리니까) 형벌이지만(그 자체가 치욕이고 고통이니까), 정작 죄수에게 치욕을 심어주는 기계는 그저 합의된 대로 실행할 뿐 치욕이 무엇인지 모른다. 전임 사령관과 함께 기계를 도안하고 관리해 온 장교가 신임 사령관의 부탁을 받고 기계 장치를 살피러 온 답사 연구자에게 "그 치욕을 아십니까?"라고 물을 때조차 기계는 말이 없다.

장교가 말한 치욕이란 자신이 기계와 함께 누렸던 과거의 영광이 이젠 거꾸로 치욕이 되었다는 것, 즉 스스로가 나머지가 되고 빈자리가 되었다는 것이리라. 그는 답사 연구자가 지켜보는 가운데 자발적으로 기계의 '침대'에 눕는다. 그리고 '도안 장치'가 자신의 몸에 새길 문장을 미리 보여주는데, 그 문장은 바로 '공정하라!'이다. 이 짧은 소설에서 아마도 가장 아이러니한 부분일 이 대목에서 기계는 놀랍게도 장교의 몸에 '공정하라!'라는 문장을 새겨 넣는다.

'공정하라!'라는 문장은 죄목일까 아니면 자기주장일까? 자기주장이라면 장교의 것인가 아니면 기계의 것인가? 합의된 대로라면 기계는 그 순간 작동을 멈춰야 하지만 그러지 않는다. 합의된 대로라면, 그리고 장교 스스로 답사 연구자에게 줄곧 강조해 온 대로 기계 장치에 한 치의 결함도 없으며 신임 사령관과 그 무리들이 비인간적이라는 구실로 자신을 모함하는 것이라면, 기계는 장교를 뱉어내야만 한다. 장교가 기계를 이용해 자신의 결연한 의지를 표명하려 했다 해도 기계는 그런 식의 사용을 거부해야 마땅하다. 합의에 반하는 것이니까.

그러나 기계는 작동한다. 마치 스스로의 죄목을 새기듯이. '기계여 공정하라!' 그럼에도 기계는 치욕을 모른다. '공정하라'라는 문장과 '상관에게 무조건 복종하라'라는 문장의 차이를 기계는 알지 못한다. 기계적이라는 말은 반성과 회의를 모른다는 말이고 따라서 '자기'를 갖지 않는다는 말이니까. 합의의 세계는 바로 이런 기계의 세계이다. 합의된 내용보다 형식을 그 생명력으로 삼음으로써 참여자들을 나머지로 만드는 세계. 그러니 합의는 늘 치욕을 낳기 마련이다.

나중에 다시 약을 먹게 되더라도 그걸 치욕이라고 여길 필요는 없으리라. 하지만 씁쓸해지긴 할 것 같다.

쓸쓸하다

『호밀밭의 파수꾼』
제롬 데이비드 샐린저, 공경희 옮김
민음사, 2007(2001)

누구에게든 아무 말도 하지 말아라. 말을 하게 되면, 모든 사람들이 그리워지기 시작하니까. (279쪽)

약을 끊을 무렵 동네 미장원에 가서 머리를 잘랐다. 일주일이 지나니 좀 적응이 된다. 1년 넘게 기른 머리였다. 여름 내내 묶고 지냈다. 예전엔 늘 짧고 단정하게 깎았었는데 어느 날, 왜 꼭 이래야 하지, 싶어져서 길렀다. 누가 뭐라 하든 신경 쓰지 않고 다녔다. 젊은 시절에도 해보지 못한 일을 감행하면서 혹시 내가 이른바 '사춘기'인가 싶기도 했지만, 그만큼 마음이 편해졌다는 의미로 받아들였다. 그나저나 머리카락이 제법 무게가 나가는 모양이다. 귀밑 정도까지만 잘랐는데도 한결 가벼워진 걸 보면 말이다.

미국 작가 제롬 데이비드 샐린저(1919~2010)가 1951년에 펴낸 소설 『호밀밭의 파수꾼』을 읽는다. 뉴욕에 사는 고등학생 홀든 콜필드가 크리스마스를 앞두고 학교에서 퇴학당한 뒤 집으로 돌아가기 전 3일 동안 뉴욕을 헤매고 다닌 이야기를 다음해 정신병원에 들어간 뒤에 형에게 들려주는 형식의 이야기다.

펜실베이니아의 명문 사립 펜시 고등학교에 다니던 홀든 콜필드는 영어를 제외한 과목에서 낙제해 퇴학당한다. 크리스마스를 앞둔 토요일 기숙사에서 룸메이트와 말다툼을 벌이다 흠씬 두들겨 맞은 홀든은 수요일까지 집으로 돌아갈 계획을 앞당겨 학교를 빠져나온다. 홀든은 변호사인 아버지 덕분에 부족함 없는 생활을 하고 있지만, 동생 앨리가 어린 나이에 병으로 사망한 뒤로는 학교생활에 좀처럼 적응하지 못한다. 형은 소설가로 지금은 할리우드에서 영화 시나리오를 쓰고 있고, 막내 여동생 피비는 아직 초등학생이다. 그의 눈에 비친 사회는 위선적인 어른들이 만들어놓은 끔찍한 소굴이다.

하지만 막상 학교를 나와 뉴욕으로 돌아오니 집으로 갈 엄두가 나지 않는다. 호텔에 묵으며 술집을 전전하다 이런저런 사람들을 만나기도 하고 호텔 종업원의 꼬임에 넘어가 방으로 거리의 여자를 불렀다가 곤경에 처하기도 한다. 여동생 피비가 좋아하는 레코드판을 구입한 걸 위안 삼으려 했는데 그마저도 땅에 떨어뜨려 깨뜨리고 만다. 어쩔 수 없이 밤에 몰래 집에 들어간 홀든은 자고 있는 피비를 깨워 조각 난 레코드판을 건네주고 이야기를 나눈다. 피비는 오빠가 퇴학당한 걸 눈치채고 눈물을 흘린다. 피비는 오빠는 모든 걸 다 싫어한다면서 정말 좋아하는 게 있느냐고 묻는다. 죽은 앨리 이야기를 하며 얼버무리던 홀든은 호밀밭에서 뛰어노는 아이들이 절벽으로 떨어지지 않도록 지켜주는 파수가 되고 싶다고 말한다. 파티에 갔던 부모가 돌아오는 소리에 놀라 집을 나온 홀든은 자신이 좋아했던 교사이자 지금은 교수인 앤톨리니의 집을 찾아가 하룻밤 신세를 질 계획이었지만, 새벽녘에 술에 취한 앤톨리니가 자신의 머리를 쓰다듬자 놀라서 도망쳐 나온다. 결국 집으로 돌아가지 않고 홀로 서부로 떠날 계획을 짜고 동생 피비의 학교에 찾아가 편지를 전한 뒤 피비를 기다리는데, 피비가 트렁크를 들고 나타나서는 함께 떠나겠다고 고집을 피우는 바람에 홀든은 떠날 계획을 접는다. 홀든은 동물원 벤치에 앉아 피비가 회전목마를 타는 모습을 지켜보며 갑자기 쏟아진 겨울비를 흠뻑 맞는다.

이십 대 후반에 처음 이 소설을 읽었다. 대학을 졸업하고 막 사회생활을 시작했을 때였다. 그저 그랬다. 당시의 내게는 홀든이 사회에 불만 많은 부잣집 도련님 정도로 비쳤던 기억이 난다. 글쎄, 그때 내 처지가 그럴 만해서 그랬는지, 아니면 스스로 나이를 먹었다고 느껴서 그랬는지 모르겠다. 외려 비슷한 시기에 읽은 나쓰메 소세키의 『도련님』(1906)이나 그전에 읽은 손창섭의 「신의 희작(戱作)」(1961)이 더 와닿았다.

이제 다시 읽으니 느낌이 좀 달랐다. 뭐랄까, 쓸쓸했달까. 소설을 읽는 내내 그랬다. 홀든이 안쓰럽고, 그나마 피비가 있어서 다행이다 싶기도 하고. 호밀밭의 파수가 되고 싶다는 그의 꿈도 어쩐지 서글프게 느껴졌다. 그사이 달라진 거라곤 맥없이 나이가 들었다는 것 말고는 딱히 없는데. 굳이 꼽자면 나도 홀든처럼 정신과 의사에게 진료를 받고 9개월 가까이 약을 먹었다는 것뿐이다. 그게 그렇게 큰 차이를 만들었을까?

    홀든은 다시 학교로 돌아가 정상적으로 학업을 마치고 대학에 진학했을 것이다. 뉴욕 월스트리트를 주름잡는 금융인이 되었거나 아버지처럼 변호사가 되었을지도 모른다. 아니면 형처럼 작가가 되었거나. 결혼해서 아이들을 여럿 낳고 키웠겠지. 뭐 이혼을 했을지도 모르고. 어쨌든 나하고는 달리 멋지게 나이 들었으리라. 여전히 사회의 이런저런 위선과 기만에 불평불만을 쏟아내겠지만, 열여섯에서 열일곱에 이르는 나이에 겪었던 일들은 까맣게 잊고 살아가리라. 아니 여전히 생생하게 기억하고 있더라도 누구에게도 입도 뻥긋하지 않았을 게 분명하다. "말을 하게 되면, 모든 사람들이 그리워지기 시작하니까."

세상이 너무 지겨워!

『베니스의 상인』
윌리엄 셰익스피어, 최종철 옮김
민음사, 2012(2010)

안토니오: 난 정말 왜 이렇게 슬픈지 모르겠네.
지겨울 정도야, 자네도 지겹다고 하네만. (11쪽, 1막 1장 첫 대사)

포셔: 진짜야 네리사, 이 작은 몸은 이 커다란 세상이 지겨워. (20쪽, 1막 2장 첫 대사)

의사는 자꾸 내 어린 시절을 궁금해하는데, 아무리 생각해 봐도 특별한 일은 없었다. 설령 있었다 해도 그걸 내가 지금 앓고 있는 증세의 원인으로 삼고 싶지는 않다. 누굴 탓하고 싶지도 않지만 내 삶에 무슨 문제라도 있었던 것처럼 자책하는 건 더더욱 싫은 일이다. 그냥 벌어진 일일 뿐이다. 누구에게나 일어날 수 있는 일이기도 하고. 하지만 곰곰이 생각해 보면 십 대 이십 대를 무척 지겨워하며 보낸 건 사실이지 싶다. 하루하루를 보내기가 힘겹기도 하고 지겹기도 했던 기억이다. 왜 그랬는지는 모르겠다. 그냥 그랬다. 어디 나만 그랬을까. 인용문에서 보듯 영국 극작가 윌리엄 셰익스피어(1564~1616)가 1597년에 발표한 희곡 「베니스의 상인」의 젊은 친구들도 마찬가지니까.

이탈리아 베네치아의 젊은 상인 안토니오는 전 재산을 투자해 한꺼번에 여러 척의 상선을 출항시키는 모험을 벌이고는 배들이 무사히 돌아오기를 바란다. 한편 안토니오의 친구 바사리오는 방탕한 생활로 늘 궁핍해 자신의 사랑을 찾아 떠나는 여비까지 안토니오에게 빌려야 할 처지다. 안토니오도 당장 빌려줄 돈이 없어 유대인 고리대금업자 샤일록에게 제 날짜까지 못 갚을 시 심장 근처 살 1파운드를 도려낸다는 어처구니없는 계약서를 쓰고 돈을 받아 빌려준다. 배만 들어오면 문제 될 것이 없다는 자신감에서였다. 바사리오가 연정을 품은 여성인 포셔는 아버지의 유언에 따라 청혼자들에게 각각 금, 은, 납으로 만들어진 궤짝 중 하나를 고르게 해서 그 안에 든 내용대로 따르기로 한다. 결국 모두 실패한 뒤에 납 궤짝을 고른 바사리오가 신랑감이 된다. 그때 안토니오의 배들이 모두 풍랑에 좌초했다는 비보가 날아든다.

샤일록은 바사리오가 포셔에게 받아온 원금의 몇 배나 되는 돈도 마다하고 안토니오의 가슴살 1파운드를 도려내겠다고 고집을 부린다. 할 수 없이 포셔와 하녀 네리사가 각각 법학박사와 서기로 분장하고 재판정에 나타나 살 1파운드를 도려내는 대신 계약서에 없는 피를 한 방울이라도 흘리게 되면 샤일록의 전 재산을 몰수할 수 있다고 주장해 안토니오와 바사리오를 구한다. 좌초했다는 안토니오의 배들도 무사히 항구로 돌아온다.

셰익스피어는 이 작품을 통해 뭘 말하려고 한 걸까? 궁금하다. 당시 유럽 전역에서 기독교인들에게 비난을 받던 유대인, 특히 고리대금업을 하며 기독교인들의 돈을 '뜯어가던' 유대인에게 젊은 기독교인들이 가하는 통쾌한 복수를 그리고 싶었던 걸까? 글쎄 그거라면 너무 웃기지 않은가. 문학을 사적이고 종교적인 복수에 동원한 셈이니까. 게다가 유대인들이 고리대금업에 종사할 수밖에 없었던 건 기독교인들의 시장경제가 그들을 받아들이지 않았기 때문이라는 걸 셰익스피어도 잘 알고 있었을 테니 말이다.

혹시 계약이 갖는 위험성에 대해 말하고 싶었던 건 아니었을까? 이 작품엔 세 건의 어처구니없는 계약이 등장한다. 안토니오와 샤일록의 계약, 포셔와 죽은 아버지 사이의 계약, 그리고 포셔와 네리사, 바사니오와 그라티아노가 각각 맺은 반지 계약. 앞의 두 계약은 이미 언급했고, 반지 계약도 어처구니없기는 마찬가지다. 결혼의 표시로 포셔와 네리사가 자기들의 짝인 바사니오와 그라티아노에게 각각 끼워주면서 자기들 아닌 다른 여성에게 주면 결혼은 무효라고 주장하는데, 바사니오와 그라티아노는 법정에서 자신들을 구해준 법학박사와 서기가 답례로 달라고 조르자 어쩔 수 없이 반지를 빼준다. 이건 약속을 지킨 것도 아니고 어긴 것도 아니다. 법학박사와 서기에게 주었으니 어긴 것이지만, 결국은 포셔와 네리사에게 준 것이니 딱히 어긴 것도 아닌 셈이다. 무엇보다 약속 자체가 우스꽝스럽다. 결혼을 상징하는 반지를 다른 사람에게 줄 일이 어디 있겠는가. 이런 엉터리 계약들(불협화음)을 제자리로 돌리는 과정에서 조화(화음)를 찾는 걸 보여주려 했던 걸까?

사실 이 작품에 등장하는 인물 가운데 오직 샤일록만이 현실에 발 딛고 사는 어른이고 나머지는 하나같이 몽상가들이자 철부지들이다. 아마도 아버지에게 물려받았을 게 뻔한 재산을 단 한 번의 모험에 몰아넣은 안토니오는 물론 대책 없는 백수 바사리오에, 자신의 신랑감을 운에 맡겨서 얻으려는 포셔, 아빠를 이해하지 못하고 기독교도 청년 로렌초와 야반도주하는 샤일록의 딸 제시카 등등. 이들은 자신들이 불협화음의 원인으로 지목한 샤일록을 제거하고 제대로 된 화음을 이루는 청년들이 된다. 그렇다면 셰익스피어는 샤일록을 희생양으로 본 것일까? 모르겠다.

한 가지 분명한 건 인용문으로 고른 대사에서처럼 두 주인공인 안토니오와 포셔 모두 등장하자마자 슬프고 지겹다고 토로했다는 점이다. 왜 아니겠는가. 배역에 몰두할 수 없게 만드는 '나'를 가진 인물들인데. 그러니 따지고 보면 이 희곡에서 유일하게 현실적인 인물인 샤일록은 동시에 유일하게 '나'를 갖지 않는 지극히 고전적인 인물인지도 모르겠다.

사는 걸 지겨워한다는 건 어쩌면 내 역할에 물음표를 던지고 모순을 발견하는 '나'를 가지고 있다는 뜻이기도 할 테다. 그렇게 생각하니 다행이지 싶다.

세상의 모든 하루

『이반 데니소비치, 수용소의 하루』
알렉산드르 솔제니친, 이영의 옮김
민음사, 2012(1998)

그러나 아침은 어김없이 다시 찾아왔다. (9쪽)

 어느새 완연한 가을이다. 부모님이 계신 부천을 오가는 일 말고는 딱히 외출할 일도 없었는데 '코로나 19'가 안정세로 접어들자 미뤄뒀던 강연 일정이 잡히기 시작했다. 다른 도시에서 하루를 보내고 돌아올 일이 잦아졌다. 기대되기도 하고 긴장되기도 한다. 약을 끊고 난 뒤라 예전처럼 무사히 해낼지 염려되기도 하고.
 러시아 작가 알렉산드르 솔제니친(1918~2008)이 1963년에 펴낸 소설 『이반 데니소비치, 수용소의 하루』를 읽는다. 예전에 『이반 데니소비치의 하루』라는 제목으로 읽은 기억이 있는데 제목이 달라졌다. 아무튼 작가는 스탈린 치하 구소련의 강제수용소에 수감된 죄수들의 하루를 그림으로써, 강제수용소의 실태와 전체주의 체제를 고발하고 있다.
 1951년 이반 데니소비치 슈호프는 8년째 수용소 생활을 하고 있다. 독소 전쟁에 참전했다가 독일군에 포로로 잡혔다는 이유로 끌려왔다. 영하 40도까지 내려가는 강제수용소에서 아침 5시에 기상해 하루를 시작하는 슈호프. 오늘 따라 몸이 좋지 않아 게으름을 피우다가 노동 영창에 처할 뻔했다. 겨우 곤경에서 벗어나 다 식은 야채수프를 뒤늦은 아침으로 먹고 의무실에 가봤지만 딴 세상 같은 그곳에서 슈호프의 사정을 봐줄 리 없다. 아침에 먹지 못한 빵을 매트 안에 숨기고 작업에 나가는 슈호프.

그가 속한 104반에는 아버지가 부농이라는 사실을 숨겼다고 군에서 잡혀온 반장 추린과 전직 영화감독이며 늘 사식을 받아 상대적으로 풍족한 생활을 하는 체자리, 전직 해군 중령으로 전쟁이 끝난 뒤 영국 해군 제독에게 선물을 받았다는 이유로 끌려온 부이노프스키, 라트비아 출신의 킬리가스, 전쟁 중에 귀를 다쳐 듣지 못하는 세니카, 침례교도로 25년 형을 선고 받고 들어온 알료쉬카, 숲속에 숨어 있던 벤데르파, 즉 우크라이나 민족주의자들에게 우유를 주었다는 죄목으로 끌려온 어린 고프치크, 고위관직에 있다가 끌려와서 수용소 생활에 적응을 못 하는 페추코프 등이 속해 있다. 이들은 돈과 '빽'으로 간수들을 구워삶아 편하게 생활하며 같은 죄수들을 괴롭히는 이른바 배부른 죄수들의 눈 밖에 나지 않으려고 애쓴다. 그리고 야채수프나 양배추죽을 한 그릇이라도 더 먹거나, 동료 죄수들의 소포를 대신 받아주고 먹을 것을 챙기거나, 잎담배를 얻어 피우거나, 어렵고 힘든 작업에서 제외되거나, 살을 에는 추위에 고생하지 않고 일찍 작업에 나갔다가 인원 점검을 마치고 가장 먼저 숙소로 돌아와 쉬는 것 등이 하루 중 얻을 수 있는 가장 큰 행운이라고 여긴다.

슈호프는 비록 몸이 좋지 않았지만, 104반 동료들과 호흡을 맞추면서 벽돌 쌓는 작업을 마치고 별 탈 없이 수용소로 돌아와 체자리의 소포를 대신 받아준 대가로 양배추국을 두 그릇이나 먹고 그의 빵까지 챙긴 데다가 에스토니아 죄수에게 잎담배도 샀다. 게다가 저녁 점호는 두 번에 그쳤고 체자리의 소포를 지켜준 덕분에 비스킷과 소시지까지 얻었다. 슈호프는 운이 좋은 날이었다고 생각하고 잠에 빠져든다. 10년 중 하루가 지났을 뿐인데 말이다.

어딘가에 갇혀 지내는 인물 군상들을 그려내는 데는 솔제니친을 따를 작가가 없지 싶다. 『암병동』(1967)에서도 그랬고. 이 소설은 철책에서 군대 생활하던 때를 떠올리며 읽었다. 그전에 읽었을 땐 온갖 상상력을 다 동원해야만 했는데 다시 읽으니 그 추운 철책에서 낮에는 물지게로 우물물을 긷고 밤에는 경계를 서던 때가 자연히 떠올랐다. 내 생전에 이런 추위와 이런 생활환경을 다시 경험할 수 있을까 싶은 생활이었다. 몸보다 마음이 백 배는 더 추웠다.

슈호프를 비롯한 수용소의 죄수들도 마찬가지였으리라. 영하 40도까지 내려가는 추위는 몸은 물론이고 마음마저 꽁꽁 얼어붙게 만들었을 테니까. 104반 반원들이 그 추위에 땀을 흘려가며 모르타르로 벽돌을 쌓는 작업 장면이 이 소설에서 가장 인상적인 것도 그 때문이리라. 그 순간만큼은 마음이 춥지 않았겠다 싶어서랄까. 하루하루를 보내는 내 행위에 어떤 의미도 부여할 수 없다면 살아도 사는 게 아닐 터. 그래서인지 인원 점검을 위해 얼른 작업을 마쳐야 하는 상황에서도 벽돌이 제대로 쌓였는지 끝까지 확인하는 슈호프의 행위가 예이젠시테인의 영화에 대해 떠벌리는 체자리나 따뜻하고 깔끔한 의무실에서 시를 끼적이는 브도부쉬킨의 행위보다 숭고해 보였다.

이 소설을 읽고 세상의 모든 하루를 다 경험한 듯했다면 지나친 감상이겠지. 그래도 용기를 좀 얻었다. 슈호프의 하루에 비하면 내가 감당해야 할 하루쯤이야 제아무리 낯설더라도 별것 아닐 테니까.

발작적인 아름다움

『나자』
앙드레 브르통, 오생근 옮김
민음사, 2013(2008)

"당신의 정체는 무엇인가요?" 그러자 그녀는, 머뭇거리지 않고 말했다. "나는 방황하는 영혼이에요." (73쪽)

단지 우울감 때문에 병원을 찾았던 건 아니다. 외려 한 3년 정도는 우울감을 거의 느끼지 못하고 지냈다. 대신 몸에 이런저런 증상이 생기기 시작했다. 까무룩 맥이 빠지더니 다음엔 되새김질을 하듯 음식물이 넘어오는가 하면 어지럽고 시선이 흔들려 한동안 고생한 뒤로는 잠을 통 이루지 못했다. 이렇게 2년 넘게 몸이 발작을 하듯 여러 증세들을 쏟아냈다.

처음엔 갱년기 증세가 좀 심하게 찾아온 거려니 했다. 하지만 일을 할 수 없을 지경이 되면서 동네 병원을 찾았고 큰 병원에 가서 검사를 받아보라는 의사의 말에 종합병원에서 과를 옮겨 다니며 온갖 검사를 다 해봤지만 결과는 이상 무. 종합병원은 종합적인 판단을 내려주는 곳이 아니라는 사실만 다시 확인했을 뿐 소득은 없었다. 기력이 달려서 그런가 싶어 한약을 지어 먹어보기도 했지만 그때뿐 증세들이 가라

앉지 않아 하는 수 없이 동네 병원을 다시 찾아 하소연을 늘어놓았더니, 의사가 나를 가만히 쳐다보면서 정신과 진료를 받아보는 게 어떻겠느냐고 조심스럽게 제안했다. 그때 아, 하고 머릿속에 불이 들어오는 느낌이었다.

그렇게 해서 2019년 12월 31일부터 약을 먹기 시작했다. 약을 먹고 얼마 안 돼 증상들이 차츰 사라지기 시작하더니 일까지 그만두고 나니 씻은 듯이 사라져 버려 신기하기도 하고 씁쓸하기도 하고 두렵기도 하고 혼란스럽기도 했다. 뭐랄까, 내 몸과 정신이 내 것 같지 않은 느낌, 그러니까 나는 없고 단지 약에 반응하는 온갖 증상들이 머물다 사라지는 숙주만 남은 듯했달까.

프랑스 작가 앙드레 브르통(1896~1966)이 1928년에 펴낸 소설 『나자』를 읽는다. 1924년 프랑스 파리에서 창간된 초현실주의 동인지 《레볼루시옹 쉬르레알리스트(초현실주의 혁명)》에 작가가 「초현실주의 선언문」을 발표한 뒤 4년 만에 펴낸 이른바 초현실주의에 입각한 소설이란다. 그러니 작가가 비판했던 현실주의 소설들, 즉 리얼리즘에 입각한 소설들이 보여주는 허구로 재편집된 현실과는 판이한 내용과 형식을 담고 있다는 뜻일 터.

실제로 이 소설은 1926년 10월 4일 파리의 라파예트 거리에서 작가가 운명적으로 만난 여인 '나자'와 함께한 시간을 사실 그대로 기술하고 있다. '나는 누구인가?'라는 물음이 '내가 어떤 영혼에 사로잡히는가?'라는 물음으로 귀착될 수밖에 없다고 규정하는 작가에게 나자는 과연 '나는 누구이며 누구일 수 있는가'라는 물음에 답을 던져줄 것만 같은, 작가를 단번에 사로잡은 영혼이었다. 하지만 정작 나자는 돈이 없어 생활고를 겪다가 술집에서 만난 남성에게 단지 몸을 허락하지 않는다는 이유로 무차별 폭력을 당하기도 하는 등 작가와는 전혀 다른 생활을 영위하는 여성이다. 결국 나자는 작가에게 경제적 도움을 받으며 근근이 생활하다가 정신착란 증세로 병원에 감금되고 만다.

이 소설에는 작가 자신이 찍은 사진과 만 레이가 찍은 사진, 그리고 나자가 작가에게 그려준 그림 등이 삽화처럼 들어 있다. 사진이며 그림들이 소설의 한 부분을 차지하는 셈인데, 독일 작가 제발트의 소설 『아우스터리츠』(2001)에서 본 것과 비슷한 형식이어서 혹시 제발트가 브르통의 영향을 받았나 하는 생각을 잠깐 해봤다.

참고로 이 소설의 마지막 문장은 다음과 같다.

> 아름다움은 발작적인 것이며 그렇지 않으면 아름다움이 아닐 것이다. (165쪽)

아름다움과는 거리가 한참 멀어 보이는 '발작'이라는 단어가 아름다움이라는 단어와 이토록 아름답게 조화를 이루는 문장을 본 것만으로도 이 소설을 읽은 보람을 충분히 느낀다. 그렇다고 내 몸이 발작하듯 쏟아냈던 증세들을 아름답다고 말하려는 건 아니다. 다만 그 발작적인 증세들 때문에 그동안 당연하게 여겨왔던 사실, 즉 내가 내 몸과 정신의 주인이라는 생각이 착각에 지나지 않음을 깨닫게 되었을 뿐이다.

무서워라!

『이상한 나라의 앨리스』
루이스 캐럴, 이소연 옮김
펭귄클래식코리아, 2011(2010)

"내가 나를 제대로 설명할 수가 없어요. 내가 내가 아니니까요, 보시다시피요." (156쪽)

꿈을 꾸었다. 꿈속에서 잠을 자다가 깼는데, 정신을 차려보니 내가 땅 속에 서 있었다. 정확하게 내 몸이 들어가 설 만한 크기로 파놓은 구덩이에 들어가 있었다. 잠깐 편안하다는 느낌이었다. 하지만 잠시 후 얼굴 어딘가가 가려워 긁으려고 손을 들려다가 알았다. 내 몸이 구덩이에 꽉 낀 상태라 옴짝달싹할 수 없다는 걸. 갑작스럽게 공포가 몰려왔다. 몸을 움직이려고 발버둥 치며 소리도 나오지 않는 비명을 지르다가 깼다. 깨고 나서도 한동안 일어나지 못하고 누운 채로 천장만 쳐다보았다. 몸이 움직여질 것 같지 않았다.

무서운 꿈이었다. 구덩이와 나 말고는 무서워할 만한 게 전혀 등장하지 않아서 더욱 무서운 꿈. 왜 이런 꿈을 꾸는 거야, 하고 혼자 구시렁거리다가 깨달았다. 영국 작가 루이스 캐럴(1832~1898)이 1865년에 펴낸 소설 『이상한 나라의 앨리스』를 읽었기 때문이라고. 언니와 강둑에 앉아 있던 어린 소녀 앨리스가 양복을 입고 어딘가로 급히 가는 토끼를 따라 토끼 굴에 떨어지면서 벌어지는 꿈 같은 이야기를 담고 있으니까.

앨리스는 토끼 굴에 떨어져 정원으로 통하는 쥐구멍을 발견하고 그곳에 놓인 액체를 마신 뒤 몸이 작아졌다 커졌다 하는 사이 여러 동물들과 만난다. 그러다 다시 만난 토끼를 따라 이상한 모습의 공작부인 집을 방문하는데, 그곳에서도 아기는 돼지가 되고 체셔 고양이는 미소만 남긴 채 사라지는 등 기이한 일들은 끊임없이 벌어진다. '3월 고양이'와 모자장수가 벌이는 '미친 파티'에 끼여 이상한 대화를 나누다가 앨리스는 마침내 여왕이 주최하는 크로케 경기에 참여한다. 앨리스는 여왕과 왕을 비롯해 갖가지 카드 모양을 한 정원사와 신하들 속에서 홍학을 들고 고슴도치를 때리는 기묘한 크로케 경기를 한다. 그 뒤 그리핀과 가짜거북을 만나 앞뒤가 맞지 않는 이야기를 듣고 난 앨리스는 타르트를 훔친 죄인을 재판하는 재판정에 증인으로 불려나갔다가 곤경에 빠지는데, 카드들에게서 겨우 도망치다가 마침내 꿈에서 깬다는 이야기다.

인용문처럼, 내가 읽은 이야기가 대체 어떤 이야기인지, 읽으면서는 물론 다 읽고 나서도 제대로 설명하기가 어렵다. 내게는 그저 공포스러운 이야기일 뿐이었다. 결국 꿈이었다는 결말을 접하고서야 비로소 안심이 될 정도로 무서운 이야기였달까. 앨리스의 몸이 작아졌다 커졌다 하는 부분은 물론 다양한 동물들과 이상한 형상의 인물들이 벌이는 요령부

득의 대화와 맥락 없이 변하는 장면들까지 모두 실제로 꿈을 꾸고 있는 것처럼 이어졌는데, 내겐 왜 이 꿈이 전혀 신나지도 않고 얼른 깨고 싶은 악몽처럼 느껴졌는지 모르겠다. 그중에서도 가장 공포스러운 장면은 체셔 고양이가 미소만 남긴 채 차츰차츰 사라지는 장면이었다. 정말 무서웠다.

'무서워라!'는 조지프 콘래드의 소설 『암흑의 핵심』(1899)의 주인공 커츠가 죽기 전에 내뱉은 말 "무서워라, 무서워라!"에서 따왔다. 그 소설에서 결국은 전해지지 않는 커츠의 고백처럼 이 이야기에서도 내게 미처 전해지지 못한 부분이 마치 '암흑의 핵심'처럼 존재하는 것만 같아 안타까웠달까.

내가 간밤에 꾼 꿈도 그렇고 이 소설도 그렇고 내게 무언가 중요한 메시지를 전하는 듯한데 나는 그저 무서워만 하고 있다.

세계와 나

『푸른 꽃』
노발리스, 김재혁 옮김
민음사, 2006(2003)

> 그때 그는 자신을 둘러싸고 있는 드넓은 세계와 자신과의 모든 관계를 한눈에 조망해 보면서, 세계를 통해 지금의 그가 있게 되었다는 것을, 그리고 앞으로 세계가 그에게 어떤 역할을 할 것인가를 느꼈다. (107쪽)

사회관계망서비스(SNS)도 이용하지 않고 '카톡' 계정도 없다. 처음부터 이용하지 않았을 뿐 무슨 신념이 있어서 멀리하는 건 아니다. 그래도 이제 다시 시작하라고 하면 거절하고 싶다. 그렇다고 내가 은둔 생활을 하는 것도 아니니까. 요즘 같은 세상에 그게 가능하겠는가. 더군다나 지금 같아서는 인간관계를 넓혀가는 것도 의미가 없고 불특정 다수의 삶에 관심을 기울이는 것도 남사스러울 뿐이다.

독일 작가 노발리스(1772~1801)의 소설 『푸른 꽃』을 읽는다. 작가가 스물아홉의 젊은 나이에 요절하고 1년 뒤에 출간되었단다. 노발리스는 독일 낭만주의를 대표하는 작가이자 시인으로 본명은 게오르크 필립 프리드리히 폰 하르덴베르크이고, 『푸른 꽃』 또한 원제는 주인공의 이름인 '하인리히 폰 오프터딩엔'이란다.

독일 튀링겐 지방의 아이제나흐라는 도시의 귀족 아들인 하인리히는 어느 날 낯선 사람에게서 '푸른 꽃' 이야기를 듣고 '푸른 꽃'이 나오는 꿈을 꾼다. 꿈 이야기를 전하자 아버지는 머리도 식힐 겸 어머니의 고향 아우크스부르크로 여행을 다녀오라고 권한다. 어머니와 상인들이 동행하는 먼 여행길에서 하인리히는 상인들에게 이런저런 흥미로운 이야기를 듣기도 하고, 중간에 들른 한 성에서는 성주와 기사들에게서 십자군 전쟁의 무훈담을 전해 듣는 한편 그 성에 잡혀온 동방의 여인 출리마로부터는 동방의 이야기와 함께 십자군의 만행에 대해 듣는다. 그런가 하면 여행 중에 만난 보헤미아 출신의 늙은 광부는 땅 밑 갱도에서 금속을 캐는 광부들이야말로 자연과학자이자 철학자라고 강변하는데, 그를 따라 마을의 동굴을 탐험하는 과정에서 동굴 속 은둔자인 호엔촐레른 백작을 만난다. 백작이 가진 책을 구경하다가 하인리히는 삽화에서 자신과 호엔촐레른은 물론 자신을 시인의 길로 이끌 인물과 자신의 연인이 될 소녀의 모습까지 보는 신기한 경험을 한다.

마침내 아우크스부르크의 외가댁을 찾은 하인리히 일행은 성대한 잔치의 주인공이 되고, 외할아버지를 통해 시인인 클링스오르와 그의 딸 마틸데를 소개받는데, 하인리히는 단번에 클링스오르가 삽화에 나온 시인이고 마틸데가 자신의 연인임을 알아본다. 하인리히는 클링스오르에게 시인이 되는 훈련을 받고 마틸데와 약혼하지만, 2부에서 안타깝게도 마틸데는 강물에 빠져 죽고 하인리히는 아우크스부르크를 떠나 방랑하는 순례자 신세가 된다. 그리고 하인리히는 환상 속에서 마틸데를 만나 노인과 소녀를 소개받고 그들과 이야기를 나누는데…… 미완성인 이 소설은 여기서 끝난다.

낭만주의의 중심 개념은 '힘'이 아닐까. 상극인 것들이 부딪혀 기존 질서를 깨뜨리고 새롭게 재편해 나가는 데 필요한 힘. 그 힘의 원천을 서양에서는 동방의 이야기와 자연, 역사 그리고 사랑에서 찾았던 모양이다. 일상에서는 여행이 가장 적절한 원천이었을 테고. 지금처럼 편안하고 안전한 여행이 아니라 다시 돌아올 기약조차 할 수 없는, 목숨을 건 여행이었을 테니까. 그러니 여행은 곧 모험이었고 모험에는 이야기가 빠질 수 없으며 이야기 중에는 사랑 이야기가 최고였으리라. 그렇게 따지면 이 소설은 하인리히가 시인이 되는 과정을 그린 이른바 낭만적인 모험소설이자 성장소설에 속한다고 봐야겠다. '낯선 사람에게서 들은 이야기, 여행, 모험담, 은둔자와의 만남, 훈련, 사랑 그리고 쓰라린 아픔, 순례'로 이어지는 과정인 셈인데, 안타깝게도 소설이 미완성으로 끝나버려 그 뒤에 하인리히가 진정한 시인이 되는지 아니면 은둔자가 되는지 알 길이 없다.

앞의 인용문은 저런 걸 느끼는 기분은 어떨까 싶어서 골라봤다. 나와 세계가 한 그림 안에 그려지는 게 부럽기도 하고 신기하기도 했달까. 지금처럼 조각난 세계 속에서 역시 조각난 내가 조각난 방식으로 대응하는 환경이라면 불가능한 상상 아닐까 싶기도 하고.

내 연인은 슬픔

『연인』
마르그리트 뒤라스, 김현아 옮김
산호, 1992

나는 그에게 그 슬픔이 꼭 낮 동안의 정사 때문이 아니다, 그가 잘못 생각했다, 나는 지금 내가 줄곧 기다려왔고 오직 내 자신에게서 기인하는 그런 슬픔 속에 **빠져** 있다고 말했다. (중략) 이 슬픔은 내 연인이라고 오늘 나는 그에게 말했다. (47~48쪽)

서울 자취방으로 나와 살기 전엔 부천에서 13년 가까이 어머니 간병을 하며 지냈다. 집안 살림도 하고 어머니와 같이 병원 생활도 하고 훈련도 시켜드리고. 몸의 반쪽을 쓰지 못하게 된 어머니를 일으켜 세우는 게 내 목표였다. 간병이 길어지면 간병하는 사람의 고생은 점점 부각되고 간병을 받는 사람의 고달픔은 잊히게 된다. 일을 그만두고 집에 들어앉게 된 아버지에게 어머니를 맡기고 따로 나와 살면서 지친 몸과 마음을 다스리는 동안 알게 되었다. 다시 그 시간만큼 누군가를 간병하는 것과 누군가에게 간병을 받는 것 중 택하라면, 다시 하고 싶지 않지만 그래도 전자일 수밖에 없다는 걸.

아무튼 고령의 아버지에게 맡기고 나온 터라 언제 다시 돌아갈지 몰라 서울에서는 변변한 가구도 없이 지낼 수밖에 없었다. 1년만이라도 이렇게 지내보자 했던 게 어느새 4년이 되어버렸다.

프랑스 작가 마르그리트 뒤라스(1914~1996)가 1984년에 펴낸 소설 『연인』을 읽는다. 실제로 작가는 프랑스 식민정부의 관리자였던 아버지 때문에 베트남에서 태어나 17년 동안 그곳에 살았단다. 아버지가 병을 앓게 돼 프랑스로 귀국해 사망한 뒤에도 어머니와 오빠, 언니와 함께 가난하면서도 폭력적인 가족 분위기 속에서 성장한 모양이다. 『연인』은 작가의 그 같은 경험에 허구를 더해 쓴 소설로, 베트남과 프랑스, 과거와 현재를 넘나드는 내용의 조각글들로 이루어졌다.

열다섯 살이 된 주인공 소녀 '나'는, 남편이 죽고 투자한 사업들이 다 어그러져 프랑스도 아닌 식민지에서 세 아이를 키우느라 탈진 상태가 된 어머니, 어머니의 편애와 집착 속에서 폭력적인 가장 역할을 하는 큰오빠, 큰오빠의 희생양 작은오빠와 함께 베트남에 살면서 학교에 다닌다. 남편과 함께 베트남으로 부임해 교사로 일하기 전 어머니에겐 젊은 연인이 있었는데, 청년은 그만 이별의 아픔을 극복하지 못하고 권총 자살을 한다. 조울증을 앓는 어머니는 딸에게서도 자신의 어두운 운명의 그림자가 어른거리는 걸 본다.

소녀는 어느 날 우연히 만난 중국 부호의 아들과 죽음과도 같은 정사를 반복한다. 파리하고 허약해 보이는 서른두 살의 중국 남자는 소녀를 씻기고 안고 쾌락을 나누길 반복하면서 소녀를 사랑한다고 고백하며 운다. 소녀는 돈 때문에 중국 남자를 계속 만난다고 생각하면서도, 그를 전쟁과도 같은 가족을 잠깐이나마 피할 수 있는 피난처로 혹은 조숙한 소녀에게 찾아든 쾌락의 상대자로 여겨 쉽게 빠져나오지 못한다. 그동안 큰오빠는 마약과 도박 비용을 구하느라 집안 식구들의 돈을 훔치고 작은오빠는 전쟁 중에 사망한다. 훗날 어머니가 사망한 뒤에도 돈을 먼저 찾았던 큰오빠는 결국 프랑스의 허름한 숙소에서 홀로 죽는다.

가족이 프랑스로 떠나는 바람에 소녀와 중국 남자의 격렬하고 은밀한 사랑은 끝나지만, 남자는 나중에 나이가 들어 작가가 된 예전의 소녀에게 전화해 자신은 영원히 소녀를 사랑하노라고 말한다.

오래전에 이 소설을 읽었을 때나 영화를 통해 접했을 때도 소녀와 중국 남자의 그 일그러진 정사, 그리고 발이 쳐진 창을 통해 어둠 속으로 무수한 선을 그으며 밀려들던 강렬한 햇살, 땀 냄새와 먼지 냄새, 담배 냄새 그리고 향수 냄새가 뒤섞였을 것 같은 그들의 아지트만이 인상에 강하게 남았더랬다. 슬픔과 절망과 허무를 그대로 구현한 듯한 두 사람과 그 분위기가 고스란히 모여 있던 그곳. 하지만 이제 다시 읽으니 두 사람보다 소녀의 어머니에게 더 시선이 간다. 어쨌든 소녀는 작가가 되어 그 모든 절망을 표현해냈고, 중국 남자는 결혼해서 아버지의 재산을 그대로 물려받아 사업에 전념했으리라. 그들에겐 출구가 있었지만 소녀의 어머니에겐 출구가 없었다. 유일한 출구처럼 보였던 두 아들은 어머니 삶의 문을 쾅 하고 닫아버렸다.

그가 글을 썼다면 어떤 글을 썼을지 궁금하다. 그의 연인은 남편이었을까, 권총 자살한 청년이었을까, 아니면 그렇게 집착했던 큰아들이었을까, 그도 아니면 자신을 닮은 딸이었을까? 아니, 다른 '연인'이 있었을지 누가 알겠는가. 저 인용문에서 자신의 딸이 고백하듯이 깊이를 알 수 없는 '슬픔'이거나 '우울'이었을지……

2020년 2월 말 다시 병원 생활을 하면서 처음으로 어머니 이야기를 녹음했다. 휴대전화의 녹음 버튼을 누르고 이런 저런 걸 물었더랬다. 어릴 때 꿈이 뭐였고 아버지를 만나기 전에 알았던 남자는 없었는지, 이렇게 가족의 손에 의탁해서 지내는 건 어떤지…… "뭐하러 이런 걸 녹음한다니?" 하고 묻는 어머니에게 "나중에 돌아가시면 납골당에 이 휴대전화 그대로 놓아드릴게요" 하고 답해드렸다. 내 휴대전화 안엔 어머니의 목소리가 고스란히 남아 있지만, 나는 아직 녹음된 내용을 들어보지 않았다.

크로머는 어떻게 살았을까?

『데미안』
헤르만 헤세, 이영임 옮김
을유문화사, 2019(2013)

내 안에서 저절로 우러나오려는 것, 난 그것을 살아 보려 했을 뿐이다. 그게 왜 그리 힘들었을까? (111쪽)

내가 사는 동네는 주말이 평일보다 더 한산하다. 특히 일요일엔 너무 조용해서 좀 과장하자면 내가 소파에 누워 책장 넘기는 소리가 밖에까지 들릴 것만 같다. 가까운 곳에 있는 대형마트도 일요일이 휴무일인 걸 보면 실제로 주말에 유동 인구가 거의 없는 모양이다. 시청과 가까운데다 근처에도 공공기관이 적지 않아 그곳에 근무하는 사람들이 금요일이면 서울이나 다른 지역의 거처로 이동하기 때문이라는 게 내가 나름대로 내린 결론이다. 아무려나 번잡한 걸 좋아하지 않으니 나로서는 아무런 불만이 없다.

이토록 조용한 일요일에 읽을 만한 소설이 뭐가 있을까 생각하다가 독일 작가 헤르만 헤세(1877~1962)가 1919년에 펴낸 소설 『데미안』을 골랐다. 주인공 싱클레어가 십 대를 지내는 과정을 그린 일종의 성장소설이다.

경건하고 유복한 기독교 집안에서 성장한 싱클레어는 부모가 이룬 '밝은 세계'와 하녀와 직공들이 이루는 '어두운 세계'가 따로 있음을 느낀다. 그 어두운 세계를 대표하는 인물은 싱클레어가 열 살 무렵 만난 프란츠 크로머라는 상급생이다. 자신이 물방앗간집 과수원의 사과를 훔쳤다고 거짓 큰소리를 쳤다가 크로머에게 약점을 잡힌 싱클레어는 크로머에게 오랜 시간 괴롭힘을 당한다. 그를 구해준 건 새로 전학 온 상급생 데미안이었다. 크로머를 꼼짝 못하게 제압한 데미안은 싱클레어에게 카인을 재해석한 이야기를 들려준다. 카인의 이마에 표적이 있는 이유는 일반인들은 범접할 수 없는 인물이었기 때문이라는 것. 그들이 카인을 두려워하고 시기하면서 표적 이야기를 꾸며냈을 거라는 주장이다. 그리고 세상은 신뿐만 아니라 악마 또한 경배해야 한다고까지 말한다. 왜냐하면 세상의 모든 것을 주관하는 신이라면 악마 또한 품고 있어야 할 테니까.

데미안과의 만남은 싱클레어를 새로운 세계로 이끈다. 김나지움에 입학해 술을 마시며 다시 '어두운 세계'에 빠져들면서도 싱클레어는 그를 잊지 못하는데, 자신이 베아트리체라고 명명한 여학생을 흠모하면서 다시 '밝은 세계'로 돌아온 뒤 여학생의 얼굴을 그리다가 자신과 데미안을 묘하게 닮은 그림을 그린다. 그리고 데미안이 관심을 보이던 자기 집 문 위의 새 모양 문장(紋章)을 기억하고 지구를 깨고 나오려는 새 그림을 그려 데미안에게 보낸 싱클레어는 데미안으로부터 "새는 알을 깨고 나온다. 태어나고자 하는 자는 한 세계를 부수어야 한다. 새는 신에게로 날아간다. 그 신의 이름은 아브락사스다"라는 답장을 받는다. 싱클레어는 아브락사스를 찾다가 교회 피아노 연주자인 피스토리우스에게 그 신의 이야기를 듣는다. 배화교도인 피스토리우스는 자기 집 벽난로에 불을 피우고 그 불을 들여다보는 의식을 싱클레어와 함께 치르면서 아브락사스와 관련한 책 이야기를 들려주지만, 싱클레어는 어쩐지 그가 현실 세계를 감당하지 못하고 과거에서만 자신의 신을 찾는 것처럼 보여 만족하지 못한다. 그러다 대학에 들어간 뒤 우연히 길거리에서 데미안을 다시 만나고 베일에 싸여 있던 그의 어머니 에바 부인도 만난다. 싱클레어는 에바 부인이 자신이 그린 그림 속 주인공임을 단번에 알아본다.

데미안은 곧 유럽에 큰 변화가 닥칠 것이라며 새로운 세계의 도래를 알리고, 에바 부인은 싱클레어를 구도자들의 모임으로 이끈다. 마침내 유럽에 전쟁이 터지고 데미안과 싱클레어는 전쟁터로 나간다. 전선에서 부상당한 싱클레어는 옆에 누운 데미안을 알아보는데 그는 싱클레어에게 다시 자신이 필요하면 스스로의 내면에 귀 기울이라고 속삭이고 떠난다. 정신을 차리고 보니 옆에는 알지 못하는 병사가 누워 있고 싱클레어는 자신이 데미안을 닮았음을 깨닫는다.

중학교 3학년 무렵에 처음 이 소설을 읽은 기억이 난다. 고등학생 때 한 번 더 읽은 것 같기도 하고. 아무튼 그땐 소설이라기보다 헤르만 헤세라는 구도자가 쓴 경전처럼 여겼더랬다. 온전히 이해하고 공감하기 어렵지만 그래도 읽었다는 사실 자체만으로도 왠지 스스로가 한 뼘은 성장한 듯 느껴지는 그런 책.

이제 다시 읽으니 그런 느낌은 온데간데없다. 경전은 당연히 아니고 소설로서도 그다지 큰 점수를 주기 어려운 책이랄까. 요즘 고등학생들이 읽으면 싱클레어가 말하는 '어두운 세계'에 어처구니없어 할지도 모르겠다. 나로서도 악의 세계가 지나치게 관념적이어서 흥미를 크게 느끼지 못했으니까. 인물들은 전형적이고 무엇보다 사건이랄 만한 게 없어 길지도 않은 소설인데 두어 번이나 지겹다는 생각이 들 정도였다.

개인적으로는 프란츠 크로머가 다시 등장하지 못하고 버려진 게 못내 아쉬웠다. 싱클레어의 소년기에 가장 큰 영향을 끼친 인물이어서 싱클레어와 데미안의 대화에도 여러 번 언급되는데도, 어찌 된 일인지 작가는 그를 다시 불러내지 않는다. 크로머는 어떤 삶을 살았을까? 싱클레어나 데미안처럼 그 또한 전쟁에 나갔을까? 여전히 가난에 시달리면서 야비하게 살아갔을지 궁금하다. 전쟁에 나갔더라도 수단과 방법을 가리지 않고 살아 돌아왔겠지. 그가 이 소설을 읽는다면 어떤 반응을 보일까? 피식 하고 비웃지 않을까? '범생이'들은 어쩔 수 없군, 하면서.

책을 덮고 나니 갑자기 일요일이 조용한 데 그치지 않고 경건해지는 느낌이다. 따로 종교도 없으면서 말이다.

청춘의 비가(悲歌)

『수레바퀴 아래서』
헤르만 헤세, 한미희 옮김
문학동네, 2019(2012)

그는 사과나무 밑 축축한 풀밭에 드러누웠다. 불쾌한 느낌과 고통스러운 두려움과 정리되지 못한 생각들이 밀려와 잠도 오지 않았다. 더럽혀지고 모욕당한 느낌이었다. 어떻게 집에 가지? 아버지에게 뭐라고 해야 하지? 내일 나는 어떻게 될까? 이제 영원히 쉬고, 잠들고, 스스로를 부끄러워해야 할 것 같은 기분이었다. (212쪽)

헤르만 헤세가 1906년에 펴낸 소설 『수레바퀴 아래서』를 읽는다. 『데미안』을 읽고 아무래도 개운치 않아서 연이어 집어 들었다. 주인공 한스 기벤라트가 청소년기의 방황 속에서 고통 받다가 결국 성인이 되지 못하고 스러져 가는 이야기다.

독일 슈바벤 주의 작은 도시 슈바르츠발트에 사는 소년 한스 기벤라트는 어머니를 일찍 여의고 완고하고 세속적인 가치를 숭상하는 아버지 밑에서 자란다. 아버지는 물론 마을의 기대를 한 몸에 받는 모범생 한스는 주에서 치러지는 신학교 시험에 마을에서 유일하게 응시한다. 다른 학생들과 어울리지도 못하고 좋아하는 낚시도 못 한 채 입학시험 준비에 몰두하느라 몸과 마음이 모두 지친 한스는 두통 때문에 고통을 당하면서도 시험에 당당히 2등으로 합격해 마을의 자랑이 된다. 방학 중에도 마을의 목사와 교장 선생에게 선행학습을 받느라 쉴 수 없었지만, 입학과 동시에 한스는 신학교를 무사히 졸업해 목사가 되거나 교사가 될 꿈에 젖는다.

하지만 같은 기숙사 방을 쓰던 힌딩거가 사고사를 당한 뒤 장례식을 찾은 그의 아버지를 보고 한스는 혼란을 겪는다. 게다가 친구이자 학교에서 반항아로 찍힌 시인 지망생 헤르만 하일너가 교장에게 징계를 받고 학생들은 물론 교사들에게까지 따돌림을 당할 때, 공부를 해야 한다는 핑계로 모르는 척했다가 절교를 당하고 상처를 받는다. 하일너와는 어렵게 화해하지만 한스의 학업 태도는 전과 달라진다. 성적은 떨어지고 하일너와 어울린다는 이유로 그 또한 학생들과 교사들로부터 비웃음을 산다. 교장은 한스를 따로 불러 하일너와 어울리지 말라고 당부하면서 학업에 정진하지 않으면 '수레바퀴 아래 깔리고 말' 거라고 훈계한다.

하일너는 어느 날 학교를 빠져나가 숲에서 하루를 보낸 뒤 경찰에게 잡혀 와서는 교장에게 당당히 대들다가 퇴학당해 고향으로 돌아가고, 한스 또한 신경쇠약에 걸려 학교를 그만둔다. 고향에 돌아온 한스는 더 이상 예전의 촉망받던 학생이 아니다. 아버지는 물론 목사나 교장, 그리고 그에게 애정을 베풀던 마을 사람들 중 그를 따뜻하게 위로하는 사람은 없다. 방황하던 한스는 에마라는 처녀에게 사랑을 느끼지만 에마에게 한스는 그저 장난의 대상일 뿐이다.

한스는 아버지의 권유로 기계공이 되기 위해 수습공으로 일하는데, 작업장엔 이미 수습공 2년차인 학교 친구 아우구스트가 일하고 있다. 어느 일요일 아우구스트가 첫 주급을 받은 기념으로 직장 동료들과 어울려 한껏 취한 한스는 집으로 돌아오는 길에 물에 빠져 사망한다.

별것 없는 이 이야기가 책을 덮고 나서도 오랫동안 여운을 남기는 이유는 뭘까? 누구에게나 학창 시절은 있으니까. 공부를 잘했든 못했든, 친구가 많았든 없었든, 주목을 받는 학생이었든 존재감이 없는 학생이었든 그 시절은 모두에게 통과의례 같은 시기였을 테니까. 아무것도 정해진 게 없는 미래에 대해 부모와 선생들로부터 그렇게 지겹도록 잔소리를 듣는 시기는 다시없을 테니까. 반항하든 순응하든 달라질 게 없는 시간들. 반항한다고 하루아침에 성인이 되는 것도 아니고, 순응한다고 청춘의 고민이 사라지는 것도 아닌 시기, 잘못되면 스스로에게 뭐라고 설명해야 할지 걱정하기보다 부모와 선생에게 어떻게 말해야 할지 걱정해야 하는 시기, 그래서 어쩐지 불쾌하고 더럽혀지고 모욕당한 채로 하루하루를 보내는 수인(囚人) 같은 그 시기, 스스로를 부끄러워하고 그래서 낙담하고 비참해지는 바로 그 시기를 떠올렸기 때문인가 보다. 나와 달리 한스는 그 시기를 이렇게 돌아볼 수 없다는 게, 돌아보면서 저주를 퍼부어줄 수 없다는 게, 그게 안타까웠던 모양이다.

정신의 과장된 삶

『만연원년의 풋볼』
오에 겐자부로, 박유하 옮김
고려원, 2000

'(전략) 새로운 증거나 나온 이상, 나는 증조부의 동생에 대해서 다카시에 대해서도, 자신의 고정 관념을 허물고 재심을 하지 않으면 안 돼. 그렇게 해서 그들을 정당하게 이해하는 것이 죽어버린 그들에게 아무런 의미를 갖지 못한다 하더라도, 그것은 나 자신에게는 필요한 일이야.' (437쪽)

일본 작가 오에 겐자부로(1935~)가 1967년에 펴낸 소설 『만연원년의 풋볼』을 읽는다. 원래는 '만엔(万延) 원년의 풋볼'이어야 하는데 예전에 나온 번역서라 제목이 좀 그렇다. 만엔(万延)은 일본이 1860년에서 1861년까지 1년 동안 쓴 연호란다. 이 소설의 제목으로 거론된 이유는 1860년 일본에서 벌어진 농민 반란 때문이다. 그 뒤 메이지 시대의 민권운동으로 번진 이 민중 봉기는 소설 속에서 1960년 '일미안전보장조약'에 반대하는 이른바 안보투쟁으로까지 연결된다.

안보투쟁의 물결 속에서 한 소년이 던진 돌멩이에 맞아

한쪽 눈을 실명한 미쓰사부로는 결혼해서 낳은 아들이 뇌에 혹을 달고 태어나 제거 수술을 받지만 식물인간이 되어 보호시설에 맡긴다. 미쓰사부로는 알코올 중독자가 된 아내와 함께 무너지는 삶을 겨우겨우 부여잡고 있는데, 미국에서 행방불명되었던 동생 다카시가 불쑥 귀국해 고향 마을인 시코쿠 골짜기로 내려가 새로운 삶을 찾자고 제안한다. 다카시는 안보투쟁에 학생운동 세력으로 참가한 전력이 있는데, 이후 전향의 일환으로 미국 전역을 순회하며 공연하는 「우리 자신의 치욕」이라는 연극의 멤버로 미국으로 갔다가 몸을 숨긴 인물이다.

다카시 일행과 함께 시코쿠의 골짜기 마을을 찾은 미쓰 부부는 다카시의 의도가 다른 데 있음을 알게 된다. 자신들의 증조부와 종증조부가 관련된 만엔 원년의 민중 봉기에다 자신들의 둘째 형인 S가 패전 후 해군비행단 제복을 입고 마을에 나타나 청년들을 규합해서는 조선인 부락을 습격해 살인과 만행을 저지른 뒤, 2차 습격 때 아무런 저항도 하지 않고 조선인들에게 맞아 죽은 일까지 연관 지으며, 지금은 슈퍼마켓 체인의 대표가 되어 마을 사람들을 경제적으로 지배하는 당시 조선인 부락 출신 인물에게 저항하고자 풋볼팀을 만들어 폭동을 준비하는 게 다카시의 계획이었다. 슈퍼마켓을 약탈하면서 폭동의 뇌관이 터지기 직전의 어느 날 밤 다카시는 골짜기 마을 여성을 차에 싣고 숲으로 달려가 강간하려다가 돌로 머리를 때려 잔인하게 죽인다. 청년패들은 흩어지고 미쓰는 그 와중에 다카시와 자신의 아내가 관계를 가진 사실을 알게 되고 농약을 먹고 자살한 백치 여동생과 다카시의 비밀까지 전해 듣는다. 결국 다카시는 엽총으로 자살하고 백승기라는 조선인 슈퍼마켓 사장이 찾아와 미쓰가 보는 앞에서 그들의 오래된 집을 허무는데, 그동안 아무도 몰랐던 지하 공간이 드러나고 민란이 실패로 돌아가자 홀로 살아 마을을 빠져나간 것으로 알려진 종증조부가 실은 바로 그곳에서 스스로를 감금한 채 여생을 보냈음이 밝혀진다.

미쓰는 아프리카로 가서 동물채집단의 통역 담당자로 일해 달라는 제안을 받고 그의 아내는 다카시의 아이를 임신했음을 밝힌다. 아내는 보호시설에 맡긴 아들을 찾아오고 뱃속의 아이도 낳아 둘을 같이 키우자고 제안하면서 미쓰에게는 아프리카로 떠나라고 권한다.

'린치'라는 말이 있다. 사전에서는 '정당한 법적 수속에 의하지 않고 잔인한 폭력을 가하는 일'이라고 설명한다. 모든 종류의 폭력을 다 '린치'라고 칭하지는 않는다. 대개는 정치적 배경이 깔린 폭력에 주로 쓰인다. 정당한 법적 절차에 따르지 않은 폭력인지라 린치는 상대편은 물론 자신들의 정치적 입장 또한 심각하게 왜곡하기 마련이다. 왜곡은 상승작용을 일으켜 나중엔 주고받은 폭력을 정의하고 이름 붙이고 재정의하는 일이 곧 각자의 정치적 입장이자 전략인 것처럼 변모된다.

오에 겐자부로의 소설을 읽다 보면 다양한 양태의 폭력과 접하게 된다. 단순한 몸싸움에서 집단적인 가해, 폭력에 준하는 성관계에서 충격적인 자살까지. 이 소설에서도 사정은 다르지 않다. 지식인 화자의 목소리를 통해 그러한 폭력들에 의미를 부여하고 이름을 붙이고 재정의하려는 몸부림과 접하게 되는 것도 비슷하다. 뇌에 혹을 달고 태어나 식물인간이 된 아들은 오에 겐자부로 자신의 경험이 녹아 있는 설정일 텐데, 이처럼 운명의 여신이 느닷없이 가한 채찍질 같은 고난도 화자에게는 일종의 폭력으로 받아들여지는 듯하다. 그에 더해 친구의 가학적인 자살, 동생의 전향과 실종, 아내의 알코올 중독, 시코쿠 마을에서 맞닥뜨린 진이라는 여인의 엄청나게 비대해진 몸, 농민 봉기에 맞선 증조부의 저항, 농민 봉기를 이끈 종증조부의 투쟁과 도망, 잔인한 군인으로 변신해 전사한 맏형, 둘째 형의 어처구니없는 죽음, 그 시신을 수레에 싣고 온 기억, 동생 다카시의 폭력적이고 위악적인 성향과 자살, 동생과 아내의 간통…… 이 모든 현상들을 화자는 작게는 자신의 삶을 왜곡하는, 크게는 집단의 의식과 역사를 왜곡하는 폭력, 그중에서도 '린치'의 성격을 갖는 폭력으로 받아들이는 듯하다. 화자는 끝없이 그 폭력의 의미와 성격을 규정하고 이름 붙이고 재정의하려고 애쓰는데, 그 과정에서 가장 큰 피해를 보는 것은 놀랍게도 화자 자신이다.

오스트리아 작가 토마스 베른하르트의 소설 『소멸』(1986)을 읽으면서 육체보다 정신이 더 과장된 삶을 산다는 사실을 새삼스레 되새긴 바 있는데, 이 소설을 통해서도 화자인 미쓰사부로가 겪는 육체적 고통보다 그 고통을 이해하기 위해 몸부림치는 그의 정신이, 마치 뇌에 달린 혹처럼 과하게 부풀어 오르는 걸 지켜보는 듯해 공연히 심란해진다.

권력과 반역은 한 쌍이다

『맥베스』
윌리엄 셰익스피어, 최종철 옮김
민음사, 2012(2004)

맥베스: 내 행위를 알려면 날 몰라야 할 거요. (49쪽, 2막 2장)

청소를 하고 밥을 해 먹고 설거지를 한 뒤 빨래를 걷어 갰다. 소파에 앉아 텔레비전을 보다가 나도 모르게 이렇게 시간이 지나가는구나 하고 혼자 중얼거렸다. 평화로운 시간이라고 느껴지면서도 한편으로는 이것이 내 삶의 하루하루인지 아니면 내 삶에서 밀려나 보내는 하루하루인지 알 수 없었다. 무엇보다 내게 이런 하루하루가 과연 얼마나 허락될지 궁금했다.

영국 극작가 윌리엄 셰익스피어(1564~1616)가 1606년에 발표한 희곡 「맥베스」를 읽는다. 희곡을 연극으로 관람하지 않고 이렇게 읽어도 되는지 모르겠지만, 당장은 아쉬운 대로 읽는 것에 만족한다.

덩컨 왕이 다스리는 스코틀랜드에 반역이 일어난다. 맥베스와 뱅코 장군이 반란군을 진압하고 돌아오는 길에 세 마녀를 만나 예언을 듣는데, 맥베스가 코도의 영주가 되고 왕이 되는 데다 뱅코의 자손이 왕위를 이을 거라는 내용이다. 마중 나온 덩컨 왕이 반역에 참여했다가 교수형 당한 코도의 영주를 이어 맥베스가 코도의 새로운 영주가 되었노라고 하자 맥베스는 왕이 될 수 있겠다고 생각한다. 때마침 왕과 두 왕자는 물론 귀족들까지 맥베스의 거처에서 하룻밤을 보내게 되자 맥베스는 부인에게 급히 편지를 쓴다.

그날 밤 부인의 부추김에 맥베스는 잠든 왕을 살해하고 시종들의 짓인 것처럼 꾸민다. 왕이 시해된 걸 알고 두 왕자인 맬컴과 도날베인은 각각 잉글랜드와 아일랜드로 도망 치고, 맥베스는 왕위에 오른다. 맥베스는 우선 자객을 보내 뱅코와 그 아들인 플리언스를 죽이려 하는데, 뱅코만 죽고 플리언스는 가까스로 도망친다. 맥베스는 거기에 그치지 않고 맬컴을 만나러 홀로 잉글랜드로 떠난 맥더프의 아내와 아이들까지 도륙한다. 맥베스 부인은 미쳐서 잠을 자지 못하고 촛불을 들고 다니며 중얼거리다가 죽는다. 맬컴을 만난 맥더프는 잉글랜드 왕의 도움으로 1만 대군을 이끌고 스코틀랜드로 쳐들어가 맥베스를 죽인다.

반란이 벌어졌고 진압에 성공하자마자 진압의 주역에 의해 또다시 반역이 일어난다. 그리고 그 반역 또한 진압된다. 마녀들의 예언이 흥미를 돋우는 장치로 쓰인 걸 빼면 흔하디흔한 권력 투쟁 이야기에 불과하다. 다만 맥베스 부인이 거사를 치르기 전엔 맥베스보다 더 야망에 불타는 화신이었다가 거사를 치르고 나서는 어쩐 일인지 바람 빠진 풍선처럼 돼버린 것이 특이하다. 그 거친 욕망을 맥베스가 고스란히 떠안은 것처럼 보여서 마치 1인 2역을 하는 것 같달까.

작품을 읽는 내내 긴장감을 놓지 못하게 만드는 건 아마도 작품 바깥에 놓인 두 가지 사실 때문이 아닐까 싶다. 하나는 작품이 시작되기도 전에 이미 발발한 반역과 반역의 주역이면서 단 한 차례도 등장하지 않은(심지어 시체도 확인되지 않은) 코도의 영주(그는 과연 죽었을까?). 또 하나는 가까스로 도망쳐 살아남은 뱅코의 아들 플리언스(그는 어디로 갔을까?). 말하자면 반역은 이 작품이 시작되기 전에 이미 벌어졌고, 이 작품이 끝난 뒤에도 이어질 가능성이 매우 크다. 어쨌든 마녀들의 예언에 따르면 플리언스가 다음 왕위를 잇게 될 테니까. 새로운 왕이 된 맬컴이 이 사실을 알게 된다면 그 또한 맥베스가 되지 말라는 법이 있을까. 게다가 동생인 도날베인까지 멀쩡히 살아 있으니. 그 행위를 알려면 행위의 당사자를 몰라야 하는 건 단지 맥베스만이 아닌 셈이다.

내 행위와 나를 분리하는 노골적인 대사를 통해 셰익스피어는 다시 한 번 분열된 인물의 비극을 그려낸다. 배역 속에서 그 인물과 끊임없이 부딪는 나. 어쩌면 맥베스와 맥베스 부인은 그 두 가지가 분리되어 나타난 것은 아닐는지.

내가 지금 맡고 있는 배역과 내 원래 삶이 같은지 혹은 다른지 가리사니가 서지 않아 멀거니 창밖을 바라보고 있다가 배가 고파 일어섰다. 좋은 신호다. 어쨌든 나는 여전히 살아 있다는 뜻일 테니까.

기계와 불멸

『모렐의 발명』
아돌포 비오이 카사레스, 송병선 옮김
민음사, 2010(2008)

> 이제 반복되는 삶을 보는 데 익숙해진 나는 내 삶도 돌이킬 수 없는 우연이라는 사실을 발견한다. 내 상황을 바꾸겠다는 계획은 부질없는 생각이다. 나는 다음을 기약할 수 없으며, 매 순간 그 자체가 유일한 것이고 서로 다른 것이다. (137쪽)

텔레비전과 휴대전화가 갑자기 말썽을 부려 여기저기 연락하고 에이에스를 신청하느라 부산스러운 아침을 보냈다. 휴대전화 문제가 해결된 뒤 나도 모르게 텔레비전을 켜봤는데 아무런 문제 없이 켜졌다. 뭐야? 둘이 연동이 돼 있는 거야? 그럴 리가 없는데? 부랴부랴 에이에스를 취소하고 나서도 내가 대체 뭘 한 건지 납득이 되지 않아 혼란스러웠다. 기계만 대하면 허둥거리거나 기적 같은 일을 바라게 되니 정말 큰일이다.

　아르헨티나 작가 아돌포 비오이 카사레스(1914~1999)가 1940년에 펴낸 소설 『모렐의 발명』이 범상하게 읽히지 않는 이유다. 섬에서 벌어진 환상적인 이야기를 화자가 남긴 기록을 통해 전하는 소설이다.

베네수엘라에서 사형 선고를 받은 나는 태평양의 '빌링스'라는 이름의 무인도로 도주해 온다. 섬을 소개한 이탈리아 사람의 말에 따르면 1924년경에 백인들이 그 섬에 박물관과 예배당 그리고 수영장을 지었는데, 손발톱과 머리카락이 빠지고 피부와 각막이 손상되어 끝내는 사망하게 만드는 정체 모를 전염병이 돌아 섬을 조사하던 증기선의 선원들이 모두 죽었고, 일본 순양함이 그 배를 발견하고는 포격했다는 것.

섬의 아래쪽 바닷물이 출렁이는 늪지대에 자리 잡고 생존을 도모하던 나는 섬에 다른 사람들이 살고 있는 걸 발견한다. 처음엔 자신을 쫓는 경찰들이거나 그들이 고용한 사람들일 거라고 믿고 몸을 숨겼는데, 그중 포스틴이라는 여성을 몰래 훔쳐보다가 사랑에 빠진다. 하지만 포스틴 곁에는 모렐이라는 남자가 있다. 그뿐만 아니라 동행들도 간혹 눈에 띈다.

포스틴에게 접근하기 위해 기회를 엿보다가 나는 그들의 행동이 이상하다는 걸 깨닫는다. 일정한 시간을 두고 비슷한 몸짓과 대화를 반복하는 것이 아닌가. 알고 보니 그들은 모렐의 지인들로, 모렐이 철저한 계획 아래 자신을 포함해 동행 모두가 일주일 동안 섬에서 지내는 모습을 촬영한 뒤, 조수 간만을 이용해 수차를 돌려 동력을 얻고 발전기를 통해 영원히 반복 상영되는 영상의 주인공으로 만든 것이었다. 그뿐 아니라 박물관의 벽과 문, 커튼 들도 반복되는 영상이고 심지어는 해와 달도 마찬가지여서 한동안 섬에는 두 개의 해가 뜨고 두 개의 달이 뜨기도 한다. 나는 일본 순양함이 침몰시킨 배가 바로 그들을 섬에 데려온 배이고 그들 모두 바닷속에 수장되었으며 이 모든 일이 자신과 지인들의 불멸을 완성하기 위한 모렐의 계획이었으리라고 추정한다.

섬을 탈출하기 위해 발버둥 치던 나는 탈출이 불가능하다는 사실을 깨달은 데다 손발톱과 머리카락이 빠지고 피부가 괴사되자, 포스틴과 영원히 함께하기 위해 일주일간 자신의 생활 모습을 촬영해서 기존의 영상에 붙인다. 그러고는 지금까지 자신이 기록한 일지를 훗날 누군가 발견하면 포스틴과 자신이 영원히 이 천국에 함께하도록 해주기를 바란다고 적는다.

독특한 내용의 소설이어서 읽는 내내 마치 추리소설을 읽는 듯한 긴장감을 놓지 못했다. 사형 선고를 받고 도주한 주인공이 맞닥뜨린 어이없는 불멸의 현장. 과학기술과 환상, 그리고 왜곡된 욕망이 빚어낸 묘한 불멸의 형식 앞에 화자인 '나'는 처음엔 분노를 느낄 정도로 어처구니없어 하지만 결국 그 형식에 자신의 영혼을 던져 넣는다. 아무도 모르는 섬에 일주일간의 영상으로 남는 불멸이라니. 과연 주인공이 사형 선고를 받고 도주한 범죄자 신세가 아니었다면 가능한 선택지였을까. 차라리 그가 남긴 일지, 즉 이 소설이 그가 남긴 일주일간의 영상보다 더 의미 있는 불멸의 형식 같아 보인다.

'형식'을 강조하고 싶다. 영상이든 글이든 불멸의 형식을 취할 수는 있어도 내용을 갖출 수는 없을 테니까. 불멸에는 내용이 없지 않은가. 다만 존재의 시간을 영속시키는 형식만 있을 뿐. 생각해 본다. 형식뿐만 아니라 내용까지 갖춘 불멸이 가능할는지. 아무리 생각해도 그건 누구에게나 한 번뿐인 삶 말고는 없지 싶다. 삶은 나에게만 주어진 것이 아닌, 영원히 이어지는 '형식'인 데다 나만의 삶에는 누구도 모방할 수 없고 두 번 다시 반복될 수 없는 내용까지 담겨 있으니 말이다. 그러니 우리는 누구나 기적 같은 삶을 사는 셈이다.

아침엔 텔레비전과 휴대전화가 말썽을 부려 허둥대던 내가 저녁엔 기적 같은 삶을 생각하다니, 이것도 정말 기적 같은 일 아닐까?

기만 없는 사랑이 가능할까?

『전원 교향악』
앙드레 지드, 김중현 옮김
펭귄클래식코리아, 2009

하나님, 만일 사랑에 어떤 구속이 있다면 그 구속은 당신의 것이 아니라 인간의 것입니다. 오! 저의 사랑이 비록 인간의 눈에는 죄짓는 일처럼 보일지라도, 당신에게는 경건하게 보인다고 말씀해 주세요. (96쪽)

동생과 통화했다. 점점 높아지는 목소리를 들으며 상태가 썩 좋지 않다는 걸 느꼈다. 겨우 진정시키고 이런저런 이야기를 나눈 뒤 통화를 마무리했다. 그러고는 P와 통화했다. 이번엔 내가 징징댈 차례였다. 전화를 끊고 나서 이건 무슨 연결인가 싶어 기운이 빠졌다.

프랑스 작가 앙드레 지드(1869~1951)가 1919년에 펴낸 소설『전원 교향악』을 읽는다. 눈먼 고아 소녀를 데려다 키우면서 사랑을 느끼지만 끝내는 비극적인 결말을 맞는 목사 이야기다.

스위스의 작은 마을 목사인 나는 마을의 어느 노파가 죽으면서 남긴, 앞도 못 보고 말도 제대로 못 하는 질녀를 떠맡는다. 아내 아멜리는 냉담한 반응을 보인다. 목사 부부에겐 이미 다섯 아이들이 있는데다 막내는 아직 젖먹이다. 하지만 딸 샤를로트는 새로운 식구에게 제르트뤼드라는 이름을 지어준다.

목사는 제르트뤼드에게 말을 가르치고 점자를 읽도록 교육한다. 신학대학에 다니는 큰아들 자크가 스케이트를 타다 팔을 다치는 바람에 집에 머물게 돼 제르트뤼드의 교육을 돕는다. 아멜리는 친자식들에게도 베풀어 본 적 없는 정성을 제르트뤼드에게 쏟는 남편이 못마땅하다. 제르트뤼드와 함께 음악회에서 베토벤의 「전원 교향곡」을 듣고 온 뒤로 목사는 교회 오르간 연주자인 루이즈 양에게 제르트뤼드의 음악 교육을 맡긴다. 그러던 어느 날 목사는 교회 오르간 앞에 나란히 앉아 연주하는 제르트뤼드와 자크를 목격하는데, 자크는 아버지에게 제르트뤼드를 사랑한다고 고백하지만 목사는 어떻게든 두 사람을 떼어놓으려고 애쓴다. 심지어는 아들과 신앙과 관련한 논쟁을 벌이며 그리스도의 사랑을 왜곡한 사도 바울의 계율과 교회 권력을 비난한다. 아들 또한 지지 않고 교회와 계율의 중요성을 강조하며 아버지의 왜곡된 사랑을 에둘러 비난한다. 목사는 아내 아멜리에게 이 사실을 전하지만 아멜리는 외려 남편을 딱하게 여긴다. 남편이 제르트뤼드를 여자로 사랑하는 걸 눈치챈 것이다. 제르트뤼드 또한 자신이 사랑하는 사람은 자크가 아니라 목사라고 단언하며 목사를 안심시키지만, 정작 수술을 받고 눈을 떴을 때 자신이 사랑했던 사람은 목사가 아니라 자크였음을 깨닫는다.

자살을 시도한 제르트뤼드는 그 후유증으로 사망한다.

목사는 아들 자크에게서 두 사람이 이미 병원에서 다시 만나 개종한 사실을 전해 듣는다. 목사는 아내에게 자신을 위해 기도해 달라고 청한다.

폭설 때문에 오도 가도 못 하게 된 상황에서 목사인 화자가 2년 반 전에 제르트뤼드를 처음 만난 날부터 회상하며 적어가는 일기 형식의 소설이다. 2년 반 전의 일부터 시작해 되짚어 내려오던 이야기는 제르트뤼드가 수술을 받을 무렵에 현재의 일기로 돌아온다. 읽는 내내 굳이 일기 형식을 취한 이유가 궁금했는데(과거 이야기를 쓰는 일기라는 게 그렇잖은가. 회상기나 자서전을 현재 날짜의 일기 형식으로 쓴다고 상상해 보면 말이다!) 결말에 큰 사건들이 몰려 있어 자칫 기우뚱 균형을 잃을까 봐 그리 한 모양이다.

이 소설에 등장하는, 사랑이 개입된 모든 관계는 기만을 배경으로 유지된다. 목사와 제르트뤼드는 물론이고(종교적 사랑과 평생 잊지 못할 은혜를 방패막이 삼은 사랑), 목사와 아내 아멜리(아내에게서 결혼 전의 모습을 찾아볼 수 없다고 '점잖게' 불평하는 남편, 그 남편이 제르트뤼드에게 빠진 걸 딱하게 여기는 아내), 아멜리와 제르트뤼드("당신은 저걸 어떻게 할 생각이에요?" 남편이 데려온 제르트뤼드를 처음 접하고 아멜리가 한 말, 자신의 다섯 아이와 비교된 '저것'), 목사와 아이들, 특히 자크(느닷없이 연적이 된 아버지와 아들), 제르트뤼드와 자크(개종 후 수도사가 되기로 함으로써 어쨌든 아버지에게서 종교적으로도 독립하고 연적으로서도 패배를 면한 아들, 그것도 제르트뤼드를 이용해서. 한편 자크를 사랑했으면서 앞을 못 보는 자신의 처지 때문에 혹은 자신이 낳을 아이도 앞을 못 보게 될까 봐 주저하면서도 여전히 목사를 자크 대용으로 삼으며 사랑을 키운 제르트뤼드).

그렇다고 이들을 비난할 수는 없다. 기만에 기반을 두지 않는 사랑이 가능하다고 믿지 않으니까. 자신을 기만하지 않고 사랑할 수 있는 대상은, 아무리 생각해도, 자기 자신뿐이지 싶다. 그러니 누군가를 목숨 바쳐 사랑할 수 있다고 생각하는 순간 이미 기만은 시작되는지도 모른다. 사랑은 (어느 정도는) 기만에서 꽃피는 감정이라고 말해도 어색하지 않을 듯싶은데, 이렇게 말하고 나니 마치 수렁을 디딘 것처럼 마음이 영 불편하다.

비겁한 사랑

『좁은 문』
앙드레 지드, 이혜원 옮김
펭귄클래식코리아, 2008

"자!" 마침내 그녀가 입을 열었다. "이제 깨어나야만 해요……."
쥘리에트가 일어서서 앞으로 한 걸음 내딛는가 싶더니 옆에 놓인 의자에 쓰러지듯 주저앉는 것이 보였다. 얼굴께로 손을 가져가는 품이 울고 있는 듯했다…….
(206쪽)

내친김에 앙드레 지드가 1909년에 펴낸 소설 『좁은 문』까지 읽는다. 화자인 제롬과 사촌 누이 알리사 간의 이루어지지 못한 사랑 이야기를 담고 있다.

제롬은 열두 살이 되기도 전에 아버지가 사망하자 어머니와 함께 파리에 살며 학업을 이어간다. 제롬은 여름이면 외삼촌이 사는 퐁괴즈마르에 가서 사촌 누이들인 알리사, 쥘리에트와 지내는데, 특히 두 살 위인 알리사와는 연인 사이로 발전한다. 어느 날 외숙모가 외간남자와 함께 집을 떠나 외삼촌은 혼자 남게 되고, 제롬의 어머니도 지병을 앓다가 사망한다. 제롬은 알리사와의 약혼을 서두르지만 어쩐 일인지 알리사는 자꾸 약혼을 미룬다. 알고 보니 쥘리에트 또한 제롬을 사랑한 것. 언니 알리사가 자신 때문에 제롬과의 약혼을 거부하는 걸 알고 쥘리에트는 혼담이 오가던 포도밭 주인과 결혼한다. 이제 제롬과 알리사 간의 사랑에는 거칠 것이 없는 듯 보이지만 어쩐 일인지 두 사람은 점점 서먹해져만 간다.

제롬이 파리에서 학업을 마치고 군에서 제대하는 동안에도 두 사람은 편지를 주고받을 땐 아무렇지 않지만 막상 만나서는 할 말을 잃는다. 알리사는 제롬을 사랑하면서도 신실한 종교인으로서 미덕을 쌓는 데도 소홀할 수 없어 갈등을 겪는다. 자신들의 숭고한 사랑을 위해 각자 부끄러움 없는 삶을 살려고 애쓰면 애쓸수록 두 사람 다 사랑 너머의 어딘가를 향하고 있음을 깨닫는다. 제롬은 외삼촌이 돌아가시고 홀로 쓸쓸히 남은 알리사와 다시금 잘 지내보려 하지만 그를 기다리는 건 알리사의 마지막 인사다.

제롬은 아테네 프랑스 학교에 입학하기 위해 그리스로 떠나는데, 얼마 뒤 알리사의 소식이 궁금해져 쥘리에트에게 편지를 썼다가 알리사가 집을 정리하고 요양원에서 지내다 사망했다는 소식을 전해 듣는다. 알리사는 제롬에게 그간 썼던 일기를 남긴다.

10년 뒤 이미 여섯 아이를 낳고 남편과 행복하게 지내는 쥘리에트를 찾아간 제롬은 쥘리에트에게 막내딸의 대부가 되어달라는 부탁을 받는다. 막내딸의 이름은 바로 알리사. 쥘리에트는 언니 알리사의 유품들로 꾸며진 구석방으로 제롬을 데려가 여전히 희망 없는 사랑을 간직한 채 사는 거냐고 묻는다. 한동안 말이 없던 쥘리에트가 이제 깨어날 때라고 말하며 일어서다가 다시 주저앉으며 눈물을 흘린다.

알리사는 자신의 희생을 통해 모두가 행복하기를 바랐지만 정작 희생한 건 쥘리에트가 아니었을까. 최소한 그는 종교 뒤에 숨지도 않았고 언니와 제롬을 위해 사랑 없는 결혼을 감행한 데다, 제롬은 물론 언니 알리사까지 속여 넘길 정도로 행복한 결혼 생활을 완벽하게 연기했으니 말이다. "이제 깨어나야만 해요"라는 쥘리에트의 마지막 대사는 제롬과 알리사 모두에게 던지는 안타까운 비난이자 충고처럼 들린다. 종교와 미덕과 명분 뒤에 숨어 머뭇거리다가 사랑을 놓치고는, 모든 게 지난 뒤에야 영원한 사랑을 추구하고 그리워하는(그것이 죽음을 통해서든 추억을 통해서든), 최소한 사랑에서만은 비겁하기 짝이 없었던 두 사람에게 던지는 충고이자 비난.

그런데 이런 내용을 전하는 소설이 너무 편안하게 읽혀 잘못 읽고 있나 헷갈릴 정도다. 『전원 교향악』도 그랬는데 『좁은 문』도 다르지 않다. 앙드레 지드의 문장이 이런 내용과 어울리지 않게 정갈해서 그런 모양이다. 종교적 갈등과 어긋난 사랑의 고통이라는, 등장인물과 독자 모두 편안할 수 없는 내용을 전하면서도 안정적이고 차분한 목소리를 유지하는 게 놀랍다. 종교적인 목소리란 사실 지나치게 경건하거나 아니면 뭔가에 들린 듯 격정적이기 마련인데(이건 사랑 이야기를 전하는 목소리도 마찬가지다), 지드의 목소리는 과연 어디에 톤을 맞춘 것인지 궁금해질 정도로 흔들림이 없다. 서술자의 목소리가 아니라 지드의 목소리라고 표현한 이유는 소설을 위해 만들어낸 목소리 같지 않아서 그렇다. 공연히 마음이 어지러울 때 조그맣게 소리 내 읽고 싶은 문장들이다.

사랑과 증오의 세 꼭짓점

『주홍 글자』
너새니얼 호손, 김욱동 옮김
민음사, 2016(2007)

> 사랑과 증오는 각각 한 개인이 애정과 영적 생활의 양식을 다른 인간에게 의존하게 만든다. 그리고 사랑과 증오는 각각 정열적인 애인 또는 그 못지않게 극성스러운 원수에게서 그 상대를 빼앗아 버림으로써 그들을 외롭고 쓸쓸하게 만든다. (307~08쪽)

나를 잃어버릴 정도로 누군가를 사랑해 본 적도 없고 그만큼 증오해 본 적도 없다. 무엇보다 내가 품는 그 사랑과 증오의 감정을 믿지 못한다. 얼마나 오래갈지도 모르겠고. 약을 먹게 된 뒤로는 더더욱 그렇다. 이 책에 쓸데없이 줄거리를 요약해 나열하는 것도 다 그 때문이다. 나를 못 믿겠어서. 다 읽고도 제대로 읽었는지 의심이 들기 때문이랄까. 그러니 확인이 필요하다. 물론 되도록 짧게 정리하려고 애쓰고는 있지만.

미국 작가 너새니얼 호손(1804~1864)이 1850년에 펴낸 소설『주홍 글자』를 읽는다. 간통죄를 저지른 대가로 평생

주홍 글자 A를 가슴에 달고 살아야 하는 여인 헤스터 프린의 이야기다.

17세기 중반, 영국의 청교도들이 신대륙 미국에 새로운 식민지를 건설한 지 얼마 안 되었을 무렵, 미국 보스턴 한 마을의 감옥 앞으로 사람들이 몰려든다. 간통을 저지르고 딸을 낳은 헤스터 프린이 간통을 의미하는 어덜터리(Adultery)의 머리글자가 수놓인 헝겊을 가슴에 꿰매어 달고는 처형대에서 마을 사람들 앞에 공개되는 시간이다. 영국에서 종교적 박해를 피해 암스테르담으로 가 머물던 시기 헤스터의 남편이었던 나이 든 남자도 군중 속에 섞여 있다. 헤스터를 신대륙으로 먼저 보내고 우여곡절을 겪다가 뒤늦게 도착한 것. 평생 책과 의술에만 몰두한 이 노인은 단지 그 피로를 풀기 위한 방편으로 어린 신부를 들였더랬다. 그는 칠링워스라는 이름으로 의사 행세를 하며 감옥에 있는 헤스터를 찾아가 간통한 남자에 대해 묻지만 헤스터는 입을 열지 않는다. 칠링워스는 자신의 정체에 대해서도 마찬가지로 함구해 달라고 요구한다.

헤스터는 감옥에서 풀려나고도 평생을 그 주홍 글자를 가슴에 달고 살아야 하는 처지다. 딸 펄을 데리고 고향인 영국으로 돌아가 살아도 될 것을 헤스터는 치욕을 감수하면서 마을 후미진 오두막에 거처를 정한다. 자신이 가진 유일한 재능인 삯바느질로 생계를 유지하다가 입소문이 나 나중에는 고관대작의 옷까지 만들기에 이른다.

마을의 존경 받는 젊은 목사 딤스데일이 간통을 저지른 당사자다. 계명을 어기고도 그 사실을 밝히지 못하는 스스로를 자책하며 몸과 마음이 모두 무너져 가면서도, 딤스데일은 그 고통 때문인지 마을 사람들을 감동시키는 설교를 통해 점점 명성을 얻는다. 자신의 주치의를 자처한 칠링워스가 곁에서 조금씩 자신의 정신을 갉아먹으며 분노의 칼을 갈고 있다는 건 전혀 모른 채로. 칠링워스는 딤스데일이 지쳐 잠들어 있을 때 그의 가슴에 낙인처럼 찍힌 A자를 본다.

어느 날 헤스터는 숲속에서 딤스데일을 만나 칠링워스가 누구인지 밝히고 세 식구가 함께 영국으로 도망가 살자고 제안한다. 어느새 마을 사람들은 물론 뱃사람들에게까지, 가난한 사람을 돕고 온갖 선행에 발 벗고 나서는 '천사'로 바뀐 헤스터가 이미 손을 써놓은 것. 하지만 이를 눈치챈 칠링워스는 선장을 꼬드겨 자신의 자리도 만들어놓는다.

마을 경축일에 군중 앞에서 감동적인 설교를 마친 딤스데일은 무너져 가는 몸을 겨우겨우 이끌고 군중 속에 있던 헤스터와 딸 펄을 불러 처형대 위로 올라 자신이 간통의 당사자임을 밝히고 눈을 감는다. 칠링워스는 그 뒤 급격히 쇠약해져 1년이 지나기도 전에 사망하면서 자신의 전 재산을 펄에게 남긴다. 헤스터와 펄은 신대륙을 떠났다가 오랜 시간이 흐른 뒤 헤스터만 자신의 오두막으로 돌아와 선행을 베풀고 자신과 같은 처지에 놓인 여성들에게 용기를 주며 살다가 생을 마감한다.

제대로 된 제목을 찾았으니 『주홍 글씨』로 읽던 때는 잊어야겠다. 어쨌든 다시 읽어도 얄미울 정도로 잘 쓴 소설이다. 인물들의 성격도 이야기에 맞춤하고 구성도 완벽에 가까운 데다 문장들도 탄탄해 술술 읽힌다. '얄미울 정도'라고 표현한 이유는 화자의 서술에 감탄하면서 따라 읽다 보면 몇 가지 의문을 그냥 지나쳐 버리기 쉽기 때문이다.

우선, 작가는 왜 딤스데일과 헤스터의 개인적인 만남과 사랑에 대해 일절 함구하는 것일까? 이건 사랑 이야기가 아니기 때문일까? 둘째는, 헤스터는 왜 마을을 떠나지 않았을까? 사랑 때문이 아니라면 설명하기 어렵다. 셋째는, 칠링워스는 왜 그렇게 사적인 복수에 집착했을까? 헤스터가 평생 치욕을 감수해야 하는 처지가 된 데다 딤스데일 역시 양심의 가책 때문에 하루하루 병들어 가는 걸 직접 목격했으면서도, 왜 헤스터와 펄을 데리고 떠나든가 아니면 둘 모두를 버리고 홀로 떠나는 길을 택하지 않은 걸까? 7년 동안이나 그들 곁에 머문 채 스스로를 갉아먹은 이유는 대체 뭘까? 넷째는, 딤스데일은 헤스터를 사랑한 걸까? 그의 자책은 단지 종교적인 계율을 어겼다는 사실에만 국한된 걸까? 그토록 고통을 당하다가 죽음 직전에야 진실을 밝히고 떠난 건 헤스터와 펄을 위해서가 아니라 단지 자신의 진정한 회개를 위해서였을까?

딤스데일과 헤스터의 개인적인 관계가 분명히 거론되지 않다 보니 딤스데일의 고뇌나 헤스터의 당당함 모두 지나쳐 보일 지경이다. 마치 두 사람이 성적인 결합이 아니라 성스러운 결합을 한 것처럼 말이다(이건 딤스데일의 가슴에 낙인처럼 새겨진 글자의 정체를 얼버무린 것과도 연결된다). 실제로 딤스데일은 헤스터에게 자신들이 저지른 '죄'에 대해 말하지만, 헤스터는 그 일에 깃든 '신성함'에 대해 거론한다. 헤스터가 말한 '신성함'이 종교적 의미가 아니라 숭고한 사랑을 뜻하는 거라면 7년 동안이나 자신과 딸을 버려두다시피 한 남자에게 원망을 넘어 증오를 느끼지 않는 것도 납득하기 어렵다. 작가는 헤스터를 정말 성자로 만들 생각이었을까? 아니면 헤스터의 증오를 칠링워스가 대신한 것일까? 그렇다면 세 사람은 대체 누구를 사랑하고 누구를 증오한 것일까?

이런 의문을 품다 보면 탄탄한 구성 속에서 완벽한 삼각형의 세 꼭짓점을 이루던 세 인물이 어느새 이상한 모양의 도형 속에서 서로를 외면한 채로 서 있는 꼴이 되어버린다. 그리고 그 이상한 모양은 최소한 'A'는 아니다.

소설 한 편 재미있게 잘 읽고는 엉뚱한 소리만 늘어놓고 있다. 아무래도 샘이 났던 모양이다. 사랑도 증오도 제대로 해보지 못한 내 처량한 인생을 떠올리면서 말이다.

고(故) 박지선 씨를 기억하며

『노르웨이의 숲』
무라카미 하루키, 양억관 옮김
민음사, 2015(2013)

> 나는 지금 어디에 있지? 그러나 거기가 어디인지 알 수 없었다. 짐작조차 가지 않았다. 도대체 여기는 어디지? 내 눈에 비치는 것은 어디인지 모를 곳을 향해 그저 걸어가는 무수한 사람들의 모습뿐이었다. 나는 어느 곳도 아닌 장소의 한가운데에서 애타게 미도리를 불렀다.
> (486쪽)

어머니 진료 때문에 부천에 다녀오는 길에 희극 배우 박지선 씨의 사망 소식을 접했다. 평소 호감을 느끼던 배우였던지라 갑작스러운 죽음 소식에 앗, 하는 소리가 목구멍까지 밀려 올라왔다. 안 그래도 새벽 3시까지 잠을 이루지 못해 약을 끊은 부작용이 슬슬 나타나나 싶어 안절부절못한 데다 병원에서도 어머니의 검사 결과가 썩 좋지 않아 심란하던 차였는데, 난데없는 비보를 접하니 몸속 어딘가에서 무언가 툭 하고 끊어지는 느낌이었다.

집에 돌아와 『상실의 시대』로 읽었던 『노르웨이의 숲』

을 꺼내들었다. 일본 작가 무라카미 하루키(1949~)가 1987년에 펴낸 소설이다. 주인공 와타나베 도루가 열일곱 살에 친구 기즈키의 자살 사건을 겪고 나서 스무 살이 될 때까지 그 어두운 기억 속에서도 자신을 잃지 않기 위해 애쓰는 이야기를 담은 성장소설이다.

서른일곱 살의 와타나베 도루는 보잉 747기를 타고 함부르크 공항에 내리면서 비틀스의「노르웨이의 숲」을 듣고는 우물 속 같은 청춘의 어두운 기억들을 우물물을 긷듯 길어낸다. 시작은 열일곱 살에 잃은 친구. 서로에게 유일한 친구였던 기즈키와 당구를 치고 헤어진 날 저녁 기즈키가 자신의 집 차고에서 자살한 것이다. 기즈키에겐 나오코라는 여자친구가 있었는데 와타나베는 늘 그들과 셋이서 만나곤 했다. 도쿄의 사립대학에 입학해 기숙사 생활을 하던 어느 날 전철에서 나오코를 다시 만난 와타나베는 일요일마다 나오코와 밥을 먹고 도쿄 인근을 걷는 데이트 아닌 데이트를 반복한다. 하지만 나오코는 기즈키를 잃은 상처를 극복하지 못하고 요양원으로 들어간다.

한편 미도리라는 여학생이 특유의 생기와 쾌활함으로 와타나베에게 접근하는데, 미도리는 나오코와 달리 긴 병을 앓다 죽은 어머니를 오랫동안 간병한 데다 아버지마저 같은 병으로 투병하고 있음에도 삶에 대한 열정으로 가득할 뿐만 아니라 끝없이 사랑을 갈구하는 여성이다. 와타나베는 같은 기숙사에서 생활하는 도쿄 대 법학부생 나가사와와 어울리며 술을 마시고 처음 만난 여자들과 잠을 자기도 하지만, 누구와도 마음을 온전히 주는 사랑을 하지 못한다. 혼자 수업을 듣고 밥을 사먹고 아르바이트를 하고 책을 읽고 음악을 듣는 건조하기 그지없는 생활로 만족한다.

와타나베는 나오코의 편지를 받고 요양원으로 찾아가 며칠을 머문다. 그곳에서 와타나베는 나오코가 이미 초등학생 때 여섯 살 위의 언니가 목을 매 자살한 모습을 목격한 상처를 가지고 있음을 알게 된다. 와타나베는 나오코에게 이곳을 나오면 자신과 함께 살자고 제안하지만 와타나베와 나오코의 사랑은 죽은 기즈키를 사이에 둔 사랑이었다.

한편 오랜만에 연락을 주고받게 된 미도리는 남자 친구와 헤어졌다며 와타나베에게 기다려주겠노라고 말한다. 혼란해진 와타나베에게 나오코의 자살 소식이 전해진다. 장례식에 다녀온 다음 와타나베는 한 달간 이곳저곳을 떠돌며 방황한다. 기숙사를 나와 새롭게 구한 방에서 나오코를 위한 장례의식을 간략하게 치르고 와타나베는 미도리에게 전화해서 보고 싶다고 말하는데, 어디냐고 묻는 수화기 너머 미도리의 말에 자신이 어디에 있는지 몰라 혼란을 겪는다.

『상실의 시대』로 읽었을 때와는 느낌이 좀 달랐다. 좀 더 진진해 보였다고 할까. 그럼에도 놀라움은 여전했는데, 이 소설이 1960년대 말을 배경으로 한다는 사실 때문이었다. 같은 시기를 그린 한국 소설들, 그러니까 최인호의 「무서운 복수(複數)」처럼 대학생들이 데모하다가 군대에 끌려가는 내용의 소설들이 지닌 칙칙한 분위기에 비하면 이 소설은 1960년대 말에 이랬다고! 싶을 정도로 세련된 유채색 느낌이었달까. 정치 이야기는 일절 등장하지 않는 점도 놀라웠다. 소설을 읽다가 연도가 나올 때마다 깜짝깜짝 놀랐다. 한국으로 치면 적어도 1980년대 말이나 90년대 초를 그린 것만 같아서.

책을 덮고 나서는 좀 혼란스러웠다. 좋은데 왜 좋은지 모르겠고 마음에 들지 않는데 왜 마음에 들지 않는지 분명치 않아서였다. 굳이 꼽자면 좋았던 이유는 성실한 묘사 때문이 아니었을까 싶다. 상실감을 주제로 한 성장소설의 경우 심리묘사를 제외하고는 구체적이고 세밀한 묘사는 보기 드문데, 이 소설은 주인공은 물론 등장인물들이 뭘 먹고 어떤 옷을 입는지 또 어떤 머리를 하고 있으며 무슨 책을 읽고 어떤 음악을 들으며 술은 어떤 걸 마시고 담배는 뭘 피우는지, 성관계를 할 때는 어떤 순서로 하는지까지 무엇 하나 얼버무리지 않고 구체적으로 성실하게 묘사한다. 게다가 묘사 방법도 대충 하는 법이 없어서 그저 '냉장고 소리'나 '냉장고 소음' 정도로 해도 될 것을 "냉장고의 조절기가 들어갔다 나갔다 하는 소리"라고 분명하게 묘사한다. 이런 성실함이 주요 사건이라곤 처음에 등장하는 기즈키의 자살 말고는 딱히 없는데도 불구하고 5백 쪽에 달할 만큼 길게 이어지는 이 소설을 끝까지 읽게 만드는 힘이지 싶다.

반면 마음에 들지 않는 이유 또한, 안타깝지만 다르지 않다. 지나치게 구체적인 묘사가 화자인 와타나베의 캐릭터를 혼란스럽게 만들기 때문이다. 안 그래도 나오코가 아니라 와타나베를 1인칭 화자로 등장시킨 이유는 뭘까 하는 의문이 소설을 읽는 내내 들었더랬는데(소설의 완성도를 위해서는 사건의 당사자인 나오코를 화자로 했어야 하지 않을까. 왜냐하면 와타나베는 나오코와 달리 제삼자처럼 비치니까. 스스로도 내내 그렇게 행동하고), 그가 묘사하는 내용을 읽다 보면 이 사람이 깊은 상처를 간직하고 살아가는 사람이 맞나 싶어지면서 소설의 주 내용과 별 관계도 없는 와타나베의 일상을 공연히 들여다보고 있는 듯해 민망해진달까. 그래서인지 앞에 인용한 저 마지막 문장들에서 거의 처음으로 자신이 어디에 있는지 알지 못한 채 지나가는 사람들을 그저 '무수한 사람들'로 뭉뚱그려 묘사하는 와타나베가 너무 낯설었다. 안쓰럽기도 했고. 이제야 삶의 당사자가 되었다는 뜻일까. 그렇다면 바로 저기서부터 와타나베의 진짜 이야기가 시작돼야 할 것 같은데…… 자신이 만나서 밥 먹고 술 마시고 이야기하고 섹스를 나누는 사람들 이야기 말고, 자신의 이야기 말이다.

고 박지선 씨도 하늘나라에서 더는 고통 받지 않고 자신의 이야기를 계속해 나가기를 빈다. 하지만 이미 고인이 된 사람에게 이런 식의 위로와 추모가 무슨 소용이 있을까. 다만 나로서는 분장하지 않은 희극 배우로 박지선 씨를 오랫동안 기억하고 싶을 뿐이다.

어떤 섹스가 우리를
구원할 수 있을까?

『채털리 부인의 연인』 1·2
데이비드 허버트 로렌스, 최희섭 옮김
펭귄클래식코리아, 2009

"참 도도하네요! 그리고 당당하고요! 이제 저는 남자들이 왜 그처럼 거만한지 알겠어요! 그렇지만 아름다워요, 정말로요. 마치 또 다른 존재인 것 같아요! 약간 무섭기도 하고요! 그렇지만 정말 사랑스러워요! 저것이 나에게로 다가오고 있는 것 같아요." (2권 93쪽)

영국 작가 데이비드 허버트 로렌스(1885~1930)가 1928년에 이탈리아에서 자비로 펴낸 소설 『채털리 부인의 연인』을 읽는다. 영국에서는 오랜 재판을 거친 후 1960년에야 출간되었단다.

콘스탄스 스튜어트 리드는 예술가인 아버지와 사회주의자인 어머니 사이에서 태어난 중류 계급의 딸이다. 자유롭고 교양 넘치는 집안에서 자란 콘스탄스는 독일 드레스덴에서 학업과 연애를 하며 지내다 전쟁 중이던 1917년 귀족의 아들이자 군인인 클리퍼드 채털리와 결혼하는데, 클리퍼드는 전장에 나가 하반신이 마비된 채 돌아온다. 채털리 부인이 된

콘스탄스(코니)는 클리퍼드의 아버지가 남긴 영지에서 결혼 생활을 시작한다.

오래된 탄광을 거느린 영지는 늘 습하고 공기도 탁해 음울하기 그지없다. 클리퍼드는 소설을 써 유명해지는 한편 지식인 친구들을 초대해 코니가 옆에서 뜨개질을 하는 가운데 세상을 걱정하며 지적 생활을 강조하는 메마른 대화를 나눈다. 전쟁과 산업화의 파도는 모든 계급에게 공포와 탐욕만 불러일으켜 세상은 곧 무너지거나 뒤엎어야 하는 난장판이 돼버렸다. 특히나 귀족이자 지식 계급에 속하는 클리퍼드 무리에겐 이른바 산업 대중이 계급 간 경계를 희미하게 만드는 것에 신경질적으로 반응하며 분노한다. 하반신이 마비된 클리퍼드는 육욕으로만 가득한 저속한 삶보다는 정신적인 삶의 가치를 강조하지만, 코니는 남자와 여자가 진정으로 사랑할 수 없는 건지 안타깝기만 하다.

그러다가 영지의 사냥터지기 올리버 멜로즈를 만나는데 코니는 그와의 관계를 통해 여자를 사랑하는 진정한 남자를 발견한다. 멜로즈는 탄광 출신이지만 어릴 때부터 적절한 교육을 받아 교양을 갖춘 인물이기도 하다. 결혼한 뒤 극성스러운 아내를 피해 군에 입대해 장교가 된 멜로즈는 계급 상승을 꾀하지만 세상에 환멸을 느끼고 다시 고향으로 돌아와 딸은 어머니에게 맡기고 사냥터지기를 하며 혼자 산다. 두 사람은 숲속 오두막에서 거침없이 섹스를 나누며 서로의 육체를 탐한다. 둘이 동시에 절정에 오르는 순간이 두 사람에겐 육체적으로도 정신적으로도 삶의 희열을 느끼는 유일한 순간이다. 그러다 코니가 임신을 한다. 클리퍼드가 늘 비숫한 계급의 남자라면 누구의 아이를 임신해도 받아들이겠다고 했기에, 코니는 아버지와 언니가 동행하는 베니스 여행 기간을 이용해 그 누군가의 아이를 임신했노라고 꾸밀 계획을 짠다. 그사이 멜로즈는 이혼 절차를 밟고 궁극적으로는 두 사람이 멀리 떠나 살 계획을 세운다. 하지만 가까이서 다른 남자와 살던 멜로즈의 아내가 오두막으로 쳐들어와 이혼해 줄 수 없다며 난동을 부리다 코니의 흔적을 발견하면서 소문이 영지 전체에 퍼지고 결국 클리퍼드에게 불려간 멜로즈는 사냥터지기 일을 그만둔다. 여행에서 돌아오는 길에 런던에서 다시 만난 코니와 멜로즈는 자신들의 아이를 키우며 살기로 합의한다.

코니는 클리퍼드에게 이혼을 요구하는 편지를 쓰고 클리퍼드는 코니에게 영지로 돌아와 직접 대화를 나누지 않으면 이혼해 줄 수 없노라고 못을 박는다. 결국 영지로 돌아간 코니는 클리퍼드와 대화를 나누다가 자신이 사랑하는 남자는 바로 멜로즈라고 밝히고 영지를 떠난다. 농장에서 새로운 일자리를 찾은 멜로즈가 코니에게 모두에게 암담한 시절이 다가오고 있지만 둘 사이의 불꽃을 꺼뜨리지 않으며 살 수 있을 거라는 긴 편지를 보낸다.

두 가지 점에서 의외였다. 예상과는 좀 다른 내용과 전개 그리고 지극히 남성적인 문장과 서술. 성해방까지는 아니더라도 섹스 그 자체의 희열과 숭고함을 강조하는 내용이겠지 싶었는데, 외려 사회소설에 가까웠달까. 그리고 문장은, 부드럽고 섬세하다기보다 뭔가 초조함과 불안이 깃든 선언서의 문장 같기도 했고 농익지 않은 사회 비판서의 짜증 섞인 문장 같기도 했다. 그래도 코니와 멜로즈가 함께할 때의 문장만큼은 결이 달라 그나마 좀 나았다는 걸 위암 삼을 수 있으려나.

이제까지 겪어보지 못한 그야말로 참혹하기 이를 데 없는 전쟁에 신음하는 가운데 산업화라는 괴물까지 모든 걸 집어삼킬 듯이 덤벼드는 상황. 계급에 기반을 둔 사회 질서는 의미를 잃고 산업 대중에게도 미래가 없긴 마찬가지인데다 더 참혹한 전쟁이 닥쳐올 듯한 환경에서 작가는 섹스 이야기를 하고 있다. 모든 계급이 돈, 돈, 돈에 쫓겨 진정한 삶에서 멀어질 때 삶의 가치를 되살리고 궁극적으로는 영국을 부흥하기 위해서는 '부드러운 섹스'를 공유하도록 남자들은 다시 남자다워지고 여자들은 여성스러움을 되찾아야 한다는 게 작가의 주장인 모양이다. 무너져 가는 세상은 무너지라고 내버려두고 당신과 나는 세상 외진 곳에서 아직 꺼지지 않은 불꽃을 되살리며 거침없는 섹스를 나누자, 가 아니라.

결국 섹스 그 자체가 목적이 아니라 도구인 건 로렌스에게도 마찬가지인 셈이다. 게다가 그 섹스는 지독히 남성 중심적인 섹스이기도 하다. 코니는 진정으로 오르가슴을 느꼈다지만 내내 누운 자세를 유지한 채 단 한 번도 섹스를 주도하지 못하니까. 무엇보다 두 사람의 섹스는 페니스가 중심인 섹스여서 아마도 작가는 삽입 섹스가 아닌 섹스는 건강하지 못하다고 비난했겠다 싶을 정도로 '페니스'에 대한 강조가 차고 넘친다. 앞에 인용한 문장도 코니가 발기한 멜로즈의 페니스를 보면서 내지르는 탄성이다. 여섯 개의 문장 뒤에 발기한 페니스 같은 느낌표가 빳빳하게 서 있다.

'자유 시민'으로 유럽을 여행하고 독일에서 교육받은 코니가 멜로즈와 아이를 낳고 '진정한' 섹스를 나누며 사는 삶에 만족하도록 강제하는 듯해서 민망하다. 그건 하반신이 마비된 클리퍼드와 정신적인 삶을 함께하며 만족을 찾았다는 이야기만큼이나 현실성이 떨어지지 않을까. 경제적으로 얼마든지 독립할 수 있는 코니라면 왜 굳이 멜로즈에게, 아니 멜로즈의 페니스에 매달려야 한다는 건지. 그것도 아이까지 낳아 키우면서 말이다.

섹스를 그저 재생산을 위한 활동이나 욕망을 분출하는 배설쯤으로 여기게끔 억압하고 왜곡한 시기임을 감안하면 이 소설의 출현은 혁명적이라 할 만하지만, 그 시대에 읽었더라도 여성이라면 답답함을 느끼지 않았을까 싶다.

철없는 사랑과 공동체의 운명

『로미오와 줄리엣』
윌리엄 셰익스피어, 최종철 옮김
민음사, 2013(2008)

> 줄리엣: 유일한 내 미움이 유일한 내 사랑을 낳다니!
> 모르고 너무 일찍 만났고, 알고 나니 너무 늦다!
> 혐오스러운 원수를 사랑해야 하다니
> 나에게 이 사랑은 불길한 탄생이다. (47쪽, 1막 5장)

아파트 앞 둔덕에서 할머니 한 분이 지팡이를 머리 위로 힘겹게 들어서는 웬 나무의 가지를 연신 찔러댄다. 아무리 봐도 과실나무 같지 않아서 뭘 하시는 거지, 하고 고개를 갸우뚱하며 쳐다보았다. 그런데 세상에, 나무에 큰 배만 한 모과가 말 그대로 주렁주렁 달려 있는 게 아닌가. 매번 지나치면서 나는 왜 그동안 이걸 못 봤을까 하고 신기해하는데, 결국 실패한 할머니가 하나만 따면 좋으련만, 하시면서 내 쪽으로 넘어오신다. 저게 모과나무인가요? 하고 내가 묻자, 할머니는 그럼요, 실한 게 많이도 열렸는데 하나도 못 따겠네요 참, 하고 실망한 표정으로 길을 건너가신다. 나로서도 어찌지 못하는 높이에 걸려 있는데다 혹시나 시 재산일지도 모르는데 함부로 따도 괜찮을지 분명치 않았다. 한참을 지켜보다가 집으로 돌아왔다. 그 뒤론 지날 때마다 모과나무를 살피곤 한다. 혹여나 떨어져 뒹구는 게 있으면 하나 주워서 집 안에 놔두면 좋겠다 싶어서.

영국 극작가 윌리엄 셰익스피어(1564~1616)가 1597년에 발표한 희곡 「로미오와 줄리엣」을 읽는다.

이탈리아 베로나 시의 몬터규가와 캐풀렛가는 원수지간이어서 서로 만나기만 하면 싸움을 하느라 베로나 시를 피로 물들이곤 해 시민들이 들고일어날 지경이다.

로잘린이라는 여성에게 흠뻑 빠져 있던 몬터규가의 아들 로미오가 어느 날 캐풀렛가에서 주최하는 파티에 참석했다가 줄리엣을 보고 사랑에 빠진다. 줄리엣도 첫눈에 반해 두 사람은 결혼을 약속하는데, 캐풀렛 부부는 줄리엣을 베로나 군주 에스칼루스의 친척인 파리스와 결혼시키려 한다. 로미오는 또다시 두 가문의 싸움에 휘말려 줄리엣의 사촌 티볼트를 죽이고 시에서 추방당한다.

줄리엣은 로렌스 수사를 찾아가 강력한 수면제를 얻어 온다. 결혼식 당일 주검으로 발견됐다가 하루 만에 다시 깨어나면 로미오와 함께 도망 갈 심산이다. 하지만 로렌스 수사의 편지를 받지 못한 로미오가 시신이 된 줄리엣을 발견하고는 독약을 마시고 죽고, 뒤늦게 깨어난 줄리엣은 또 그 모습을 보고 로미오의 칼로 자결한다. 자식을 잃은 두 가문의 수장들은 그제야 화해를 한다.

애절한 사랑 이야기로 읽어야 하는데 왜 내겐 그렇게 읽히지 않는지 모르겠다. 사랑은 보이지 않고 혼란과 갈등만

드러나 보인다. 나한테 정말 문제가 있는 걸까?

　이 희곡에서 그나마 어른 같은 고민을 부여받은 인물은 베로나의 군주 에스칼루스뿐이다. 자신이 다스리는 시의 양대 가문이 사적인 감정 때문에 으르렁거리니 시 행정은 물론 공동체의 치안마저 제대로 유지하기 힘들었을 터. 두 가문의 패거리들이 칼을 차고 돌아다니며 싸움질을 하는 통에 길거리에 시체가 뒹굴기도 하고, 시내 곳곳에 포도줏빛 핏자국이 낭자했을 테니까. 어디 군주만이겠는가. 두 가문에 속하지 않은 시민들도 어느 쪽과 줄이 닿았느냐에 따라 생계를 위협당하기도 했을 테니 고통이 이만저만이 아니었겠다. 군주는 숱하게 계산기를 두드렸으리라. 두 가문이 한 치의 양보도 없이 대립하는 것이 오히려 공동체를 관리하는 데 도움이 될지 아니면 어떤 방법을 동원해서라도 두 가문 사이의 화해를 이끌어야 공동체도 번영하고 자신도 권력자로서 우뚝 설 수 있을지를 따지느라.

　그러니 로미오와 줄리엣은 사랑을 통해 두 가문의 화해를 이끌어내고 베로나 시의 안전을 도모했어야 하지 않을까. 비록 그 사랑이 호르몬의 장난에 불과한 것이었더라도 말이다. 실제로 로미오는 줄리엣을 만나기 직전까지도 다른 여자에게 흠뻑 빠져 정신을 못 차리고 있었으니까. 살아남았다면 죽을 때까지 골백번도 더 했을 사랑이다. 게다가 그들은 일반 시민이 아니었다. 유력한 가문의 유일한 아들과 딸로서 장삼이사(張三李四)들이 누릴 수 없는 행운을 타고난, 이를테면 특별 시민이었다. 철천지원수로만 알았던 상대 가문의 사람과 사랑에 빠졌다면, 그리고 그 사랑이 단지 호르몬의 장난질만은 아니었다면, 그들은 당연히 자신들이 처한 현실에 새롭게 눈을 떴어야 했다. 그리고 자신들에게 부여된 역할을 다 하면서 고통을 감수하고 치욕을 떠안으며 두 가문의 화해를 이끌어냈어야 했다. 그리고 나서 둘이 사랑의 도피행각을 벌이든 죽음을 택하든 그건 온전히 그들의 몫이리라. 하지만 세상에 작별을 고하는 의미가 무엇인지도 모른 채 떠나버림으로써, 그들이 속한 두 가문은 물론 공동체 또한 나이 어린 두 연인의 죽음을 통해 화해와 협력을 이뤘다는 죄책감을 부여받고 말았다. 이거야말로 비극이 아닐까. 그들에게도 공동체에게도.

집 안을 모과 향으로 가득 채워 보겠다는 욕심은 버렸다. 나무에서 떨어진 모과가 바닥에 구르면 구르는 대로 그냥 놔두는 것도 나쁘지 않겠다 싶어서.

"개 같군!"

『소송』
프란츠 카프카, 권혁준 옮김
문학동네, 2010

그러나 K의 목에 한 남자의 양손이 놓이더니 동시에 다른 남자가 그의 심장에 칼을 찔러 넣고 두 번 돌렸다. K는 흐려져가는 눈으로 두 남자가 자기 눈앞에서 서로 뺨을 맞대고서 최종 판결을 지켜보는 것을 보았다. "개 같군!" 그가 말했다. 그가 죽은 후에도 치욕은 살아남을 것 같았다. (287쪽)

날이 제법 쌀쌀해졌다. 산책길에 길바닥에 뒹구는 샛노란 은행잎들을 밟게 된다. 길가 화단의 뾰족뾰족한 누운향나무나 꽝꽝나무 같은 관목들의 가지 사이에도 은행잎들이 무슨 엽서처럼 꽂혀 있다. 코끝이 제법 맵싸한 게 대전에서 처음 맞는 겨울이 다가오는 걸 느낄 수 있다.

체코 작가 프란츠 카프카(1883~1924)의 소설 『소송』을 읽는다. 작가 사후에 친구인 막스 브로트가 남은 원고들을 모두 태워달라는 카프카의 유언을 어기고 1925년에 출간한 소설이다. 친구의 유언을 무시하고 출간을 감행한 걸 비난해야 할지 아니면 그 덕분에 지금 이렇게 카프카의 소설을 읽게 되었으니 고맙다고 해야 할지……

서른 번째 생일을 맞은 날 주인공 요제프 K는 하숙방으로 들이닥친 두 사내에게 자신이 체포되었다는 말을 듣는다. 요제프는 대체 무엇 때문에 자신이 체포되었는지 무슨 잘못을 했는지 정확한 답변도 듣지 못한 채 다만 소송이 진행될 거라는 말만 듣는다.

은행에서 근무하던 중 일요일에 심리가 열린다는 전화를 받고 요제프는 교외의 허름한 건물로 찾아간다. 법원이 있을 법하지 않은 골목 안 건물 2층에서 열린 심리는 맥없이 끝나 버린다. 그다음 주에도 요제프는 같은 건물로 다시 찾아가지만 심리는 열리지 않고 방에는 지난주에 젊은 대학생과 시시덕거리다가 심리를 중단시킨 여자 세탁부만 보일 뿐이다. 여자가 이번엔 예심판사를 잘 알아 도와줄 수 있다며 요제프에게 추파를 던지는데, 문제의 대학생이 나타나 예심판사가 찾는다면서 여자를 데려가려 하자 요제프는 질투를 느낀다.

그러던 어느 날 요제프의 숙부가 은행으로 찾아와 요제프를 자신의 오랜 친구인 변호사와 만나게 해준다. 변호사와 숙부, 법원 사무처장 모두 진지하게 사건 이야기를 나누는 사이, 요제프는 옆방에서 변호사의 가정부 레니와 껴안고 뒹군다. 그 뒤 변호사는 청원서 작성을 미루면서 지금의 사법 체계에서는 자신 같은 변호사가 아니면 아무것도 할 수 없으며 자신조차도 연줄이 없다면 마찬가지라는 논리로 일관한다. 은행에서 청원서를 직접 작성해 보려고 애쓰다가 업무에 차질을 빚게 된 요제프는 은행을 찾은 제조업자로부터 법원 소속 화가 티토렐리를 소개받는다. 2대째 법원 화가로 일하는 덕에 법원 내막을 잘 안다는 것이었다. 요제프는 티토렐리의 작업실로 찾아가 무죄를 얻어내기 위한 별 뾰족할 것 없는 전략을 듣고 그림을 구입한다.

며칠 뒤 변호사를 해임하기 위해 변호사의 집을 찾은 요제프는 먼저 와 있던 상인 블로크를 만난다. 요제프보다 훨씬 전부터 소송을 진행하고 있다는 블로크는 가정부 레니와 묘한 장면을 연출하다가 요제프에게 들키는데, 질투 때문에 화가 난 요제프에게 블로크는 자신이 다른 변호사들을 고용했으며 그러지 않고는 소송을 원만하게 진행하기 어렵다고 말해준다. 변호사를 만난 요제프가 해임하겠노라고 말하자 변호사는 블로크를 불러 무릎을 꿇리고 모욕을 주면서 요제프가 얼마나 훌륭한 대우를 받고 있는지 알려준다.

은행에서 이탈리아 고객을 응대하게 된 요제프는 대성당을 구경하고 싶다는 고객을 위해 시간을 정하고 대성당으로 향하는데, 이탈리아인은 만나지 못하고 대신 신부의 충고를 듣는다. 요제프가 소송 중임을 알고 있던 신부는 법의 서문에 적혀 있는 이야기를 들려준다. 법문 앞을 지키는 문지기가 법문 안으로 들어서려는 시골 남자에게 지금은 들어갈 수 없고 나중에 가능하다고 말하자 시골 남자는 평생을 문 앞에서 기다리다 죽기 전에 왜 이 문 안으로 들어서려는 다른 사람이 없는지 묻는데, 문지기는 이 문은 당신만을 위한 문이고 이제는 닫을 시간이라고 말했다는 내용의 이야기였다.

그리고 서른한 번째 생일을 하루 앞둔 날 요제프는 정체불명의 두 사내에게 도시 밖 채석장으로 끌려가서 심장에 칼을 맞고 "개 같군!"이라는 말을 남기고는 사망한다.

『심판』이라는 제목의 번역으로 읽었던 작품이다. 복도와 방이 참 많이도 등장하는 소설. 그 밖에 시공간이 분명치 않다는 것도 특징이고 무엇보다 서술자가 자기 목소리를 내지 않는 것도 특이하다. 대개는 독자를 이해시키고 나아가 공감을 얻기 위해 이런저런 설명을 하거나 자기 목소리를 곁들이게 마련인데, 이 소설의 서술자는 단순한 전달자 역할에만 머물기로 작정한 듯 아무런 색깔을 드러내지 않는다. 그렇다 보니 이게 어느 시대에 어디에서 벌어진 일을 그린 건지, 아니면 상상 속 이야기인지 그도 아니면 누군가의 꿈 이야기인지도 분명치 않은데, 서술자는 그 부분에 대해서도 독자를 안심시킬 그 어떤 노력도 하지 않는다.

관료주의의 실상을 알리는 소설이라거나 사법 체계를 비판한 소설, 또는 종교적인 해석이 가능한 소설이라고도 하지만, 개인적으로는 자꾸만 뒤로뒤로 밀리는 부조리한 죽음에 맞선 한 인물의 이야기로 읽힌다. 세상이 또는 삶이 부조리하다고 말하지만 가장 부조리한 건 역시 죽음일 테니까. 다른 의미로 읽기에는 소설이 지나치게 동화적이라고 느껴져서 그렇다. 섬뜩한 내용을 담고 있는 어른들을 위한 동화랄까.

읽으면서 두 가지가 걸렸는데 주인공이 젊은 여성만 나오면 에로틱한 장면을 연출한다는 점과 '종말'이라는 제목이 붙은 마지막 장이 그때까지의 흐름과는 달리 지나치게 폭력적이라는 점.

여성과의 관계는 카프카의 다른 작품인 『성』(1926)에서도 다르지 않았던 것으로 기억한다. 에로틱한 장면을 연출할 뿐 상대와 관계를 오래 유지하지도 않는데다 주인공이 다른 목적을 위해 이용하려는 의도로 그런 행동을 반복하는 듯해서, 작가가 무슨 콤플렉스가 있거나 여성에 대한 두려움을 갖고 있었나 의심이 들 정도다.

마지막 장의 문제는 뭐랄까, 좀 급하게 마무리한 듯하달까. 그래서인지 길이도 상대적으로 짧고 살해 장면도 그 폭력성이 직접적으로 느껴진다. "개 같군!"이라는 마지막 대사도 소설의 다른 부분에서는 찾아볼 수 없을 정도로 거칠고. 마치 그때까지 꾹 참아가면서 전달자 역할에만 머물던 서술자가 마지막에 이르러 주인공의 심정에다 자신의 목소리까지 얹어 토해내는 대사처럼 여겨진다면 지나친 해석일까.

죽음 뒤에도 치욕은 살아남을 것 같다는 마지막 서술도 마찬가지다. 아무런 죄도 짓지 않았는데 소송에 휘말려 끊임없이 지연되는 과정을 버텨냈지만 결국 마지막엔 개죽음을 당하고 마는 치욕이나, 세상에 던져지듯 태어나서 책임과 의무를 다하고 삶의 의미를 찾고자 애쓰지만 종국엔 끝없이 유예될 것만 같던 죽음과 대면해야 하는 순간 느껴지는 치욕이나 다르지 않아 보인다.

책을 읽고 나서 산책을 하는데 이번엔 은행잎이 노랑 색종이를 오려놓은 것처럼 보인다. 관목에 꽂힌 것들도 노란색의 엽서들이 아니라 날카로운 표창처럼 보이고. 세상이 갑자기 작위적으로 느껴지는 건 『소송』 때문일까?

이 사람, 대체 정체가 뭘까?

『성』
프란츠 카프카, 홍성광 옮김
펭귄클래식코리아, 2008

측량사! 정말이지, K는 대체 무슨 생각을 했던 것일까? 머릿속에 무슨 특별한 생각을 품었던 것일까? 무언가 특별한 것을 이루려고 했던 것일까? 좋은 일자리, 특별한 대우? 그런 것들을 원했던 것일까? 자, 그렇다면 그는 애초부터 다른 식으로 시도해야 했다. (426쪽)

역시 프란츠 카프카의 소설로 미완성인 채 1926년에 발표된 『성』을 읽는다. 토지측량사인 K가 성의 호출을 받고 성이 있는 마을에 갔다가 자신을 누가, 왜 불렀는지 알지 못한 채 마을 사람들과 이런저런 부조리한 관계를 맺는 이야기다.

K는 어느 날 밤 눈 속에 파묻힌 베스트베스트 백작의 성 아래쪽 마을에 도착한다. 성으로부터 토지측량사로 일해달라는 제안을 받고 온 것이다. 조수들은 도구를 가지고 다음 날 도착할 예정이다. 다음날 아침 여관을 나와 마을로 나선 K는 성으로 가는 길을 찾았으나 다가갈 듯하면서도 멀어지는 길들만 보일 뿐이다. 마부 게어슈테커의 도움으로 썰매를

타고 여관으로 돌아와 보니 쌍둥이처럼 생긴 젊은 남성 둘이 K의 조수라며 기다리고 있다. 자세히 보니 마을에서 이미 만난 적이 있는 청년들이다. 서로 구별하기도 어려울뿐더러 전혀 도움이 될 것 같지 않은 이들과 실랑이를 벌이는데 바르나바스라는 성의 심부름꾼이 찾아와 성의 사무국 국장 클람의 편지를 전한다. K가 성에 채용되었으며 상관은 마을의 촌장이니 자세한 사항은 촌장에게 들으라면서 성은 K를 주시할 거라는 내용이었다. 그날 밤 K는 성의 관리들이 묵는 여관 헤렌호프에서 여급인 프리다를 만난다. 프리다는 K에게 주점에 뚫린 구멍으로 여관에 묵고 있는 클람을 엿보게 해준다. K는 자신이 클람의 애인이라고 밝힌 프리다와 관계를 맺은 뒤 애인으로 삼는다.

한편 촌장과의 면담에서 K는 성의 완벽한 관리 체계를 감안할 때 도저히 벌어질 수 없는 착오가 생겼음을 알게 된다. 그리고 학교 선생으로부터 자신이 관리인으로 채용되었음을 전해 듣는다. K는 거절했지만 마땅히 지낼 곳이 없는 프리다의 설득으로 그들은 학교로 옮겨 간다. 클람을 만나기 위해 애쓰지만 매번 허사로 돌아가던 중 K는 바르나바스로부터 클람이 보낸 두 번째 편지를 받는다. 지금까지 토지 측량을 잘해왔다는 찬사와 함께 보수 문제를 해결하겠다는 내용이었다. K는 바르나바스의 누나 올가와의 대화를 통해, 올가의 여동생 아말리아가 관리의 희롱 섞인 편지를 찢어버리는 바람에 집안이 망하고 마을로부터도 소외되었는데, 그나마 바르나바스가 성의 심부름꾼으로 일하게 된 데다 첫 임무로 K에게 클람의 편지를 전할 수 있어 다행이라는 것과 그럼에도 불구하고 바르나바스조차 클람을 제대로 본 적이 없다는 말을 듣는다.

프리다는 K를 버리고 조수 가운데 한 명과 헤렌호프로 돌아가고 K는 그날 밤 민원인들의 야간 심문을 위해 헤렌호프에 묵고 있는 성의 관리 앞에서 졸음을 쫓아가며 성의 관리 체계에 대해 듣는다. 복도와 방으로 이어진 그곳에서 K는 길을 잃은 듯 헤매다가 여관 주인 부부에게 쫓겨 여관으로 돌아와서는 오랫동안 잠을 자고 일어나 프라다 후임으로 주점에서 일하다 다시 하녀로 돌아간 페피에게 하소연을 듣는다. 그 뒤 마부 게어슈테커가 K를 찾아와 임시로 말을 돌볼 일꾼이 필요하다면서 집으로 이끄는데 싫다고 거절하던 K가 혹시 성의 관리에게 뭔가 알아내주기를 바라서 이러느냐고 묻자 게어슈테커는 그렇다고 말한다. 마부의 집에서 그의 어머니가 K에게 무슨 말을 하려는 순간 이 소설은 미완성으로 끝난다.

두 가지 점에서 특이한 소설이다. 우선은 소설의 배경인 성과 마을은 물론 그곳에 사는 인물들에게 과거가 없다는 점. 베스트베스트 백작의 성이고 성에 복속된 마을이라는 설명 말고는 성과 마을이 어떻게 조성됐으며 어떤 역사를 갖고 있는지 일절 설명이 없다. 인물들 또한 이름과 생김새 말고는 나이도 분명하게 언급되지 않은 데다 개인사가 전혀 없는 인물들처럼 그려진다. 과거라고 해봐야 여관 여주인인 게르나데의 연애사와 올가가 전하는 바르바나스 집안 이야기가 전부다. 그마저도 오래된 과거도 아닌데다 올가와의 대화는 16장부터 20장까지 무려 1백 쪽 가까이 이어지는데도 집안

이야기와 성과의 관계 말고 개인적인 이야기는 전혀 언급되지 않는다. 심지어는 주인공 K 또한 과거에 어떤 일을 했으며 어떻게 살아왔는지 알 도리가 없다. 나머지 하나는 서술자의 목소리가 없다는 점. 누군가에게 이야기를 듣고 있다기보다는 부조리한 연극을 직접 관람하고 있는 듯한 느낌이 드는 건 그 때문인 모양이다.

학창시절 처음 이 소설을 읽을 땐 카프카라는 작가가 갖는 이미지에 매몰되어 이런 게 카프카식이로군, 하고 말았고, 성인이 되어 다시 읽으면서는 K를 카프카의 분신으로 여겨 감정이입하며 빠져들었다. 이번에 다시 읽으면서는 그냥 소설로 접했더니 두 가지가 눈에 들어왔다. 하나는 등장인물들의 긴 대사가 예전처럼 부조리하게 들리지 않는다는 점. 촌장도 그렇고 올가도 그렇고 성의 관리인 뷔르겔은 물론 심지어는 프리다와 페피의 이야기마저 자기 논리가 분명해 보였다. 비록 자가당착 같은 부분도 없지 않으나 설득력도 갖춘 데다 무엇보다 잘 읽혔다.

나머지 하나는 의외로 K의 말과 행동에 석연치 않은 부분이 많다는 점. 토지측량사로 고용되어 마을을 찾아왔는데 아무도 자신을 반기지 않을뿐더러 어디를 어떻게 측량해야 하는지 일언반구도 없는데다 성에 전화를 해보니 결코 성에 들어올 수 없노라고 말한다면, 다음날 도착하기로 되어 있는 조수들을 기다렸다가 돌아가야 마땅하지 않을까. 항의를 하려면 조수들과 함께 시위를 하는 방법도 있고. 그런데 K는 조수들을 찾지도 않을뿐더러(그러니 그에겐 측량 도구도 없는 셈이다!) 자신이 측량할 곳이 과연 어디일지 따져보지도 않는데다 측량사로서의 정체성은 전혀 드러내지 않고 그저 그곳에서 살고 싶다고 말할 뿐이다. 클람에 대한 집착 또한 동기가 분명치 않다. 처음엔 프리다와 함께 살고 싶어서 클람을 만나려고 애쓰는가 싶었는데(이것도 석연치가 않다. 소설 앞부분에서 K는 분명히 고향에 처자식을 두고 왔다고 말했으니까), 올가에게도 애정을 느끼는 듯 행동하더니 학교 학생인 한스의 병든 엄마와도 만나고 싶어 하고, 심지어는 페피에게도 치근덕대는 걸 보면 대체 무슨 꿍꿍이인지 알 수가 없다.

자연히 엉뚱한 상상을 하게 된다. K는 토지측량사가 아니라 성의 최고위층에서 파견한 암행감찰 직원이 아닐까 하는. 그런 생각으로 소설을 다시 살펴보면 이상하게 소설 전체가 보고서처럼 보인다. 순서도 그렇고 장 제목들도 그렇다. 차례차례 마을 사람들을 만나 그들의 의견을 듣고 꼼꼼히 기록한 흔적이 역력하니까. 서술자 또한 성과 관료 시스템에 대한 의견만 기술할 뿐 군더더기 같은 개인사나 감정들은 철저히 배제한다. 이런 의심을 굳히게 만든 부분은 의외로 소설 앞부분에 등장한다. 여관에서 잠들었다가 하급직원의 아들 슈바르처 때문에 깬 뒤 그가 성에 확인 전화를 하는 장면에서 K는 이런 생각을 한다.

> K는 귀를 쫑긋 기울이고 있었다. 그러니까 성에서 그를 측량사로 임명했던 것이다. 이것은 한편으론 그에게 불리한 일이었다. 성에서 그에 대해 시시콜콜 다 알고 있고, 세력 관계를 고려해서 미소를 지으며 싸움을 받아

들일 것이기 때문이었다. 하지만 다른 한편으로는 그에게 유리한 점도 있었다. K의 생각으로는 자기가 성에서 과소평가를 받고 있기 때문에 애당초 기대했던 이상으로 자유로울 수 있음이 밝혀졌기 때문이다. 그리고 그가 측량사임을 인정했다는 것은 확실히 그들이 정신적으로 우월한 위치에 있음을 보여 주었지만, 그렇다고 언제까지나 그를 겁에 질리게 할 수 있다고 생각한다면 오산이었다. 그는 약간 소름이 끼치기는 했지만 그게 다였다. (12쪽)

'약간'이 아니라 많이 소름 끼친다. 자신이 측량사로 고용된 것이 사실로 밝혀졌다면 안심하고 이제 조수들이 도착하면 어디에 머물며 어떻게 측량 일을 시작할지 생각해야 마땅한데, '세력 관계'는 뭐며 '과소평가'는 또 뭐고 '기대했던 이상으로 자유로울 수 있음이 밝혀졌'다는 말은 또 뭐란 말인가. 게다가 아직은 성의 관료 시스템이 자신에게 무슨 짓을 저질렀는지 아무것도 밝혀진 게 없는 시점인데. 이건 K가 이미 모든 걸 다 알고 왔다는 반증 아닐까. 이런 엉뚱한 생각으로 이 소설을 읽으면 어쩐지 매우 짜임새 있게 기록한 보고서나 보고서의 초안 같아 보인다. 그래서 미완성으로 끝난 것이 못내 아쉽다.

악을 품은 선과
선을 품은 악

『지킬 박사와 하이드』
로버트 루이스 스티븐슨, 박찬원 옮김
펭귄클래식코리아, 2012(2008)

> 만약 각각의 본성을 별개의 개체에 담을 수 있다면, 참을 수 없는 모든 것으로부터 자유롭게 사는 일이 가능해지지 않을까? 부조리한 존재는 그의 고결한 쌍둥이의 열망과 자책으로부터 해방되어 그만의 길을 가고, 정의로운 존재는 흔들림 없이 확고하게 높은 곳을 향한 그의 길을 가면 될 것이다. (107쪽)

극악무도한 범죄를 저지른 사이코패스 같은 인물이 등장하면 전문가들은 이 사회의 구조적인 문제가 낳은 괴물이라며 목소리를 높인다. 하지만 그렇게 따지면 재난 상황에서 자신을 돌보지 않고 남을 도우려다 목숨을 잃는 이른바 의인들도 이 사회가 낳은 사람들 아닌가. 물론 대개는 나 같은 평범한 시민을 가장 많이 낳겠지만. 평범한 시민과 극악무도한 범죄자 그리고 의인은 과연 얼마나 멀리 떨어져 있을까.

영국 작가 로버트 루이스 스티븐슨(1850~1894)이 1886년에 펴낸 소설 『지킬 박사와 하이드』를 읽는다. 원제는 '지킬 박사와 하이드 씨의 기이한 사례'란다.

지킬 박사의 오랜 친구인 어터슨 변호사는 어느 날 사촌인 엔필드로부터 하이드라는 기형적인 인상의 젊은 사내가 어린 소녀를 가차 없이 폭행한 사건 이야기를 듣는다. 사건을 무마하기 위해 그 사내가 피해자 가족에게 지킬 박사의 서명이 적힌 수표를 내주었다는 말에 어터슨은 지킬 박사가 자신에게 의뢰해 작성한 유언장을 떠올린다. 자신이 실종될 시 모든 재산을 하이드에게 양도한다는 내용이었다. 친구에게 안 좋은 일이 벌어진 게 틀림없다고 확신한 어터슨은 하이드가 드나드는 지킬 박사의 해부실 근처를 지키다가 하이드를 만나지만 집 주소가 적힌 명함만 건네받은 채 긴 이야기를 나눌 수 없게 되자 바로 지킬 박사를 찾아간다. 하지만 박사는 집에 없다.

그로부터 1년 뒤 존경받는 하원의원 댄버스 커루 경이 무자비하게 살해된다. 목격자의 진술에 따르면 범인은 하이드로 살해 도구로 쓰인 지팡이의 부러진 반쪽도 현장에 그대로 남아 있다. 어터슨은 경찰과 함께 명함에 적힌 주소로 찾아간다. 어딘가로 급히 떠난 듯 집 안은 어지러웠고 지팡이의 반쪽과 불태워진 수표책도 보인다. 지킬 박사를 찾아가서 사건 이야기를 전하는 어터슨에게 지킬은 하이드와는 이제 끝났다고 말하며 하이드에게서 받았다는 편지를 내민다. 편지의 필체가 지킬 박사의 필체와 동일한 걸 확인한 어터슨은 경악한다.

자신은 물론 지킬 박사와도 오랜 친구 사이인 래니언 박사를 찾아간 어터슨은 병색이 완연한데다 공포에 질린 래니언이 다시는 지킬을 보지 않겠노라며 두려움에 떨자 이상하게 여긴다. 얼마 뒤 래니언은 세상을 뜨면서 어터슨 앞으로 편지를 남긴다. 하지만 편지에는 헨리 지킬 박사의 사망 또는 실종 시까지 개봉하지 말라는 경고가 적혀 있다.

그러던 어느 날 저녁 지킬 박사의 하인 풀이 어터슨을 찾아와 지킬 박사가 하이드에게 살해된 듯하다는 말을 전한다. 급히 지킬 박사의 집을 찾은 어터슨은 풀에게 하이드로 보이는 사내가 지킬의 서재에서 두문불출하며 화학약품을 사다 달라고 요구한다는 말을 듣는다. 문을 뜯고 들어가 보니 실제로 하이드가 사망한 채 누워 있고 지킬 박사는 온데간데없다. 다만 지킬 박사가 어터슨 앞으로 보낸 편지가 발견되었을 뿐.

어터슨은 래니언과 지킬의 편지를 통해 지킬 박사가 약품을 복용하고 하이드로 변신했고, 래니언은 눈앞에서 하이드가 자신의 친구인 지킬 박사로 변신하는 걸 목격하고 공포에 떨었으며, 지킬은 하이드가 커루 경을 살해한 뒤로는 약물 없이도 수시로 하이드로 변신해 더 이상 통제가 불가능해지자 자살을 통해 자신은 물론 하이드마저 제거했음을 알게 된다.

책을 읽기 전에 이미 전반적인 내용을 알았던 데다 이 책으로만 두 번째 읽는 거라 '아니, 지킬이 하이드였어!' 하고 놀라는 척하기는 어렵다. 대신 지킬과 하이드가 같은 인물임을 알고 읽으니 지킬이 무슨 생각을 했는지 더 찬찬히 들여다볼 수 있었다.

지킬 박사는 자신은 물론 모든 인간의 내면에 최소한 두 개의 본성이 있음을 깨닫는다. 선과 악. 지킬은 악의 본성을 억누르고 의사로서 평판을 지키면서 선행까지 베풀며 살면서도 꿈틀거리며 솟구치는 악의 본성에 대한 호기심까지 억누를 수는 없었다. 오랜 연구 끝에 지킬은 두 가지 본성을 가진 자신을 정확하게 둘로 나눌 수 있음을 알게 된다. 지킬은 앞의 인용문에서처럼 두 본성이 각자의 길을 갈 수 있으리라고 자신한다.

하지만 지킬은 성공하지 못한다. 왜냐하면 지킬과 하이드가 온전히 각자의 길만을 가지 않았기 때문. 지킬은 끊임없이 하이드가 저지른 악행을 의식해야 했고, 하이드 또한 자신의 쌍둥이인 지킬에게서 완벽하게 벗어날 수 없었다. 하이드가 소녀를 폭행한 뒤 순순히 지킬의 사인이 적힌 수표를 내주고 아침까지 기다렸다가 은행에서 돈을 찾아 건넨 것만 봐도 알 수 있다.

처음 이 소설을 읽었을 땐 지킬과 하이드가 선과 악을 분명하게 대변하는 인물이라고 여겼는데, 다시 읽으니 그리 보이지 않는다. 아무리 분리해 낸다 해도 마치 분열하는 세포처럼 선과 악은 각각의 존재에 여전히 깃들어 있다는 생각이 들 뿐. 오히려 악은 지킬의 욕망에 있지 않았나 싶다. 선과 악을 분리해서 스스로의 삶을 망치지 않고도 악행을 저지르는 쾌감을 맛보고 싶어 하는 욕망. 아니, 어쩌면 선은 순수한 선으로만 남고 악은 순수한 악으로만 남기를 바라는 마음속에 악이 도사리고 있는지도 모르겠다.

다시 읽으면서 얻은 또 다른 소득은 어터슨이라는 인물

을 알게 된 것. 사건을 해결하는 장본인으로 첫 문장부터 그의 성격 묘사가 등장하는데 몇 번을 반복해서 읽게 되는 묘사들이다. 서술자에 따르면 어터슨은 무뚝뚝한 성격에 밝게 미소 짓는 법도 없는 차갑고 소심하고 내성적인 인물인데, 자신에겐 엄격하고 지인들에겐 관대해서 늘 정감이 가는 데다 연극을 좋아하지만 20년간 한 번도 극장 문턱을 넘은 일이 없다는 것. 게다가 그릇된 행동에 휘말리는 인간을 경이롭게 생각하며 부러워할 뿐만 아니라, 그렇게 내리막길을 가는 지인을 기꺼이 돕는다는 것이다. 그리고 어터슨의 말을 전한다. "나는 카인의 이단에 끌린다네. 나는 내 형제가 자기 나름대로 악의 길을 가도록 내버려두지."

참 독특한 인물이다. 현실에 존재한다면 한번쯤 만나보고 싶을 정도로.

연필선인장과 히스

『워더링 하이츠』
에밀리 브론테, 유명숙 옮김
을유문화사, 2020(2010)

> 내게는 오로지 한 가지 소원만 있고, 온몸과 내 몸의 기능 하나하나가 그것을 성취하기를 열망하고 있는 거야. 너무나 오래, 그리고 확고하게 그 소원의 성취를 열망해 왔기 때문에 꼭―그리고 곧―성취되리라고 믿고 있지. 그 바람이 내 존재를 삼켜 버린 거야. 그것이 성취되리라는 기대에 빨려 들어간 거야. (518쪽)

P가 찾아왔다. 코로나 때문에 오랜만에 만나서 그런지 더 반가웠다. 만나면 나도 모르게 하루 종일 싱글벙글하게 된다. 말도 많아지고. 그런데 집에서 연필선인장 화분을 보던 P가 끝이 시들었는데요, 하길래 확인해 보니 실제로 그렇다. 물얼마나 줘요? 한 달에 한 번씩 텀블러 가득 담아서 주는데요. 그래요? 휴대전화로 검색해 보더니, 흠뻑 줘야 한다는데 흠뻑이 얼마인지는 정확하게 나오지 않는다길래, 배웅하는 길에 역사(驛舍) 꽃집 사장님께 물었다. 화분 아래로 흙물이 빠질 때까지 물을 천천히 부어주기를 최소한 두 번은 해야 한

단다. 집에 돌아와서 화장실 대야에 화분을 옮기고 들은 그대로 물을 '흠뻑' 주고는 물이 다 빠지길 기다렸다가 거실 한편에 다시 가져다놓았다. 주인을 잘못 만나 여름 내내 목이 말랐을 선인장을 생각하니 미안하기도 하고 면목이 없기도 하다.

선인장 쪽을 내내 흘끔거리면서 영국 작가 에밀리 브론테(1818~1848)가 1847년에 펴낸 소설 『워더링 하이츠』를 읽는다. 『폭풍의 언덕』이라는 제목이 워낙 눈에 익은 터라 바뀐 제목이 영 낯설다. '워더링 하이츠(Wuthering Heights)'를 보통명사가 아닌 고유명사로 판단한 모양이다. 하긴 저택의 이름이니 그럴 수 있겠다 싶다.

1801년, 잉글랜드 한 지방의 언덕 아래 집 스러시크로스 그레인지에 세 들어 살게 된 록우드 씨가 집주인 히스클리프에게 인사하기 위해 언덕 위의 집 워더링 하이츠를 찾았다가 식구들에게 푸대접을 받는다. 다음날 다시 찾아가서는 폭설에 발이 묶여 하룻밤 신세를 지는데, 캐서린 린턴의 유령을 보고 놀란 록우드 씨는 스러시크로스 그레인지로 돌아와 며칠 앓고 난 뒤 하녀 엘렌 딘 부인에게 두 집안에 얽힌 이야기를 청해 듣는다.

딘 부인의 이야기는 워더링 하이츠에 살던 언쇼 씨가 리버풀에 볼일을 보러 갔다가 어린 사내아이를 데려오는 데서 시작된다. 이름도 나이도 알 수 없는데다 출신도 불분명한 업둥이에게 언쇼 씨는 죽은 아들의 이름을 지어준다. 히스클리프.

히스클리프는 언쇼 씨의 아들 힌들리와 딸 캐서린, 그리고 하녀였던 엄마를 따라 이 집에 오게 된 넬리(딘 부인)와 어울리는데, 특히 캐서린과는 천둥벌거숭이처럼 들판을 쏘다니며 영혼의 단짝이 된다. 그런데 히스클리프를 편애하던 언쇼 씨가 죽자 외지에서 대학을 다니던 힌들리가 아내 프랜시스를 데리고 돌아와서는 히스클리프를 하인의 자리로 내친다. 게다가 영혼의 단짝이었던 캐서린마저 스러시크로스 그레인지를 몰래 훔쳐보다가 개에게 물려 어쩔 수 없이 그곳에서 몇 주 지내고 돌아와서는 히스클리프와 거리를 둔다. 스러시크로스 그레인지엔 린턴 부부와 아들 에드거 그리고 딸 이사벨라가 산다. 어느 날 캐서린이 넬리에게 히스클리프보다는 에드거와 결혼하는 게 낫겠다고 고백하는 소리를 우연히 듣게 된 히스클리프는 그 길로 집을 나간다. 캐서린은 에드거와 결혼해 스러시크로스 그레인지에서 살게 된다.

3년 뒤 다른 사람이 되어 다시 나타난 히스클리프는 캐서린을 만난 뒤 바로 워더링 하이츠에 묵는다. 아내 프랜시스가 아들 헤어턴 언쇼를 낳고 사망한 뒤부터 술과 도박에 절어 지내는 힌들리를 꼬여 엄청난 도박 빚을 지게 한 뒤 워더링 하이츠를 손아귀에 넣을 계획이다. 그리고 에드거의 여동생 이사벨라 린턴이 자신에게 호감을 갖는 걸 깨닫고 몰래 꾀어 야반도주한 뒤 결혼해서 워더링 하이츠로 돌아온다. 정신 착란에 빠진 캐서린이 딸 캐시를 낳고 사망하자 히스클리프의 광기는 극에 달한다. 워더링 하이츠를 몰래 빠져나온 이사벨라는 런던 근교로 도망가서 아들 린턴을 낳고 힌들리는 술 때문에 결국 사망한다. 아들을 키우며 살던 이사벨라 또한 병으로 사망하는데 오빠인 에드거가 뒷수습을 하고 조카를 집으로 데려오지만 그 소식을 들은 히스클리프가 사람을 보내 자신의 아들인 린턴을 빼앗아 간다. 몇 년 후 캐시는 워더링 하이츠에서 린턴과 재회하는데, 에드거가 오래 살지 못할 거라고 확신한 히스클리프는 병약하기 그지없는 린턴을 캐시와 결혼시켜 스러시크로스 그레인지마저 손에 넣고자 한다. 하지만 에드거와 넬리의 반대에 부딪혀 계획대로 되지 않자 히스클리프는 린턴을 협박하고 부추겨 캐시와 넬리를 워더링 하이츠로 꾀어서는 감금해 버린다. 히스클리프의 폭력과 협박에 어쩔 수 없이 린턴과 결혼하고 난 뒤에야 겨우 빠져나온 캐시는 가까스로 아버지 에드거의 임종을 지킨다.

에드거가 죽자 득달같이 들이닥친 히스클리프는 하인들을 해고하고 캐시를 워더링 하이츠로 데려가면서 스러시크로스 그레인지는 세를 주겠노라고 엄포를 놓는다. 그리고 얼마 후 린턴은 허망하게 사망한다.

록우드 씨는 워더링 하이츠를 찾아가 히스클리프에게 곧 런던으로 떠날 예정이라 계약을 연장할 수 없으니 내년 가을엔 다른 세입자를 들이라는 말을 전하고 떠난다. 다음해 9월 친구들과 사냥터에 갔다가 스러시크로스 그레인지에 묵게 된 록우드 씨는 워더링 하이츠를 찾는데 그곳에서 넬리 딘 부인을 다시 만나 뒷이야기를 듣는다.

딘 부인은 히스클리프의 요청으로 워더링 하이츠에 와서 일하고 있으며, 캐시는 총기 사고로 팔을 다쳐 집에만 있게 된 헤어턴과 친해져 결혼을 앞두고 있고, 히스클리프는 귀신을 보는 사람처럼 넋을 놓고 혼잣소리를 반복하며 잘 먹지도 자지도 않더니 록우드 씨가 캐서린의 유령을 봤던 그 다락방에서 잠든 채 사망했다는 것. 워더링 하이츠를 나온 록우드 씨는 들판의 경사면에 나란히 서 있는 비석 세 개를 발견한다. 에드거와 캐서린 그리고 히스클리프의 무덤.

20년 가까이 이어지는 사랑과 증오 그리고 잔인한 복수 이야기를 들려주는 인물로 작가는 넬리 딘 부인을 택했다. 록우드 씨에게 전하는 형식이다. 만일 록우드 씨가 누군가에게 들었다면서 직접 전했더라면 끝까지 읽기가 영 불편했으리라. 말하자면 딘 부인은 폭력적이고 거칠기 그지없는 이야기를 전하기 위한 일종의 완충장치라고나 할까. 원문은 어떤지 모르겠지만 번역문은 자연스럽게 경어체로 이야기를 전하고 있어 그 역할을 충분히 해내고 있는 듯하다.

하지만 단점도 없지 않다. 딘 부인을 통해 듣다 보니 충분히 이해되지 않는 부분도 생긴다. 이를테면 어린 시절 캐서린과 히스클리프에게 과연 무슨 일이 있었길래 그리고 캐서린의 말에 상처를 받고 워더링 하이츠를 떠나 있던 3년 동안 히스클리프에게 무슨 일이 있었길래 두 사람 다 죽음을 앞두면서까지 서로에게 끌리고 서로를 자극하고 서로를 이끄는지 알 수 없다. 사랑이라고 하기엔 어린 시절 천둥벌거숭이처럼 함께 들판을 뛰논 게 대부분이라 어색한 데다 캐서린의 죽음 이후에도 이어지는 히스클리프의 치밀한 복수극이 이해되지 않고, 힌들리에 함께 맞선 동지애라고 하기에도 그 시간이 지나치게 짧아 석연치 않다. 그렇다고 남매보다 더 가까운 의남매로서의 정이라고 하기에는 히스클리프의 광기가 설명되지 않고, 육체는 물론 정신마저 떨어져 지낼 수 없는 쌍둥이 같은 존재들이라고 하기에도 히스클리프가 변호사까지 동원해 치밀한 계산 아래 두 집안의 재산을 손에 넣는 과정이 자연스럽지 않다. 지주의 딸과 하인으로 전락한 근본 없는 사내의 계급 갈등이라고 치부하기에도 찜찜하고.

히스클리프가 죽지 않고, 단지 거동할 수 없는 처지가 되어 스러시크로스 그레인지의 구석방에 갇혀 살다시피 하면서 록우드 씨에게 이야기를 털어놓는 식이었다면, 캐서린과의 운명 같은 관계는 물론 히스클리프 자신의 광기 또한 더 잘 설명되었을까? 소설 마지막에 다음 세대의 린턴가와 언쇼가의 행복한 결합을 지켜내기 위해 히스클리프의 끝 모를 복수심을 가라앉히고 자신을 따라오게 유도한 것이 캐서린의 혼령이었다는 건 최소한 확인할 수 있었겠다. 하지만 그렇다 해도 이야기가 이토록 복잡한 인물 관계를 이루며 이어져야 하는지는 설명되지 않으리라. 단지 미친 사랑과 복수 이야기를 전하기 위해, 두 번 완독하고 나서야 겨우 두 집안의 관계도가 머릿속에 그려질 만큼(외지에서 프랜시스와 결혼한 힌들리를 제외해도 두 집안 간에는 무려 네 번의 결혼이 이루어지니까!) 복잡다단한 관계를 만들 필요는 없지 않을까.

그러니 내게 이 소설은 절절한 사랑 이야기라기보다는 린턴가와 언쇼가 사이에 벌어진 전설 같은 기괴한 이야기 정도로 여겨진다. 마지막에 록우드 씨를 통해 묘사된, 나란히 붙어 있는 세 인물의 무덤과 비석도 그런 해석에 한몫하고.

하지만 히스클리프와 캐서린을 비롯해 이 소설에 등장하는 다양한 인물들의 캐릭터가 워낙 강렬해서 좀처럼 잊기 어려울 듯하다. 에밀리 브론테는 도스토옙스키가 카라마조프가의 분열된 인물들을 창조하기 훨씬 전에, 허먼 멜빌이 『모비 딕』을 통해 에이해브라는 광기 어린 인물을 창조하기 수년 전에 이미 히스클리프라는 전례 없는 캐릭터를 창조해 냈다. 이것만으로도 이 소설의 가치는 충분하지 싶다.

이 글을 쓰면서도 연필선인장 쪽을 내내 흘끔거리게 된다. 언덕 위 워더링 하이츠 주변에 무성하게 자라 있다는 히스가 어떻게 생겼을까 궁금해 검색해 보면서도, 마치 거실 한쪽을 차지한 선인장이 히스처럼 여겨지는 건 죄책감이 아니라 소설 때문이겠거니 자위하면서.

나는 나를 보았을까?

『말테의 수기』
라이너 마리아 릴케, 김재혁 옮김
펭귄클래식코리아, 2012(2010)

나는 보는 법을 배우고 있다. 왜 그런지 까닭을 모르겠지만, 모든 것이 내 안으로 깊숙이 파고들어 여느 때 같으면 멈추었던 곳에 이르러서도 멈추지 않는다. 나는 전에는 몰랐던 내면을 갖고 있다. 이제는 모든 것이 그곳을 향해 간다. 거기서 무슨 일이 벌어지는지 나도 모른다. (11쪽)

또다시 터널을 통과했다. 마음의 터널. 이번엔 이틀짜리로 짧지 않은 터널이었다. 반나절도 걸리지 않는 비교적 짧은 터널을 지날 때도 있고 이삼 일 동안 이어지는 제법 긴 터널을 지날 때도 있다. 때로는 짧은 터널이 연이어 나타날 때도 물론 있다. 하지만 자칫 출구를 못 찾을지도 모르는 동굴이 아니라 터널을 지날 뿐이라는 사실을 되새기며 버티고 있다. 다행히 아직은 잠을 잘 자는지라 터널일 뿐이라는 믿음을 유지하는 데 큰 어려움은 없다. 다시 기운을 차리고 식욕도 되찾고 난 뒤에 터널에 들어서기 직전까지 읽던 책을 마저 읽고 한 번 더 읽었다. 독일 작가 라이너 마리아 릴케 (1875~1926)가 1910년에 펴낸 소설 『말테의 수기』다.

덴마크 귀족의 자손이자 시인인 말테 라우리츠 브리게가 고향을 떠나 유럽의 여러 도시를 떠돌며 지내다가 스물여덟 살에 파리에 머물며 어린 시절 이야기와 파리 생활 이야기를 수기 형식으로 적고는 다시 고향으로 돌아간다는 내용이다.

해설에 따르면 모두 일흔한 개의 단락으로 이루어졌단 다(직접 세 보려다가 그만두었다). 일흔한 개의 단락들이 서로 연관성 없이 이어져 딱히 줄거리를 적시하기 어려운 소설이라지만, 두 번 읽고 나니 꼭 그렇지만도 않다. 소설은 크게 두 부분으로 나뉜다. 파리에서 보고 들은 것이나 페테르부르크나 베네치아 등지에서 겪은 일들을 적은 것이 한 부분이고, 어린 시절 친가와 외가에서 경험한 일들을 적은 것이 나머지 부분이다. 특이한 건 현재의 이야기든 과거의 이야기든 공통적으로 다양한 죽음이 등장하고 또 그만큼의 주검이 묘사된다는 점.

소설 처음부터 사람들이 죽어가는 파리의 병원이 등장하고, 어린 시절 덴마크 울스가르의 친가에서 시종장이었던 할아버지 크리스토프 데틀레프 브리게가 무려 두 달 동안이나 요란하게 소리를 지르며 맞은 죽음이 묘사된다. 다시 파리에서는 덴마크를 떠나 낡은 가방과 책 상자를 들고 여러 도시를 떠돌며 글을 쓰는 말테 자신이 그려지고, 어린 시절 외가인 우르네클로스터의 저택에서 지냈던 일들이 묘사된다. 여기서도 죽음은 빠지지 않는다. 아니 이번엔 죽은 자의 환영이 등장한다. 파리에서는 허물어져 가는 벽과 삭고 썩어 가는 것들 그리고 사육제에 몰려든 사람들 속에서 얼마 남지 않은 시간 동안 세상과 내면을 새롭게 보고 최후까지 쓰고자 하는 말테의 심경이 묘사된다. 어린 시절로 돌아가서는 이번엔 어머니가 등장하는데, 이미 죽고 없는, 아마도 말테의 누나일 듯싶은, 잉게보르크를 추억하며 어린 시절부터 말테를 남자아이가 아닌 여자아이처럼 꾸미고 이름도 '조피'라고 불렀던 어머니다. "인생에는 초보자를 위한 학급 같은 것은 없어. 세상은 우리에게 늘 다짜고짜로 가장 어려운 것을 요구하거든" 하고 어린 아들에게 말해 주던 그 어머니. 그리고 이야기는 어린 말테가 커다란 손의 환영을 본 기억과 열병을 앓으며 시작된 불안과 질병 이야기를 지나 마지막으로 어머니의 임종에 이른다. 그 죽음을 두려워하고 못마땅하게 여겨 몽니를 부리다 외롭게 죽어간 어머니의 시어머니이자 말테의 친할머니인 마르가레테 브리게 부인의 죽음 이야기도 덧붙여지고. 마지막으로 막내이모인 아벨로네와 연애편지를 주고받던 이야기까지 이어지면서 일흔한 개의 단락 중 전반부가 끝난다.

후반부는 아벨로네의 이야기로 시작된다. 아버지, 그러니까 말테의 외할아버지가 구술하는 회고록을 받아 적는 이야기다. 그리고 이어지는 말테 아버지의 죽음. 친가의 저택은 이미 다른 사람에게 넘어가 말테의 아버지는 시내의 연립주택에 머물다가 죽음을 맞는다. 의사들이 와서 아버지의 유언이었다며 심장관통술을 시술하는 장면을 말테는 옆에서 지켜본다. 자칫 산 채로 묻히는 걸 방지하기 위해 메스로 심장을 찌르는 시술이다. 아버지의 유품을 정리한 뒤 말테는 낡은 가방과 책 상자를 챙겨 떠돌이 생활을 시작하면서 죽음의 공포에 시달린다. 거지와 부랑자들이 득시글거리는 도시 구석구석에서 맞닥뜨리는 죽음들. 어릴 때 키우던 개의 죽음에다 심지어는 방 안을 날아다니다 툭하고 떨어져 죽는 파리의 죽음에 이르기까지, 죽음은 도처에 산재해 있다.

그가 이 도시 저 도시에서 만난 이웃 이야기를 거쳐 책에서 읽은 왕과 대공들의 죽음 그리고 전투에서 "거대한 뇌 모양으로 서로 뒤엉킨 채 산더미처럼 쌓여" 죽은 켄트 인들에 대한 묘사도 등장한다.

그 뒤로는 사랑 이야기가 이어진다. 사랑하는 사람과 사랑받는 사람의 차이를 시인 사포의 이야기를 통해 들려주고 마침내 말테가 돌아온 탕아가 되어 아마도 외가인 듯한 저택으로 돌아가는 장면이 묘사된다. 식솔들이 말테를 맞고 말테는 그들 앞에 꿇어앉아 제발 자신을 사랑하지 말아달라고 빈다. 하지만 상대를 그저 사랑받는 데 그치는 존재로 만들지 않기 위해 자신의 사랑조차 통제했던 말테는 그들이 자신의 사랑과는 관계없는 사람들임을 깨닫고, 자신을 사랑할 수 있는 존재는 오직 신뿐이라고 생각한다. 다만 신은 아직 그럴 생각이 없다고 느끼면서.

여러 문장에 밑줄을 그었다. "길게 이어진 화단의 꽃들은 저마다 잠자리에서 일어나며 깜짝 놀라는 목소리로 '빨강' 하고 말했다."(22쪽) "고양이는 책등에 있는 이름들을 지우기라도 하려는 듯 늘어선 책들을 스쳐 지나가면서 적막을 더욱 크게 만든다."(46쪽) "사람들의 얼굴은 가설무대에서 뻗어 나오는 빛으로 환히 빛났고, 그들의 입에서는 마치 벌어진 상처에서 고름이 터지듯 웃음이 터져 나왔다."(50~51쪽) "열린 창문 밖으로 밤을 지새운 공기가 양심의 가책을 느끼며 기어 나왔다."(67쪽) "할머니는 자신의 안쪽 어딘가에 들어가 있는 것 같았다."(122쪽) "꽃향기는 여러 목소리가 한꺼번에 나는 것과 같아서 분간이 안 되었다."(152쪽) "시간이 몽땅 다 이 방에서 도망친 것 같은 느낌이 들었다. 우리는 꼭 그림 속에 들어와 있는 것 같았다. 그러나 다음 순간 시간이 스르륵 미끄러지는 소리를 내며 몰려와 필요한 것보다 더 많이 쌓였다."(154쪽) "운명은 숱한 문양과 형상들을 만들어내는 것을 좋아한다. 운명의 난점은 그 복잡함에 있다. 반면에 삶 자체는 그 단순함이 난점이다."(198쪽)

이 소설이 소설처럼 읽히지 않는 이유는 단속적으로 나열된 단락들로 이루어져서만은 아닐 터이다. 외려 릴케가 소설 어딘가에 표현해 놓은 것처럼 '플라스크로 끓여 걸러낸' 엑기스로만 이루어진 밀도 높은 문장들 때문일지도 모른다. 말테는, 아니 릴케는 모든 감각기관을 총동원해 문장을 쓰고 있다. 저 위에 나열된 인용문들만 봐도 두 가지 이상의 감각이 집중된 표현들이 보이고 들린다. 이처럼 다분히 현대적인 표현들과 양식으로 이루어진 이 소설이 1910년에 나왔다는 게 놀라울 정도다.

개인적으로는 터널을 생각하며 읽었다. 말테도 일흔한 개의 터널을 통과하고 있구나, 하면서. 밀도 높은 문장들로 가득한 터널. 더 길어지면 자칫 옅어지고 묽어질지도 모른다는 걱정이 들 때쯤 단락이 끝나고 마치 터널 끝에 보이는 햇빛처럼 여백이 등장한다. 그렇게 일흔한 개의 터널을 통과하자 말테가 무사히 집으로 돌아가는 게 보였다. 앞으로 얼마나 자주 그리고 얼마나 긴 터널을 통과하게 될지 모르겠지만, 너무 길게 이어진다 싶을 때, 하여 이게 혹시 터널이 아니라 출구를 찾지 못할 게 뻔한 동굴은 아닌가 의심이 들 때쯤 이 소설을 다시 읽어볼까 한다.

책을 덮으며 이런 생각을 했다. 보는 연습을 다시 하고 새롭게 본 것을 적고자 하는 바람은 그렇게 쓰인 것이 새롭게 보이기를 바라는 욕망과 한 짝이라는 것. 말테와 릴케도 이 욕망에서 자유롭지는 못했으리라. 누군들 안 그렇겠는가. 문제는 말테나 릴케와 달리 새롭게 본 것도 없으면서 새롭게 보이기를 바랄 때이리라. 내용은 없고 욕망만 들끓을 때. 이럴 땐 욕망이라도 부여잡고 있는 게 맞는지 아니면 그마저도 놓아버리는 게 현명한지 판단을 내리기가 쉽지 않다. 내용 없는 욕망이라고 내쳐버리면 그 욕망과 함께, 언젠가는 내가 제대로 들여다봐야 할 '나'까지 버려질 것 같아서. 비록 못난 나일지라도.

제인 에어와 다락방의 여인

『제인 에어』
샬럿 브론테, 조애리 옮김
을유문화사, 2015(2013)

> 나는 중도를 모른다. 나와 정반대되는 적극적이고 강인한 인물과 관계를 맺을 때 어떤 식으로든 중도를 따른 적이 없었다. 늘 절대적으로 순종하거나 결의에 차 반항하거나 둘 중 하나였다. 늘 한 가지를 충실하게 따르다가 마지막 순간에 때로는 화산처럼 격렬하게 폭발한 뒤 정반대 방향으로 나갔다. (586쪽)

강연 때문에 파주 출판단지에 다녀왔다. 가을 끝자락의 풍경이 볼 만했다. 2백 킬로미터 가까이 거슬러 올라가 뒤늦게 가을을 만끽한 셈이다. 날씨도 포근해서 더할 나위 없었다. 하지만 이곳에 오면 뭔가 기괴하다는 느낌을 지울 수 없어 마음 놓고 풍경에 취할 수만은 없다. 어쩐지 황량하고 스산한 느낌이랄까. 출판사들을 이처럼 외진 곳에 이런 방식으로 모아놓다니. 출판사에서 일하는 사람들의 입장과 편의가 고려되었다면 실현 불가능하지 않았을까. 이런 생각을 하고 있자니 뒷맛이 영 씁쓸한 가을 풍경이 되어버렸다.

영국 작가 샬럿 브론테(1816~1855)가 1847년에 펴낸 소설 『제인 에어』를 읽는다. 샬럿 브론테는 『워더링 하이츠』를 쓴 에밀리 브론테의 언니로 자매가 영국 문학사에 길이 남을 작품을 썼지만, 안타깝게도 동생 에밀리는 서른 살에, 언니 샬럿은 서른아홉 살에 요절했다.

태어나자마자 부모를 여읜 제인 에어는 외삼촌 집인 게이츠헤드에서 자라는데 외삼촌마저 사망하자 외숙모 리드 부인과 사촌들의 눈총을 받으며 더부살이를 한다. 열 살 때 폭력을 행사하는 사촌오빠 존에 맞서다 제인은 리드 부인의 엄명으로 외삼촌이 사망한 '붉은 방'에 갇혔다가 발작을 일으킨다. 처음엔 사정을 하던 제인도 나중엔 화가 나서 리드 부인에게 할 말을 하며 대든다. 리드 부인은 제인을 브로클허스트 가문이 지원하는 자선학교에 보낸다.

추위와 배고픔 그리고 가혹한 규율을 견뎌야 하는 로우드 자선학교에서 제인은 따뜻한 마음씨를 지닌 템플 교장과 친구 번스의 도움으로 어렵게 생활한다. 하지만 티푸스가 번지면서 학교는 정상적으로 운영되지 못하는 데다 그 와중에 단짝인 번스가 폐결핵으로 사망한다. 그 뒤 학교를 졸업하고 교사로 일하던 제인은 새로운 생활을 위해 구직광고를 내고 로체스터 씨의 저택 손필드에서 가정교사로 일한다.

무뚝뚝하고 냉혹해 보이는 한편 알 수 없는 그늘을 지닌 로체스터는 오랫동안 손필드를 비우고 유럽에서 지내거나 손필드에서는 신사 숙녀들을 몰고 와 파티를 열기도 하는데, 그중 잉그램 양과는 결혼을 앞두고 있다. 한편 손필드의 다락방에선 주기적으로 여성의 음산한 웃음소리가 들려온다.

정체불명의 여성은 어느 날 로체스터의 침실에 불을 지르기도 하고 손님으로 찾아온 메이슨에게 칼을 휘두르고 물어뜯어 치명상을 입히기도 한다. 그 와중에 집시 노파로 분장하고 잉그램과 제인을 시험해 보고, 자신이 파산한 것처럼 꾸미기까지 한 로체스터는 잉그램 대신 제인을 결혼상대로 정한다. 로체스터에게 끌려 잉그램을 부러워하기도 했던 제인은 비록 로체스터의 태도에 불만을 표하지만 청혼을 받아들인다. 하지만 다락방의 여인이 제인의 침실에 몰래 내려와 면사포를 찢더니 결혼식 날 교회에 찾아온 메이슨과 그의 변호사가 다락방의 미친 여인이 로체스터의 아내임을 알리면서 결혼은 무산된다. 로체스터는 제인에게, 유산을 나누고 싶어 하지 않던 아버지와 형이 순전히 재산만 보고 서인도제도의 혼혈 여성과 자신을 결합시켰는데, 정신병을 앓던 아내 버사는 결혼하자마자 발작을 일으켰고 손필드에 돌아와서도 다락방에 가두어 둘 수밖에 없었노라고 해명한다. 하지만 로체스터의 아내가 아니라 정부가 될 처지에 놓인 제인은 몰래 손필드를 빠져나온다.

마차를 타고 가다 내린 마을에서 노숙을 하며 며칠을 보낸 제인은 무어 하우스의 자매와 그들의 오빠인 목사 세인트 존의 도움으로 그들과 함께 지내게 된다. 세인트 존이 세운 마을 학교에서 농부의 자식들을 가르치며 생활하던 제인은 자신의 외삼촌이 사망하면서 거액의 유산을 남긴 걸 알게 되는데, 알고 보니 그는 세인트 존과 다른 두 자매에게도 외삼촌이었다. 제인은 사촌지간이 된 그들과 유산을 나눈다. 한편 세인트 존은 선교사로 인도로 떠나게 되었다면서 제인에게 결혼해 함께 가자고 청하는데, 제인을 사랑해서라기보다 자신의 소명을 다하는 데 제인이 필요하다는 논리였다. 제인은 동생으로서는 함께 갈 수 있지만 아내로서는 불가능하다고 거절한다. 그러던 어느 날 밤 자신을 애타게 부르는 로체스터의 목소리를 환청처럼 듣고 길을 떠난 제인은 다락방 여인이 손필드에 불을 지르고 떨어져 사망한 데다 여인을 구하려던 로체스터 또한 한쪽 손을 잃고 실명까지 했음을 알게 된다. 로체스터가 머물고 있는 펀딘으로 찾아간 제인은 로체스터와 결혼해 아이들을 낳고 행복하게 산다.

예전에 처음 읽을 때와 달리 이번엔 『워더링 하이츠』를 염두에 두고 읽었다. 나도 모르게 공통점과 차이점을 찾게 되었달까. 공통점은 당연히 시종일관 이어지는 음산하고 공포스러운 분위기다. 그리고 그 음산함과 공포가 배태되는 다락방. 등장인물에게 서술자의 역할을 맡긴 것도 꼽을 수 있겠다. 『워더링 하이츠』에선 딘 부인이, 이 소설에선 제인 에어 본인이 이야기를 들려준다.

다른 점은 『워더링 하이츠』가 워더링 하이츠와 스러시크로스 그레인지라는 공간 안에서만 이야기가 전개되는 반면, 『제인 에어』는 공간 배경이 여러 차례 바뀐다는 것. 게이츠헤드에서 손필드, 무어 하우스, 다시 손필드, 그리고 펀딘까지. 또 한 가지는 『워더링 하이츠』에선 공포의 근원인 히스클리프가 소설의 공간을 휘젓고 다니는 반면, 『제인 에어』에선 다락방에 갇힌 채로 더 무시무시한 공포를 뿜어낸다는 점이다.

소설 속에서 제인 에어는 여러 사람을 만난다. 크게 남자와 여자로 나눌 수 있다. 존, 브로클허스트, 로체스터, 세인트 존 등 남자들은 대부분 폭력적이고 위압적이며 가부장적인 태도를 견지하는데, 제인이 성장하면서 그 관계는 점점 대등하게 바뀐다. 일방적으로 당하기만 하던 제인이 나중에는 대화 상대가 되고 상대를 논리적으로 설득하거나 상대에게 공감하는 관계로 나아간달까. 반면 여성들은 좀 다르다. 외숙모인 리드 부인을 제외하면 게이츠헤드의 하녀 베시나 로우드의 교장 템플, 친구 번스, 손필드의 가정부 페어팩스 부인, 무어 하우스의 자매들 모두 처음부터 평등한 관계를 유지하거나 갈등을 겪더라도 나중에 화해한다.

유일하게 이런 과정을 거치지 못한 인물은 다락방의 미친 여자 버사뿐이다. 물론 제인으로서는 어쩔 수 없이 대면하게 된 인물이지만, 제인의 성격을 고려할 때 뜻밖에도 아무런 행동도 하지 않은 채 떠나 버리는 상대이기도 하다. 마치 버사에게 손필드를 불태우고 로체스터를 불구로 만들어 제인이 돌볼 수 있도록 시간을 벌어줄 목적으로 떠나는 것처럼 야반도주하듯 손필드를 떠나고 마니까. 그래서일까. 펀딘에서 로체스터와 행복한 결혼생활을 이어가게 된 결말 부분에 왠지 버사의 어두운 그림자가 드리우는 듯하다. 파주에서 대면한 영 쓸쓸한 가을 풍경처럼 어쩐지 찜찜한 해피엔딩이랄까.

2020, 겨울

이야기의 핵심에 감추어진 것

『암흑의 핵심』
조지프 콘래드, 이상옥 옮김
민음사, 2006(1998)

> 그는 이 거대한 고독과 사귀게 될 때까지 그런 것들이 무엇인지 전혀 알지 못하고 있었으며 그래서 그 밀림의 속삭임은 그에게 거역하기 어려울 정도로 매혹적일 수 있었던 거야. 그는 속이 텅 빈 인간이었기 때문에 그 속삭임이 그의 내부에서 요란한 소리로 울릴 수 있었어……. (132쪽)

늦가을비가 내리더니 기온이 영하로 뚝 떨어졌다. 바람도 무척 차가워졌다. 이제 본격적인 추위가 시작될 모양이다. 몇 장 남지 않은 이파리들을 힘겹게 매단 채로 찬바람에 떨고 있는 나무들이 애처로워 보인다.

폴란드 출신 영국 작가 조지프 콘래드(1857~1924)가 1899년에 펴낸 소설 『암흑의 핵심』을 읽는다. 『어둠의 심연』이라는 더 순화된 제목으로 옮겨지기도 했다. 이름도 조셉이 아니라 조지프로 수정되었고. 이렇게 다른 이름이 같이 쓰이니 헷갈린다. 예전에 성을 '콘라드'라고 적기도 한 걸 생각하면 나아지긴 했지만.

영국 템스 강 하구에 정착한 채 썰물 때를 기다리던 유람선 넬리 호에서 나를 비롯해 변호사, 회계사, 배의 중역이 모여 앉아 나이 든 선원 말로의 이야기를 듣는다. 말로는 젊은 시절 아프리카에 가고 싶다는 열망 하나로 벨기에 브뤼셀에 위치한 무역회사의 선장으로 고용되어 콩고에 다녀온 이야기를 들려준다. 당시 콩고는 벨기에의 식민지였고 말로를 채용한 무역회사는 콩고 원주민을 착취해 상아를 탈취해서 돈을 버는 회사였다.

프랑스 기선을 타고 콩고로 떠난 말로는 한 달 만에 큰 강의 하구에 도착해 작은 기선으로 갈아타고 오두막 같은 주재소를 찾아간다. 그곳에서 커츠라는 인물에 대해 듣게 되는데, 오지의 주재소에서 엄청난 양의 상아를 회사로 보내는 인물로 곧 벨기에로 돌아가 회사의 요직에 앉게 될 거라는 평이 자자하다. 단지 상아를 많이 획득하는 데 그치지 않고 원주민을 교화하고 환경을 개선해 교역의 중심지로 만들어야 한다고 주장한 것과 달리 밀림 속에서 원주민을 지배하며 군림하는 통에 회사에서도 골치를 썩는다는 사실도 알게 되는데, 그가 지금 내륙의 주재소에서 중병을 앓고 있다는 것이다.

말로는 기선을 수리해 내륙 상류 쪽으로 항해해 간다. 말로는 커츠의 주재소 앞에 세워 놓은 여러 개의 기둥 끝에 꽂힌 게 죽은 사람의 머리라는 사실을 확인하고 경악한다. 커츠는 자신의 주재소, 아니 자신의 왕국을 떠나기를 거부한다. 다음날 기선은 병든 커츠를 싣고 밀림을 떠나는데, 기선이 다시 고장 나 정박해 있는 동안 커츠는 "무서워라! 무서워라!"라는 말을 남기고 사망한다.

벨기에로 돌아온 말로는, 커츠의 지인들에게 커츠가 촉망 받는 언론인이자 화가로 기억되는 데다, 심지어 약혼녀는 커츠를 더없는 인격자로 기억하는 걸 알고 놀란다. 말로는 커츠의 마지막 말이 약혼녀의 이름이었노라고 거짓말을 한다.

말로가 마치 붓다처럼 가부좌를 튼 채로 자신의 이야기를 마치자 사람들은 썰물이 시작되었음을 깨닫는다.

서구 제국주의의 식민지 침탈을 고발한 소설로 알려진 작품이다. 처음 읽을 땐 나도 그렇게 생각하며 읽었다. 이 작품을 원작으로 만들었다는 영화 〈지옥의 묵시록〉을 떠올리면서. 하지만 이번에 다시 읽으면서는 과연 그럴까 하는 의구심이 들었다. 이 소설이 말하려는 바가 무엇인지 헷갈렸달까.

소설 처음에 등장하는 '나'는 말로를 소개하는 사회자일 뿐 서술자는 아니다. 말로의 육성으로 전해지는 말로 자신의 체험 이야기가 소설의 대부분을 차지한다. 그런데 말로는 무슨 얘기를 하고 있는 걸까? 자신의 체험을 전하는 걸까, 아니면 커츠의 이야기를 객관적으로 들려주는 걸까, 그도 아니면 커츠의 대변자로 그를 변호하고 있는 걸까? 헷갈린다.

나를 헷갈리게 만드는 이유는 말로가 끝까지 커츠의 육성을 전하지 않기 때문이다. 주변 사람들에게 들은 평가도 그렇지만 스스로도 커츠가 달변이며 그는 목소리와 이야기로 남은 자임을 반복적으로 언급하면서도 막상 그를 만나서 직접 들은 이야기는 전하지 않은 이유가 궁금하다. 이 소설에 등장하는 커츠의 육성은 단순한 대화 몇 마디와 죽기 전에 단말마처럼 내뱉었다는 "무서워라! 무서워라!"가 고작이다. 지성과 양심을 겸비한 인물이 밀림 속에서 지독히 반지성적이고 비양심적인 야만인으로 변해 가면서도 여전히 자신의 원대한 목표를 거론하는 모습이 서구 제국주의를 상징한다면, 말로의 태도는 그런 커츠를 둘러싼 소문과 평가 그리고 자신이 받은 강렬한 인상만 전할 뿐 커츠에게 직접 변호할 기회를 주지 않은 셈이다. 극단적으로 엇갈리는 평가를 받는 모순적인 인물로 남겨둔 셈이랄까.

물론 이 작품을 꼭 이렇게만 읽을 필요는 없다. 반제국주의 선언서를 읽는 것도 아니니까. 콘래드는 아마도 인간 존재에 도사리고 있는 저 끝도 보이지 않는 암흑의 핵심을 건드려 보인 건지도 모른다. 이 작품이 나온 해는 1899년이니 세기말인데다, 프랑스 혁명과 나폴레옹에 사로잡혀 한껏 들떠 있던 19세기 유럽 문학이 그 기세를 잃고 창백해지기 시작한 시점일 터. 게다가 강고해 보이던 유럽의 토대를 뿌리째 흔들 두 차례의 세계대전이 기다리고 있는 데다, 무의식의 심층이 발견되기 직전이기도 하고. 이런 걸 고려한다면 이 작품은 20세기 유럽 문학에서 주야장천 다루게 될 인간 존재의 부조리한 측면을 앞서서 건드려 보여주었다는 의미를 갖는지도 모르겠다. 당시의 콘래드로서는 커츠의 육성이 부담스러울 수밖에 없었으리라.

그러니 말로가, 아니 콘래드가 이 이야기를 통해 감추려 한 것은, 아직은 아무도 구체적으로 알지 못하는 '그 무엇'이었을 테고, 따라서 감추었다기보다 미처 드러내 보여줄 수 없었다고 해야 맞지 않을까.

출구 없는 세상에 갇힌 아들

『인간 실격』
다자이 오사무, 김춘미 옮김
민음사, 2009(2004)

뭐든 상관없으니까 웃게만 만들면 된다. 그러면 인간들은 그들이 말하는 소위 '삶'이라는 것 밖에 내가 있어도 그다지 신경 쓰지 않을지도 몰라. 어쨌든 인간들의 눈에 거슬려서는 안 돼. 나는 무(無)야. 바람이야. 텅 비었어. (19쪽)

계절이 바뀌었고, '코로나 19'는 3차 대유행을 맞았다. 그 와중에도 연필선인장은 열다섯 개의 새로운 마디를 틔워냈다. 동생은 오르내리면서도 잘 버티고 있고, 나는 몇 번의 터널을 더 지나는 바람에 하는 수 없이 병원에 가서 비상약을 받아왔다. 그리고 태어난 해를 포함해서 쉰다섯 번째 생일을 '연필이'와 함께 보냈다.

'연필이'는 내가 지어준 연필선인장의 이름이다. 가끔 가볍게 쓰다듬으면서 말을 걸기도 한다. "너나 나나 이번 겨울을 잘 나야 할 텐데. 혹시 필요한 거 있으면 말해……."

일본 작가 다자이 오사무(1909~1948)가 1948년에 펴낸 소설『인간 실격』을 읽는다. 작가가 자살한 해에 발표한 자전적 소설이다.

작가인 '나'는 지인으로부터 요조라는 사내의 사진 석 장과 세 편의 수기를 전해 받는다. 석 장의 사진은 각각 어린 시절과 학창 시절 그리고 성인이 된 뒤에 찍은 것으로 세 편의 수기가 쓰인 시기와 맞물리는 사진들이다.

첫 번째 수기는 어린 시절 이야기다. 요조는 일본 동북 지방의 시골에서 아버지가 지역 의원인 유력한 집안의 막내로 태어나 자란다. 어려서부터 병치레가 잦았을 뿐만 아니라 주변 사람들은 물론 가족들에게도 이렇다 할 애정을 느끼지 못하고 모든 인간은 이해할 수 없는 존재라는 인식을 키운다. 그런 인간들과 불화를 겪지 않고 지내는 방법으로 요조는 익살을 부리기 시작하는데, 자신이 부리는 익살에 주목하게 만들어서 외려 자신에게 몰리는 관심을 물리치려는 전략이다. 요조는 어린 나이에 하녀에게 순결을 잃은 데다 어른들의 위선에 치를 떨기도 하는 등 익살과는 거리가 먼 경험을 하면서 점점 익살꾼이라는 가면 뒤에 숨게 된다.

두 번째 수기는 요조가 집을 떠나 바닷가에 있는 중학교에 다니면서 시작된다. 학교에서도 요조의 익살은 이어지는데, 어느 날 동기생인 다케이치에게 제동이 걸린다. 일부러 부리는 익살이라는 걸 간파당한 것. 요조는 불안에 떨다가 다케이치를 하숙집으로 불러 친구가 되는데, 다케이치는 요조에게 고흐의 자화상을 보여준다. '도깨비' 같은 그 그림에 감명을 받은 요조는 음산한 도깨비 모습을 한 자화상을 그린다. 자신의 진짜 모습을 표현한 셈인데, 다케이치는 그 그림을 보고 요조에게 위대한 화가가 될 거라고 말해 준다. 도쿄의 고등학교에 진학해 학교 수업은 뒤로하고 화방에서 그림 공부를 하던 요조는 그곳에서 호리키 마사오라는 미술학도를 만난다. 요조는 호리키와 어울려 다니며 술과 담배, 여자에 빠져든다. 사람들에게서 느끼는 공포를 잊게 해준다는 구실이었다. 호리키가 소개한 공산주의 독서회에서도 요조는 익살꾼으로 맹활약하면서 온갖 궂은일을 도맡더니 마침내는 마르크스 행동대 대장까지 맡는다. 그 무렵 요조는, 남편이 형무소에 들어간 뒤 술집 여급으로 일하는 쓰네코를 만나 함께 바다에 뛰어들지만, 쓰네코만 죽고 요조는 살아난다.

세 번째 수기는 요조가 아버지 사택에 드나들던 골동품 상인 시부타, 일명 '넙치'의 집에 기거하면서 감시를 받는 걸로 시작한다. 넙치의 잔소리를 피해 집을 나온 요조는 딱히 갈 데가 없어 결국 다시 호리키를 찾아가지만 냉대를 당한다. 요조는 남편과 사별하고 다섯 살짜리 딸을 키우며 살고 있는 시즈코와 동거하며 시즈코의 주선으로 어린이 잡지에 만화를 그린다. 하지만 시즈코의 행복을 망칠 수 없어 집을 나온 요조는 술집 마담의 정부로 지내다가, 엉뚱하게도 근처 담배 가게의 어린 아가씨 요시코를 알게 되어 결혼한다. 그러던 어느 날 요시코가 요조를 찾아온 상인에게 겁탈당하는 걸 목격한 요조는 치사량의 수면제를 먹는다. 다행히 깨어나지만 그 뒤로 요조는 모르핀에 중독되어 정신병원에 입원하고 아버지가 사망한 뒤 시골로 내려가 요양하면서, 스스로를 인간 자격을 상실한 실격자로 부르며 수기를 끝낸다. 스물일곱이지만 흰머리가 많아 다들 마흔이 넘은 나이로 보는 성인 요조가 되어서.

후기에서 작가는 요조를 알던 술집 마담에게서 수기와 사진을 받게 된 경위를 들려준다. 마담은 자신들이 알던 요조는 순수하고 눈치 빠르고 하느님같이 착한 아이였노라고 말한다.

묘한 소설이다. 예전에 처음 읽을 때도 혼란스러웠는데 이번에 다시 읽으면서도 영 개운치가 않았다. 아무리 생각해 봐도 뭔가 균형이 맞지 않는데 왜 그런지 모르겠어서 답답했다. 요조의 강렬한 삶을 충격적으로 그린 소설이라는 건 이해하겠는데, 그렇다면 이 짧은 소설을 왜 이다지도 산만하게 구성했을까. 아니, 왜 이렇게 산만하고 불안해 보이는 걸까. 작가의 다른 작품인 『사양(斜陽)』(1947)이 충격적인 내용에도 불구하고 시종일관 안정감을 주는 것과 비교하면 이 소설에서 느끼는 불안감은 기괴할 정도다. 『사양』과 달리 '습니다'체로 쓰였는데도 전혀 안정감을 주지 못하니 더 그렇다. 줄거리를 요약하면서 엉뚱한 짐작을 해보았다. 혹시 어머니 때문일까? 두 작품의 가장 큰 차이라면 '어머니' 말곤 없으니까.

요조는 어린 시절에 이미 사람들과 관계 맺는 걸 버거워하고 힘겨워하다가 익살꾼이 된다. 그 이유가 아버지와 형들에게 있었으리라고 짐작했는데 어머니에 대한 언급이 거의 없는 게 이상했다.

이 소설에서 요조와 관계를 맺는 여성은 모두 여덟 명이다. 어린 시절의 하녀, 마르크스 독서회를 통해 만난 선배, 쓰네코, 시즈코, 마담, 요시코, 약국 부인, 시골의 늙은 식모

테쓰. 이 소설이 산만하고 불안해 보인 것도 지나치게 많은 여성들을 '여성 편력'과는 관계없는 설정에서 불쑥불쑥 등장시켰기 때문이지 싶다. 요시코를 제외하곤 대부분의 여성이 연상이거나 결혼한 여성들인 점도 특이하다. 요시코와는 유일하게 결혼까지 하지만(이때 요조는 처음으로 호리키에게 더는 끌려 다니지 않고 화도 내고 리드까지 한다) 결국은 다른 남자에게서 아내를 지켜주지 못하고 무너져 버린다. 나머지 여성들은 하나같이 어머니처럼 요조를 돌본다(하녀도 그 역할을 한 거라고 친다면). 모두 만나자마자 요조에게 빠져든다는 것도 공통점이다. 심지어 약국 부인은 요조가 약국에 들어서자마자 눈물을 글썽일 정도다.

요조는 그 여성들에게서 무의식중에 어머니를 찾았던 건 아니었을까. 그렇지 않고는 이 소설에서 어머니가 어린 시절 이야기에 한두 번 그것도 지나는 투로 가볍게 언급된 뒤로는 일절 거론되지 않은 이유가 설명되지 않는다. 부잣집 막내아들로 태어나 병치레도 잦았던 요조인데 자살 미수에 모르핀 중독으로 정신병원에 입원하는 등 우여곡절을 겪으면서도 모자지간에 전혀 연락이 없었다는 건 작가가 의도적으로 뺐다고밖에 달리 볼 수 없겠기에 그렇다. 그리고 의도적이라면 의미를 부여하지 않을 수 없을 터. 때로는 작가가 쓴 것보다 쓰지 않은 것에서 실마리를 풀어가야 하는 경우도 있으니 말이다.

출구 없는 세상에서
자기 혁명을 꿈꾸는 딸

『사양』

다자이 오사무, 유숙자 옮김

민음사, 2019

> 산다는 것. 살아남는다는 것. 그건 몹시 추하고 피비린내 나는, 추접스러운 일처럼 느껴진다. 새끼를 배고 구멍을 파는 뱀의 모습을, 나는 다다미 위에서 상상해 보았다. 하지만 내가 끝내 단념하지 못하는 게 있다. 천박해 보인들 상관없어. 나는 살아남아 마음먹은 일을 이루기 위해 세상과 싸워 나가련다. (119쪽)

내친김에 다자이 오사무가 1947년에 펴낸 소설 『사양』까지 읽는다.

영락한 귀족의 딸 가즈코는 이혼하고 친정에 돌아와 배 속의 아기마저 사산한 뒤 니시카타초의 저택을 팔고 어머니와 단둘이 시골인 이즈의 산장으로 이사 와 산다. 남동생 나오지는 마약에 중독되어 말썽만 부리다가 징집되어 전쟁터에 가 있다. 소설은 가즈코의 서술로 이어진다.

가즈코는 동네 아이들이 마당 울타리 대숲에서 뱀 알 열 개를 발견하자 아이들과 함께 그 뱀 알을 불태운다. 그리고는 10년 전 자신이 열아홉 되던 해 아버지가 돌아가실 때 봤던 뱀을 떠올린다. 어머니가 임종 무렵 아버지 머리맡에서 뱀을 발견한 데다 가즈코는 임종 직후 마당 나무들 가지마다 뱀들이 걸려 있는 걸 본 것. 그런 생각을 하다가 며칠 뒤 정원에서 불태운 알의 어미인 듯한 뱀을 발견하고는 소스라친다.

나오지가 돌아오고 난 뒤 가즈코는 나오지의 짐을 정리하다가 우연히 예전 일기를 보고 6년 전 일을 떠올린다. 그때 나오지는 약물에 중독되어 약국에 엄청난 외상을 지면서 우에하라라는 소설가와 어울려 다녔는데, 결혼한 뒤에도 옷이며 패물 따위를 팔아 동생 약값을 대주던 가즈코는 어느 날 우에하라를 찾아간다. 두 사람은 술을 마시면서 나오지 이야기를 나누는데 헤어지면서 우에하라가 가즈코에게 느닷없이 입을 맞춘다. 그리고 가즈코는 남편에게 배 속의 아기마저 옛 애인(실은 가즈코가 잠깐 홀로 좋아했던 남자)의 아기가 아니냐는 의심을 받으며 이혼하고 집에 돌아와 사산한다.

가즈코는 6년 전을 떠올리며 우에하라에게 세 통의 편지를 쓴다. 첫 번째 편지는 우회적으로 자신이 좋아하는 유부남 이야기를 꺼내며 조언을 구하는 내용으로 '마이 체호프'를 뜻하는 MC로 끝내더니, 두 번째 편지에선 예술원 회원인 노 예술가로부터 혼담이 들어왔다는 내용과 함께 체호프의 「벚꽃동산」과 「갈매기」를 거론하며 자신과 어머니의 처지를 한탄하다가 우에하라의 애인이 되고 싶고 아이를 낳고 싶다고 고백하고, 세 번째 편지를 통해선 술 먹고 어울려 다니며 불량스러운 소설을 써 비난을 받는 우에하라에게 자신은 그렇게 딱지 붙은 불량이 좋다면서 한번 놀러 오라는 내용을 '마이 차일드'의 MC를 붙여 적어 보낸다. 하지만 끝내 답장은 오지 않는다. 도쿄로 직접 찾아가볼까 하던 차에 어머니가 폐결핵 진단을 받는다. 어머니를 돌보며 예전에 읽던 로자 룩셈부르크며 카우츠키 등의 혁명 관련서를 읽으면서 마음을 달래보지만 어머니는 끝내 사망한다. 임종 직전 꿈을 꾸었다며 툇마루 섬돌 위에 뱀이 있을 거라는 어머니 말에 나가 보니 정말 뱀이 있다.

어머니 장례를 치르고 얼마 뒤 가즈코는 어린 무희를 데리고 온 나오지에게 집을 보라고 해두고는 우에하라를 찾아간다. 어렵게 술집에서 우에하라를 만나 그날 밤 관계를 맺는데 다음날 아침 동생 나오지가 자살한다. 나오지는 누나에게 긴 유서를 남긴다. 그렇게 술과 마약에 찌들어 지내면서도 단 한 순간도 즐거운 적이 없었다면서 누나와 어머니에게 죄스러웠던 마음을 전하는 한편 자신이 우에하라의 부인을 남몰래 사모했음을 에둘러 고백하는 내용이다.

가즈코는 임신을 확인하고 우에하라에게 마지막 편지를 쓴다. 자신은 아이를 낳을 것이고 낡은 도덕과 맞서 싸워 자기 혁명을 완수할 것인데, 다만 한 가지 부탁하자면 아기를 낳으면 당신의 아내가 한번 안아보게 해달라는 내용의 편지다. 그것이 나오지라는 어린 희생자를 위해 꼭 해야 할 일이라면서. 그리고 마지막으로 '마이, 코미디언'의 MC를 붙인다.

『인간 실격』보다 창작과 출간 순서가 앞서긴 하지만,

이 작품에서 가즈코는 나오지뿐만 아니라 요조마저 구원하는 듯하다. 패전 이후의 자기 파괴적인 분위기 속에서 자살하거나 스스로 멸망해 버린 남자들과 달리 가즈코는 서툴지만 하나하나 살아갈 방법을 터득해 간다. 귀족의 딸로 태어나 궂은일은커녕 일다운 일도 한번 해본 적 없던 그가 어머니를 모시고 서민들과 함께 부딪치며 살아가고 도움을 받고 용서를 구하는 법을 익혀 가는 장면은 눈물겹기까지 하다. '인간은 사랑과 혁명을 위해 태어난 것이다'라고 주장하지만 가즈코는 사랑에도 서툴고 혁명과는 더더욱 거리가 먼 처지다. 하지만 모든 게 처음이어서 서툰 만큼 주저함도 없다. 위악도 위선도 가즈코의 몫은 아닌 셈이다. 그래서인지 너무도 당당하게 우에하라에게 애인이 되고 싶다, 당신의 아이를 낳고 싶다는 내용의 편지를 쓰고 답장이 없자 직접 찾아가는 가즈코의 모습이 철부지 같아 보이면서도 한편으로는 당차 보인다.

가즈코는 요조와 달리 어머니의 임종을 지키고 충분히 애도를 한 뒤에 홀로 선다. 뱀의 알을 태우는 상징적인 행동으로 부모의 죽음과 관련된 뱀의 이미지에서 벗어나기도 하고. 그리고 물질적인 안락이 보장된 혼처를 거부하고 혼자 아이를 낳아 키우려 한다. 물론 이제부터 시작인 셈이다. 삶의 파도를 제대로 겪어보지 못했으니 그저 마음만 앞선 결심일 수도 있으니까. 하지만 '마이 체호프'의 'MC'에서 '마이 차일드'의 'MC'로 그리고 '마이, 코미디언'의 'MC'로 마무리되는 가즈코의 편지에서 어색한 결기보다 당당한 여유가 느껴지는 걸 보면 시작이 좋은 셈이다.

그런 의미에서 나도 가즈코를 따라 '추하고 피비린내 나고 추접스러운' 삶을 향해 조용히 외쳐 본다. 요조가 따라 해야 했을 바로 그 구호.

"전투, 개시."

자비 없는 냉담한 서술자

『미하엘 콜하스』
하인리히 폰 클라이스트, 황종민 옮김
창비, 2013

"이 소송에서 융커의 편을 드는 사람은 누구든 불과 칼로 처벌하기 위해, 전세계를 뒤덮고 있는 간악함을 징벌하기 위해 여기에 왔노라." (「미하엘 콜하스」, 50쪽)

이들이 신을 모독한 자들이다! 또 다른 누군가가 외쳤다. 돌로 쳐 죽여라! 돌로 쳐 죽여! 예수의 성전에 모인 그리스도인들이 한목소리로 소리쳤다. (「칠레의 지진」, 199~200쪽)

다자이 오사무의 소설을 읽다가 문득 독일 작가 하인리히 폰 클라이스트(1777~1811)를 떠올렸다. 두 작가의 소설은 결이 전혀 다르니 소설이 닮아서는 아닐 테다. 다섯 번의 자살 시도 끝에 삶을 접어버린 다자이 오사무와 동반 자살할 사람을 찾다가 결국 폐결핵에 걸린 귀부인과 함께 삶을 끝낸 클라이스트. 결국 죽음을 맞은 방식 때문이었나 보다. 사망할 때 나이도 비슷했고.

클라이스트의 『미하엘 콜하스』를 꺼내 들고 두 편의 소설을 읽었다. 하나는 중편소설 분량의 「미하엘 콜하스」고 나머지 하나는 단편 「칠레의 지진」이다. 작가가 1810년에 펴낸 소설집에 수록된 작품들이다.

「미하엘 콜하스」는 16세기 중엽 프로이센의 말 장수 미하엘 콜하스가 작센 주의 성주 융커 벤첼 폰 트롱카의 부당한 처사에 맞서 항거하다가 처형당하는 이야기다. 자신의 말 두 마리를 여행증 대신 맡기고 성을 통과한 미하엘 콜하스가 말을 팔고 돌아오자 두 필의 말은 몰골이 말이 아닌 데다 말을 지키던 종복 헤르제는 두들겨 맞고 쫓겨나 몸져누웠다. 법에 호소해 보았으나 트롱카 가문의 일족들이 선제후의 측근이어서 별무소용이었다. 설상가상으로 선제후를 직접 만나 청원서를 전달해 보겠다고 떠난 아내가 폭행을 당한 채 돌아와서는 피를 토하다 사망한다. 미하엘 콜하스는 재산을 정리해 자금을 모은 뒤 식솔들을 이끌고 성으로 쳐들어가 복수의 칼을 휘두른다. 하지만 융커 벤첼은 이미 몸을 피한 뒤다. 미하엘 콜하스는 자신을 따르는 자들을 규합해 세를 늘려가며 격문을 발표하고 도시를 불바다로 만든다. 작센의 선제후와 대신들은 트롱카 일족을 비난하면서도 달리 방안을 찾지 못하는데, 마침 마르틴 루터 목사의 중재로 미하엘 콜하스는 융커를 처벌하고 자신의 말은 다시 살찌워 돌려주고 죽은 헤르제에게 보상을 해달라는 조건으로 재판을 받겠노라며 무리를 해산한다. 하지만 무리 중 불온한 자가 잔당들을 이끌고 노략질을 일삼다가 위험에 처하자 보호감금 상태인 미하엘 콜하스에게 접근하려는 걸 눈치챈 선제후 측근의

함정에 빠져 미하엘 콜하스는 곤경에 처한다. 그때 브란덴부르크 주 선제후가 미하엘 콜하스를 자신의 주로 압송해 그곳에서 재판을 받게 하겠노라고 주장한다. 미하엘 콜하스는 작센 주는 물론 브란덴부르크 주에도 재산을 갖고 있었기 때문. 압송 중에 미하엘 콜하스는 변복한 작센 선제후를 만나는데 선제후는 미하엘 콜하스의 목에 걸린 목걸이를 보고 기겁한다. 브란덴부르크 선제후와 저잣거리에서 점을 보던 중 점쟁이 노파가 자신의 운명이 적힌 쪽지를 멀리서 구경하던 미하엘 콜하스에게 전한 것이 떠올랐기 때문. 작센 선제후는 수단과 방법을 가리지 않고 그 쪽지를 뺏기 위해 애쓰지만 미하엘 콜하스는 선제후가 지켜보는 가운데 처형당하면서 그 쪽지를 삼켜버린다.

「칠레의 지진」은 1647년 칠레 산티아고에서 대지진이 일어나면서 빚어진 비극적인 이야기를 다루고 있다. 대지진이 발생한 날 헤로니모 루게라는 감옥에서 목을 매려 했고, 호세파는 참수형을 당하기 직전이었다. 둘은 연인 사이로, 루게라는 자신이 가정교사로 일하는 돈 엔리꼬의 외동딸 호세파를 그것도 수도원 정원에서 임신시켰다는 죄목으로, 호세파는 수녀 신분으로 임신하고 출산했다는 이유로 최후를 맞기 직전이었다. 그 순간 지진이 일어나 세상이 변해 버린다. 루게라는 건물 틈에 갇혔다가 살아나 한순간에 지옥처럼 변해 버린 세상으로 나가지만 호세파를 잃었다는 상심에 괴로워한다. 그러다가 물가에서 아기를 씻기는 호세파를 발견한다. 세 사람은 지진이 만들어준 해후에 드러내놓고 기뻐하지 못하고 나무 그늘에 숨어 끌어안은 채 지진이 멈추는 대로 에스파냐로 도망가 살자고 맹세한다. 그러다가 돈 페르난도 가족을 만난다. 아내가 발을 다쳐 치료하는 동안 호세파에게 아기 젖동냥을 청한 페르난도는 아내와 장인 그리고 두 처제와 함께 살아남았다. 이들은 루게라와 호세파를 알아보지만 비난은커녕 위로를 해주고 식사를 나눈다. 그들뿐만 아니라 다른 사람들도 지진으로 파괴된 도시에서 서로 먹을 것을 나누고 자비와 아량을 베푸는 모습을 보면서 루게라와 호세파는 에스파냐로 도망쳐 살겠다는 생각을 접고 이곳에서 살아갈 꿈을 꾼다. 하지만 그것도 잠시, 지진 피해를 복구하기도 전에 미사를 위해 성당에 모인 사람들이, 수도원 정원에서 벌어진 음란한 행위를 예로 들며 신의 심판이 여기서 그치지 않을 거라는 사제의 말에 격분해 루게라와 호세파, 그리고 페르난도의 처제 한 명과 그의 아기 후안까지 죽여버린다. 난동 속에서도 어렵게 살아남은 페르난도의 그의 아내는 죽은 루게라와 호세파의 아기 필리뻬를 키운다.

클라이스트 하면 떠오르는 작가가 있다. 바로 괴테. 클라이스트의 대표작인 희곡 「깨진 항아리」를 처음으로 무대에 올린 사람이 괴테였다. 연출을 맡은 셈이다. 괴테가 클라이스트보다 서른 살가량 나이가 많지만 어쨌든 두 사람은 동시대에 활동한 작가들이다. 괴테가 당대 문학의 큰 흐름을 주도했다면 클라이스트는 비주류에 속했다고 해야 할까. 작품에서도 그런 느낌이 전해진다.

1810년에 발표한 소설집에 수록된 작품들이라면 그전에 쓰였을 테고, 19세기 유럽 문학이 대부분 그렇듯 프랑스 혁명의 자장에서 자유롭지 못했을 텐데 두 작품의 분위기는 예상 밖이다. 내용은 귀족과 성직자 등 권력자들의 이른바 '적폐'를 다루면서도 혁명의 열기가 생생히 전달되지는 않는달까.

「미하엘 콜하스」는 권력자들의 부당한 처사에 정의의 이름으로 항거하는 주인공을 내세웠지만, 웬일인지 서술자는 좀처럼 주인공 편에 서질 않는다. 그의 폭거에 죄 없는 백성들 또한 희생되었음을 담담히 알리는 데다, 자신의 이름으로 격문을 발표하고 심지어는 "하느님께만 순종할 뿐 제국과 세계에서 해방된 자유인"을 자처하다 못해 "대천사 미카엘이 보낸 사절"이라고 참칭하기도 하는 주인공을 "광기까지 엿보"인다고 평하고 있으니까. 주인공이 루터를 만나 꼬리를 내리면서 내건 조건이 사사롭기 그지없는 것도 그렇고, 가족들을 데리고 외국으로 도망가 살 궁리를 하는 대목도 정의의 사도와는 어울려 보이지 않는다. 어디 그뿐인가. 소설의 마무리는 미하엘 콜하스와 작센의 선제후 모두 저잣거리의 점쟁이 노파에게 기만당하는 것처럼 그리고 있어, 이 소설의 주인공은 미하엘 콜하스가 아니라 19세기 초 소설에서는 보기 드문 냉담한 서술자가 아닌가 하는 엉뚱한 생각마저 품게 만든다.

「칠레의 지진」도 크게 다르지 않다. 지진으로 운명이 바뀌는 두 연인을 등장시키고 나서 재난의 참화 속에서도 계급을 초월해 서로 자비와 아량을 베푸는 따뜻한 사회 분위기를 그리는 것도 잠시, 곧바로 성당에서 갓바치의 선동으로 사람들이 주인공들을 포함한 일행은 물론 아기까지 처참하게 살해하는 참극을 거침없이 그리고 있다. 작가가 주류에 속했다면 이야기를 이렇게 꾸미지는 않았으리라. 두 연인이 서로 금지된 사랑을 나누는 바람에 고통을 당하다가 각자 감옥에 갇혀 최후를 맞을 시점에 때마침 지진이 발발해 극적으로 살아난 뒤 복구 작업에 뛰어들면서 다시금 소속감을 갖고 희망을 엿본다는 식으로 전개했을 터. 하지만 작가는 앞부분을 과감히 생략하거나 줄이고 지진이 발발한 시점을 맨 앞으로 끌어온 뒤 그보다 더 큰 지진(폭력)을 뒤쪽에 배치했다. 그러고는 그야말로 자비가 없는 서술자로 하여금 누구에게도 감정 이입을 할 수 없도록 덤덤히 이야기를 이끌어 나가게 만들었다. 마치 자신이 창조한 건 이야기나 이야기 속 주인공이 아니라 이야기를 전달하는 '냉담한 서술자'라고 말하는 것처럼.

"창조주여, 나는 네 주인이다. 순종하라!"

『프랑켄슈타인』
메리 셸리, 김선형 옮김
문학동네, 2015(2012)

"노예여, 전에는 내가 합리적으로 설득하려 했으나, 이제 보니 그렇게 사정을 봐줄 가치가 없는 인물이구나. 내게 힘이 있다는 걸 기억하라. 지금 자신이 불행하다고 생각하겠지만, 나는 네놈이 불행한 나머지 햇살마저 증오스러울 지경으로 만들어줄 수 있다. 네놈은 내 창조주지만, 나는 네 주인이다. 순종하라!" (227쪽)

오전까지 날이 맑다가 오후가 되면서 흐려지기 시작하더니 금방이라도 눈이 쏟아질 듯 하늘이 잔뜩 내려앉았다. 기분도 까무룩 가라앉아 책도 읽기 싫고 마냥 게으름만 피우고 싶은 오후다. 소파에 비스듬히 누워 베란다 창밖의 흐린 하늘을 멍하니 쳐다보다가 끙 하고 몸을 일으켜 책을 한 권 꺼내 왔다. 이럴 때 화가 난다. 소파에 누워 책을 보거나 텔레비전을 보는 것 말고는 할 줄 아는 것도 없고 하고 싶은 것도 없는 신세라는 게.

영국 작가 메리 셸리(1797~1851)가 1818년에 펴낸 소설

『프랑켄슈타인』을 천천히 읽는다.

북극으로 향하는 배를 이끄는 선장 월턴은 러시아 상트페테르부르크와 아르한겔스크에서 영국에 사는 누나 새빌 부인에게 편지를 쓴다. 원정이 순조롭게 이루어지고 있다는 내용이다. 그러다가 개가 끄는 썰매로 빙하를 달리는 괴생명체를 발견하고 얼마 후 낯선 이방인을 구조하면서 편지는 이 이방인의 이야기로 바뀐다.

이방인의 이름은 빅토르 프랑켄슈타인. 스위스에서 태어나 화목한 가정에서 자란 빅토르는 아버지와 두 동생, 그리고 외사촌 엘리자베트와 살다가 독일로 유학을 온다. 화학을 전공하면서 연구에 매진하던 끝에 자신의 아파트 실험실에서 새로운 생명체를 만드는데, 그 거대하고 기괴한 흉물이 움직이며 꿈틀대자 그제야 자신이 한 짓을 깨닫고 공포에 휩싸여 도망친다. 마침 스위스에서 함께 학교를 다니던 친구 클레르발을 만나 집으로 돌아와 보니 괴물은 온데간데없다. 안심하고 친구와 고향 이야기를 나누지만 빅토르는 곧 앓아눕는다. 클레르발의 간호로 어렵게 기운을 차리고 친구와 함께 학교생활을 하던 중 아버지로부터 막내 윌리엄이 살해됐다는 편지를 받고 빅토르는 고향으로 달려간다. 어린 동생의 목에 손자국이 남았는데, 함께 살던 이웃 처녀 유스틴이 용의자로 지목된다. 윌리엄의 목걸이를 지니고 있어서였다. 하지만 빅토르는 괴물의 짓이라고 확신한다. 자신의 실험실에서 도망친 지 이미 2년이 지난 시점이었다. 그러나 누구에게도 사실을 털어놓을 수 없다. 빅토르는 엘리자베트와 함께 유스틴을 구하기 위해 애쓰지만 안타깝게도 유스틴은 사형

당한다.

두 달 후 가족들과 함께 알프스 산맥 근처로 여행을 떠나 홀로 산을 오르던 중 빅토르는 자신이 만든 괴생명체와 맞닥뜨린다. 서로 증오의 말들을 쏟아내다가 괴물의 청으로 빅토르는 근처 오두막으로 가서 괴물의 이야기를 듣는다.

괴물은 자신의 창조자에게 버림받고 실험실에서 도망쳐 나온 뒤 자신이 겪은 고통에 대해 들려준다. 풍찬노숙하며 지내다 조심스레 마을에 들어섰지만 돌멩이 세례를 받고는 축사에서 생활했는데, 근처 오두막에 오누이와 눈먼 노인 가족이 사는 걸 발견한다. 괴물은 그들이 나누는 대화를 엿들으며 인간의 언어를 익히고 그들이 읽는 책과 편지를 몰래 빼내서 글을 배운다. 그리고 그들 가족의 기구한 사연도 알게 된다. 원래는 프랑스에서 남부럽지 않게 살던 가족이었는데 터키의 이슬람 거상(巨商)이 종교 문제 때문에 처형될 처지에 놓이자 그를 돕기 위해 애쓰다가 감옥에 갇히고 파산해서 이곳 오두막까지 쫓겨 온 것. 터키의 거상은 자신의 목숨을 구해 준 그 가족을 배신했지만 거상의 딸은 가족의 아들과 연인이 되어 아버지를 배신하고 오두막으로 찾아와 같이 산다. 이들 가족들의 선한 심성과 지성, 그리고 희생정신에 감화를 받은 괴물은 용기를 내 가족에게 접근한다. 우선 눈먼 노인에게 다가가 자신을 소개하는데 마실 나갔던 가족들이 돌아오면서 사달이 난다. 결국 놀란 가족들은 급히 이사를 가고 상처 받은 괴물은 복수심에 오두막을 태워 버린다. 그러고는 자신의 창조자인 빅토르의 고향으로 찾아가 그의 막냇동생 윌리엄을 살해한다. 이야기를 마치고 괴물은 빅토르에게 자신의 배우자를 만들어달라고 요구한다. 인간들에게 경멸 받으며 함께 살 수 없으니 배우자를 만들어준다면 남아메리카의 사막에 들어가 숨어 살겠다는 것.

　빅토르는 외사촌 엘리자베트와 결혼하기 전 2년 정도 영국에 가서 세상을 더 둘러보고 싶다는 핑계를 대고 친구 클레르발과 함께 영국 곳곳을 여행하다가 혼자 스코틀랜드로 떠나 외진 곳에서 실험에 들어간다. 하지만 도저히 괴물의 배우자를 만들어줄 수는 없다. 자칫하면 또 다른 화근을 만들 뿐 아니라 만일 그들의 자손이 태어나 번성한다면 끔찍한 결과를 초래할지도 모르니까. 실험하던 내용물을 쓸어버리는데 그 모습을 몰래 훔쳐보던 괴물과 시선이 마주친다. 괴물은 빅토르의 친구 클레르발을 죽이고 빅토르에게 죄를 뒤집어씌운다. 알리바이가 밝혀져 풀려난 빅토르는 고향으로 돌아가 엘리자베트와 결혼하지만 자신의 결혼식 날 함께하겠다는 괴물의 협박 때문에 맘 편히 잠들지 못한다. 결국 엘리자베트까지 괴물에게 희생되자 빅토르는 괴물을 잡아 죽여 버리겠다는 일념 하나로 북극 가까이까지 추적하다가 월턴의 배를 만난 것이다.

　다시 누나에게 보내는 월턴의 편지가 이어진다. 월턴은 편지에서 배가 빙하에 갇히는 바람에 선원들의 저항에 부딪히고 끝내는 북극 원정을 포기한 채 영국으로 돌아가게 되었음을 알리면서, 프랑켄슈타인이 종국엔 몸을 추스르지 못하고 사망했으며 괴물이 나타나서 자신의 창조자의 죽음을 확인하고 자신 또한 지구 최북단에서 화염 속에 몸을 던져 죽을 거라는 말을 남기고 떠나갔다는 내용을 전한다.

개인적으로 소설은 두 번째 읽을 때가 더 재미있는데, 이 소설은 어쩐 일인지 두 번째 읽으면서 흥미가 반감되었다. 집중도 안 되고 한없이 늘어지기만 했다. 날씨 탓인가, 아니면 기분 탓일까, 혼자 중얼거리며 읽다가 앞에 인용한 문장과 맞닥뜨렸다. 한 번도 본 적이 없는 문장이었다. 동서고금을 막론하고 책의 장르를 가릴 것 없이 이런 문장이 적힌 책이 존재한 적 있을까? 자신의 창조주에게 노예라고 부르고, 자신이 창조주의 주인이라고 칭하며 순종하라고 명령하는 문장! 저릿저릿했다.

이 소설은 공간이 계속 열리는 구조를 갖고 있다. 대개 공포소설이라면 공간을 한정하고 시간으로 압박해 들어가면서 공포를 극대화하는 게 정석일 텐데 이 소설은 정반대의 전략을 쓰고 있는 셈이다. 월턴이 누나에게 보내는 편지 형식이 가장 바깥의 공간이라면 그 안에 프랑켄슈타인의 이야기가 또 다른 공간을 차지하고, 다시 그 안에 괴물의 이야기가 한 공간을 차지하며, 또 그 안에 오두막 가족의 이야기가 작은 공간을 차지하는 식이다. 왜 이런 자충수를 두는 걸까 싶었는데, 이유는 괴물이 스스로 제 이야기를 할 공간을 만들어주기 위해서였다는 생각이 들었다. 물론 이것도 자충수이긴 하다. 자신의 이야기를 그것도 육성으로 전하는 괴물이라니. 이래가지고 어떻게 공포감을 유지할 수 있을까. 하지만 공포감을 잃은 대신에 괴물의 저 충격적인 대사를 얻을 수 있었다.

셸리는 저 대사를 쓰면서 어떤 기분이었을까. 유명한 여성운동가인 어머니와 시인 아버지 사이에서 태어났지만 자신이 태어나자마자 어머니는 사망하고 계모 밑에서 제대로 교육 받을 기회를 얻지 못해 아버지 서재의 책을 읽으며 독학으로 교양을 쌓은 셸리. 유부남을 사랑해 도피 행각을 벌이다가 첫 딸을 사산하고 남편의 전처는 자살한 것이 셸리가 스무 살이 되기도 전에 벌어진 일들이었다. 그때 쓴 소설이 이 작품이다. 어머니와 아버지를 닮아 총명하고 감수성도 예민했을 텐데 가부장적인 사회에서 딸이자 아내이자 엄마로서의 삶에 갇혀 자신의 꿈을 제대로 펼쳐 보지도 못하던 시점에 그는 공포소설을 쓰면서 이런 대사를 적어야 하는 순간과 맞닥뜨렸을 터. 어땠을까? 한편으론 통쾌하면서도 씁쓸하기 그지없었겠다. 창조주를 포함한 모든 남성들에게 공포로 다가올 만한 이야기를 쓰면서 스스로를 이름조차 부여받지 못한 괴물에 의탁해야 했으니.

이 소설의 제목이 괴물의 이름이 아니라 그 창조자인 '프랑켄슈타인'인 이유를 이제야 알 것 같다. 소설 전체가 누님(소설 바깥에 존재하는 여성)에게 보내는, 답장도 받지 못하는 일방적인 편지로 이루어진 이유는 물론, "그토록 불길하게 여기셨던 일이 별다른 탈 없이 시작되었다는 소식을 들으신다면 무척 기뻐하시겠지요"라는 참으로 '불길한' 첫 문장으로 시작된 이유도 알 것만 같고.

도시와 시간

『악의 꽃』
샤를 보들레르, 윤영애 옮김
문학과지성사, 2008(2003)

시인도 이 구름의 왕자를 닮아,
폭풍 속을 넘나들고 사수를 비웃건만,
땅 위, 야유 속에 내몰리니,
그 거창한 날개도 걷는 데 방해가 될 뿐.
(「알바트로스」중에서, 47쪽)

내겐 천 년을 산 것보다 더 많은 추억이 있다.
(「우울」중에서, 160쪽)

나는 도시에서 태어나 도시에서 자랐다. 지금도 여전히 도시에서 살고 있다. 전방에서 군대 생활 할 때를 제외하곤 도시를 벗어나 살아 본 적이 한 번도 없다. 그런데도 도시가 지겨워 시골에 가서 살고 싶다는 생각은 해본 적이 없다. 도시를 사랑해서가 아니라 그만큼 도시 생활에 익숙해져서이리라. 이곳 대전에 내려올 때 부천의 부모님은 내가 무슨 공기 좋은 시골에라도 내려가 사는 줄 알았던 모양이다. 서울에 살

때보다 더 도심 가까이 살고 있는데도.

도시 생활의 가장 큰 특징은 익명성이 보장된다는 것 아닐까. 도시 생활의 매력이기도 하고 맹점이기도 하다. 또 하나가 있다면 아마도 시간이지 싶다. 도시인들이 발명한 도시의 시간. 절기에 따라 생활과 풍경을 변화시키지만 결국엔 원래의 모습으로 되돌리는 농촌의 시간이 아니라, 깎이고 잘리고 덧붙여지고 치솟고 무너지고 흐르다가 고여서 썩으면서도 원래의 모습 같은 건 간직하고 있지 않은 도시의 시간. 도시의 익명성과 도시만의 시간이 합쳐져서 만들어진 또 하나의 발명품이 바로 소설이라고 생각한다. 그러니 도시에 살면서 도시인의 발명품인 소설 읽기를 즐기는 나는 도시인이 맞지 싶다.

프랑스 시인 샤를 피에르 보들레르(1821~1867)가 1857년에 펴낸 시집 『악의 꽃』을 읽는다.

번역된 시집은 1861년에 펴낸 『악의 꽃』 제2판을 저본으로 삼았다. 초판본에 서른두 편의 시가 추가되고 「파리 풍경」 편이 더해진 구성이다. 거기다가 법원에서 삭제 명령이 내려져 빠진 여섯 편의 시를 뒤에 따로 실었고, 「새 악의 꽃」이라는 제목으로 열여섯 편의 시를 더했으며, 『악의 꽃』 출판과 관련된 내용을 부록으로 실었다.

「독자에게」라는 시를 시작으로 「우울과 이상」 편에 여든다섯 편의 시가 실렸고, 뒤를 이어 「파리 풍경」 편에 열여덟 편이, 「술」 편에 다섯 편이, 「악의 꽃」 편에 아홉 편이, 「반항」 편에 세 편이, 「죽음」 편에 여섯 편이 묶여 있다.

서술자를 통해 간접적으로 전해지는 소설과 달리 시는

직접적인 육성이어서 접할 때마다 늘 안절부절못하곤 한다. 어떻게 읽어야 할지 모르겠는 데다 시간에 구애를 받지 않는 언어들은 매번 낯설기만 해서 두려울 지경이다. 따로 기댈 만한 곳을 찾는 수밖에 달리 도리가 없다.

보들레르를 칭하는 말은 정말 많다. 현대성의 시인, 도시의 산책자, 시간과 악(惡)을 새롭게 발견한 시인, 권태와 우울의 시인, 구더기와 시체의 시인, 자연보다 인공적인 걸 사랑한 시인, 상징주의와 초현실주의의 초석을 놓은 시인, 들라크루아를 발굴한 탁월한 미술 평론가, 바그너 음악을 사랑한 시인, 고양이를 사랑한 시인, 에드거 앨런 포의 열정적인 번역자 등등. 이중에서 '도시와 시간'이라는 열쇳말에 기대 보들레르의 시를 읽기로 했다.

도시에서 시인이 발견한 시간은 낡고 삭아가는 것들 속에 도사린 시간인 듯하다. 주름진 여성의 피부, 부랑자와 거지가 된 사람들의 더러운 몰골, 뒷골목의 진창, 구더기가 들끓는 시체들, 해골, 죽음, 권태…… 시인에게 시간은 '생명을 좀먹는 원수 같은' 대상이다. 어느 것도 되돌려주지 않고 빼앗아 가기만 하는 도시의 시간. 아름다움 또한 시인에겐 시간이 초래하는 부식을 견디지 못하는 대상일 뿐. 심지어는 '공포'와 '살인'을 거느린 악의 산물로 비치기도 한다. 시인이 아름다움에게 바라는 건, 악마로부터 왔든 하나님으로부터 왔든 "세계를 덜 추악하게 하고, 시간의 무게를 덜어"주는 것뿐이다. 여행을 가서도 시인은 좀처럼 도시의 시간에서 벗어나지 못하는 자신을 발견한다.

시인이 할 수 있는 일이라곤 우울과 권태 속에서 밤이 오길 기다리는 것뿐. 시간도 잠자는 듯 더는 자신을 괴롭히지 않는 도시의 밤. 그제야 시인은 지친 몸을 누이며 휴식을 취한다. 유난히 후각이 예민해 도시의 이런저런 냄새에서도 시간이 다녀간 흔적을 발견하는 시인의 코도 이 시간만큼은 쉴 수 있다.

더 이상 자연으로 돌아갈 수 없는 인간에게, 아니 돌아갈 자연을 잃어버린 인간에게 도시는 '인공 낙원'이지만, 대신 인공적인 악이 꽃처럼 피어나고 인위적인 시간이 갇혀 있는 곳이기도 하다. 아무래도 '악의 꽃'에서 '꽃'은 조화 같다. 물론 악 또한 조성되고 구축된 인위적인 악일 테고. 이 두 낱말로 현대의 특성을 꿰뚫어본 시인이 참으로 대단해 보인다.

그러고 보니 내가 읽는 소설들이야말로 '악의 꽃'이었군!

근대 소설의 최대치

『전쟁과 평화』 1~4
레프 톨스토이, 박형규 옮김
문학동네, 2016

> 역사적 사건에서 무엇보다 뚜렷한 교훈은 지혜의 나무 열매를 먹지 말라는 것이다. 무의식적 활동만이 열매를 맺을 뿐, 역사적 사건에서 어떤 역할을 하는 사람은 결코 그 사건의 의미를 이해하지 못한다. 의미를 이해하려 하면 그는 그 무익함에 놀랄 것이다. (4권 27~28쪽)

일주일가량 책을 손에 들지 않았다. 역류성식도염이 도져 약을 사 먹고는 그 핑계로 내내 쉬었다. 러시아 작가 이반 곤차로프의 소설 『오블로모프』(1859)의 주인공이자 문학 작품 속 등장인물 가운데 유례를 찾을 수 없는 '귀차니스트' 오블로모프처럼, 정말이지 아무것도 하지 않고 말 그대로 '멍 때리며' 지냈다. 자주 하는 짓이다. 지난여름부터는 팔자에 없는 이상한 작업(?)을 하느라 지극히 예외적인 일상을 보내고 있을 뿐.

돌아보니 여름부터 지금까지 일흔 권이 넘는 책을 읽어 댔다. 강행군 탓인지 눈도 피로해서 이래저래 핑계가 쌓인 참이었다. 교정지를 보면서 얻은 일종의 직업병이다. 교정지를 많이 봤다 싶으면 영락없이 숙면을 취하지 못하고 다음날 일어나서도 하루 종일 흠사 두드려 맞기라도 한 것처럼 몸이 무겁고 찌뿌드드하곤 했으니까. 책장 앞에 쌓인 책들을 바라보며 내가 지금 무슨 바보 같은 짓을 하고 있는 거지, 하고 자책하다가 소파로 돌아와 누워 텔레비전 화면을 바라보다 천장을 바라보기를 반복하며 지냈다. 그간 읽은 책들을 머릿속에 그리며, 나는 지금 무의미한 짓을 하고 있는 거야, 중얼거리기도 하면서.

그렇게 일주일쯤 지나고 나서 손에 든 책은 러시아 작가 레프 톨스토이(1828~1910)가 1867년에 펴낸 소설 『전쟁과 평화』였다. 1805년부터 나폴레옹의 60만 대군이 모스크바를 향해 동진하는 동안, 페테르부르크와 모스크바 귀족 사회, 특히 네 가문인 볼콘스키가의 볼콘스키 공작과 동생 마리야 공작영애, 베주호프가의 피예르, 로스토프가의 나타샤와 니콜라이 그리고 소냐, 쿠라긴가의 아나톨과 엘렌 등이 이에 맞서 싸우고 방황하고 서로 부딪치고 때로는 사랑하면서 고난을 극복해 가는 이야기다.

1812년 나폴레옹 군대의 모스크바 침공과 퇴각은 당시까지의 전쟁사를 놓고 봤을 때, 가장 많은 군사들이 동원된 데다 가장 긴 거리를 이동했고 가장 많은 사상자를 냈을 뿐만 아니라, 가장 어처구니없는 양상으로 전개된 전쟁이었다. 전투라고 부를 만한 싸움은 몇 번 안 되는 데다 시종일관 술래잡기라도 하듯 서에서 동으로, 또 동에서 서로 도망치고 쫓기를 반복하면서 대부분의 사상자를 낸 끝에 결국엔 원점으로 돌아가 버린 전쟁.

 이 허망하기 이를 데 없는 전쟁을 소설로 쓰면서 톨스토이는 영웅과 천재의 행위에 방점을 두고 의미를 찾는 역사 기술 방식에 선전포고를 가하며 자신만의 외로운 전쟁에 돌입한다. 무모한 전쟁을 벌인 건 나폴레옹이나 알렉산드르가 아니라 톨스토이 쪽이었는지도 모른다. 왜냐하면 역사가들이 영웅과 천재 중심의 역사 기술에 집착하는 건 그러지 않고는 그 집적된 시간 동안 무수한 사람들의 삶을 바꾼 역사라는 큰 흐름의 의미를 찾기 어려워서일 테니까. 톨스토이의 주장대로 역사적 필연과 각 개인의 자유의지를 모두 고려한다면 역사 기술 자체가 불가능해질지도 모른다. 아니 가능하다 해도 그 집적된 의미를 찾기는 힘들 터. 톨스토이만의 외로운 전쟁이 자신이 소설로 재구성하려는 실제 전쟁처럼 허망한 전쟁이 되지 않게 만들려면 어떻게 해야 할까. 오랜 시간 자료를 섭렵하고 전투가 벌어졌던 지역을 답사하면서 톨스토이의 머릿속에서 한시도 떠나지 않은 고민이었으리라.

 학창 시절에 읽은 것까지 포함하면 이번이 세 번째 읽는 셈인데, 매번 새롭고 흥미진진하다. 처음엔 피예르와 나타샤를 비롯한 주요 인물들의 삶과 전체 줄거리가 눈에 들어왔다면, 두 번째 읽을 땐 비로소 전쟁의 양상이 보이기 시작했고, 세 번째 읽을 땐 엉뚱하게도 소설 바깥이 보였다. 최소한 내게는 톨스토이의 전쟁이 승리한 셈이랄까.

 어떻게 가능했을까. 내가 세 번 읽는 동안 주목했던 것들을 살펴보면 알 수 있지 않을까. 전쟁의 진행 상황과 함께 그에 따르는 수많은 등장인물들의 변화되는 삶을 그대로 보여주면서 완성된 이야기를 들려주는 한편 역사뿐만 아니라 문학적인 의미까지 성취해내는 방법. 일단 기존의 서술자에게 이야기를 맡겨서는 곤란하다. 주인공 한두 명의 삶만을 좇아서는 안 될 테니까. 게다가 중심인물이라 해도 그들의 시선을 통해 전쟁이나 다른 인물들의 삶을 규정하는 것도 위험하다. 그러니 서술이 한 방향으로 이루어져서는 안 된다. 서술자에게서 시간과 공간을 빼앗아 인물들에게 돌려주어야 한다. 각각의 인물들이 각자의 시간과 공간이라는 소실점을 갖고 자기 삶을 직접 보여줄 수 있도록 해야 한다. 서술자라는 본류를 인정하지 않으면서도 각각의 이야기 또한 지류에 머물지 않도록 해야 한다는 뜻. 이게 가능할까. 서술자 없이 소설이 그것도 장편소설이 가능하단 말인가.

가능할지도 모른다. 서술자가 했던 일을 다른 무언가에게 맡기면 될 테니까. 서술자는 이야기를 들려줄 대상을 상정했을 때 필요한 존재다. 그렇다면 이야기를 들을 필요가 없다면 서술자도 필요 없지 않을까. 보여주면 될 테니까. 굳이 이야기에 대해 설명을 이어갈 필요도 없고 시간의 흐름과 공간의 변화에 대해 구구절절 부연할 필요도 없다. 시간과 공간을 그대로 보여주면 되니까. 독자를 의식하지 말자. 독자에게 말을 걸 필요도 없고 독자를 똑바로 쳐다볼 필요도 없다. 각각의 시간과 공간을 잘게 나누어서 정확한 순서에 맞게 이어붙이고 회상은 불가피한 경우를 제외하곤 길게 이어가지 않는다. 서술의 흐름에 따라 이야기를 바꾸거나 인물들의 삶을 조정하는 짓은 절대로 해서는 안 된다. 모든 건 정확한 계획에 따라 이루어져야 한다. 그러려면 이 모든 걸 작가가 '연출'해야 한다. 말하자면 머릿속에 수천 개의 '콘티'를 그리고 있어야 한다는 뜻.

그렇게 해서 완성된 것이 이 소설 『전쟁과 평화』다. 그 자체로 장관인 소설! 소설이라는 장르가 18세기 유럽의 발명품이라는 주장을 받아들인다면 한 세기 만에 러시아에서 활짝 꽃을 피운 장관을 이 소설을 통해 보게 된 셈이다.

20세기가 되기 전까지 소설 특히 장편소설은 대개 3인칭 서술자가 들려주는 이야기였다. 1인칭 서술자를 구경할 수 있는 경우는 일기나 수기 형식의 소설이 전부였다. 물론 예외는 있다. 톨스토이도 좋아했다는 영국 작가 로렌스 스턴의 소설 『트리스트럼 섄디』(1759). 하지만 『트리스트럼 섄디』의 1인칭 서술자는 엄마 배 속에 있는 태아이니 신뢰할 수 있는 서술자는 아니다. 그러니 대부분 3인칭 서술자의 목소리에 기대던 근대 소설이 『전쟁과 평화』에 와서 목소리와 색깔을 지운 서술자, 말 그대로 카메라의 눈 같은 서술자를 통해 그 최대치를 보여주었다고 해도 과언이 아니다. 『전쟁과 평화』에 앞선 소설 가운데 탁월한 3인칭 서술자가 자신의 존재를 지운 채 완벽에 가까운 플롯을 이끈 경우는 개인적으로 제인 오스틴의 『오만과 편견』(1813) 정도가 떠오를 뿐이다. 하지만 두 작품은 규모의 차이가 너무 커 비교 대상으로 삼는 것 자체가 무리다.

톨스토이는 어떻게 이런 방법을 구현해낼 수 있었을까. 한 세기가 지나서야 그것도 소설이 아닌 영상 매체를 통해 선보이게 될 방식이 어떻게 근대 소설 작가의 손에서 탄생할 수 있었을까. 그는 대체 어디서 이런 방식을 착안한 것일까.

미스터리다. 셰익스피어가 한 세기 뒤에 그것도 소설에서 구현될 성격 창조를 앞서서 구현해 낸 것이 미스터리이듯이. 세 번째 읽으면서 소설 바깥을 생각하게 된 건 순전히 이 이유 때문이었다. 각각의 장면 바깥에 앉아서 정교하게 연출하고 있을 톨스토이를 그려보았달까. 『안나 카레니나』(1877)를 읽을 때도 그랬지만 개인적으로는 톨스토이가 조금만 늦게 태어났더라면 천재적인 영화감독이 되었겠다는 생각을 자꾸 하게 된다.

그렇다면 1인칭 서술자를 내세워 그 최대치를 보여준 작품도 있을까. 우선 손꼽아야 할 작품이라면 마르셀 프루스트의 『잃어버린 시간을 찾아서』(1913)겠지만, 아직 완독하지 못한 터라 단정하긴 어렵고, 읽어본 작품 중엔 페터 바이스의 『저항의 미학』(1975)을 꼽고 싶다. 『전쟁과 평화』와 길이도 비슷하고 등장인물의 숫자는 거의 두 배에 달하는 데다 제2차 세계대전 직후까지의 유럽 사회주의 운동사를 총정리하고 있는 이 작품이 한 젊은 노동자의 1인칭 서술로만 이어지니까. 이 역시 장관이었다. 1인칭 서술로 이렇게까지 방대한 이야기를 이어갈 수도 있구나 싶었달까.

하지만 20세기에 선보인 그 장관은 『전쟁과 평화』가 아니었다면 불가능했을 것이다. 꽃이 만개했다는 건 질 때가 가까웠다는 뜻. 『전쟁과 평화』에서 톨스토이가 선보인 소설 기술 방식은 20세기 소설에서 더는 이어질 수 없었다. 영상 매체가 가져가 버렸으니까. 20세기의 작가들은 다른 방식을 택할 수밖에 없었으리라. 이 또한 『전쟁과 평화』가 낳은 아이러니겠다. 물론 가장 큰 아이러니는 천재와 영웅 중심의 이야기를 거부한 채 쓰인 이 소설이 결국엔 한 천재의 탄생을 알렸다는 사실이겠지만.

소설보다 더 소설 같은

『카탈로니아 찬가』
조지 오웰, 정영목 옮김
민음사, 2015(2001)

스페인 전쟁에 대하여 정확하게 쓴다는 것은 매우 어려운 일이다. 선전용이 아닌 문건이 거의 없기 때문이다. 나는 내가 가지고 있을 편견이나 내가 저질렀을 실수에 대해 주의하라고 말하고 싶다. 그럼에도 나는 정직하려고 최선을 다했다. (206쪽)

어느새 2020년의 마지막 날이다. 한 해 마지막 날이나 새해 첫날에 특별한 의미를 둔 기억이 별로 없는데, 올해는 좀 다르다. 아니 많이 다르다. 나뿐만 아니라 모두에게 유독 힘겨운 한 해였으니까. 해가 바뀐다고 사정이 금방 달라질 것 같지 않아 새해를 앞두고도 큰 감흥은 없다. 다만 내년 요맘때쯤엔 사정이 많이 달라져 있기를 바랄 뿐이다. 개인적으로는 약을 먹기 시작해서 끊기도 한 해로 기억에 남는다. 내년에도 지금처럼 잘 자고 약은 먹지 않으면서 보낼 수 있으면 좋겠다.

한 해를 마감하는 책으로 골라 어제까지 읽은 건 영국 작가 조지 오웰(1903~1950)이 1938년에 펴낸 르포르타주 『카탈로니아 찬가』였다. 1936년 7월부터 1939년 4월까지 이어진 스페인 좌파 인민전선 정부와 프랑코를 중심으로 한 파시스트 반란군 사이의 내전에 작가가 직접 참전해 겪은 바를 르포르타주 형식으로 기록한 책이다.

오웰은 1936년 12월 아내와 함께 카탈루냐 주의 주도인 바르셀로나에 들어가 다음해 1월 간단한 훈련을 받고 트로츠키파와 무정부주의자들이 이끄는 통일노동자당 의용군에 소속되어, 4월 교대를 하고 다시 바르셀로나로 돌아올 때까지 3개월 반 동안 전선에 투입된다. 참전하기 전 오웰은 혁명 열기에 휩싸인 바르셀로나에서 그토록 갈구하던 계급 없는 평등 사회를 경험한다. 무정부주의를 표방한 노동자 단체들이 접수한 도시는 어수선하지만 활기가 넘쳤고 무엇보다 계급과 나이, 직업을 막론하고 모두 '동지'로 통하는 말 그대로 코뮌이었다. 평등한 구성원의 공동체라는 분위기는 의용군 안에서도 예외는 아니어서 상관들이 상명하복의 군인정신을 거부하고 '우리는 모두 동지일 뿐'이라고 강조할 정도였다. 대신 오합지졸일 수밖에 없지만 사기만큼은 하늘을 찔렀다. 보급품도 형편없고 무기도 낡아 오발 사고가 빈번한 상황에서도 참호 생활을 견딜 수 있게 해준 힘이기도 했다. 하지만 바르셀로나로 돌아오자 상황은 급변한다. 일단 도시 분위기가 달라졌다. 노동자들의 공동체는 온데간데없고 여느 도시와 다를 바 없어진 것. 게다가 소련 공산당의 지원을 받는 스페인 공산당이 이끄는 인민전선이 우경화하면서 통일노동자당과 무정부주의자들을 파시스트의 간첩으로 모는 분위기 속에서 시가전이 발발한다. 오웰은 통일노동자당 당원은 아니었지만 목숨을 걸고 함께 싸운 동지들을 외면할 수 없어 시가전에 참가한다. 전선에선 파시스트와 맞서 싸우는 그들이 도시에서 서로 총부리를 겨누는 어처구니없는 상황이 전개된 것이다. 다시 전선으로 돌아간 오웰은 예전만큼 사기가 충천한 의용군일 수 없었다. 설상가상으로 목에 관통상을 입어 후송되는 처지에 놓인다. 자신이 소속된 통일노동자당이 불법 단체로 규정돼 소속원들이 속속 체포되어 구속되는 어이없는 상황에서 오웰은 아내와 함께 어렵사리 국경을 넘어 프랑스를 거쳐 영국으로 돌아온다. 그리고 6개월 뒤 서방 언론 특히 공산당 계열 언론이 퍼뜨리는 악성 거짓 선전에 맞서 자신이 보고 겪은 내용을 르포르타주 형식으로 기록한다.

개인적으로 오웰의 책 중에서 가장 좋아하는 책이다. 『동물농장』(1945), 『1984』(1949), 『나는 왜 쓰는가』 그리고 이 책의 순서로 읽었는데, 이 책을 읽고 나서야 나머지 책들에서 작가의 명성에 값하는 감흥을 느끼지 못한 이유를 알게 되었다. 앞의 책들이 이 책에 기록한 경험에서 비롯되었던 것. 작가가 느낀 분노의 근원을 알지 못한 채 개념화된 분노의 결과물을 먼저 대면했으니 낯설 수밖에.

허구가 섞이지 않았으니 소설이라고 할 수는 없지만 나는 이 책을 어떤 소설보다 더 흥미롭게 읽었다. 다시 읽어도 오웰의 문장들은 감탄을 자아낸다. 단지 글 솜씨가 좋아서만은 아니다. 총알이 빗발치는 사지(死地)이자 혁명의 열기 가득한 코뮌을 이제 막 떠나온 좌파 의용군, 자긍심과 배신감, 천국과 지옥이 공존한 곳에서 어렵사리 도망쳐 나온 영국인

'동지'로서의 생생한 체험과 모순된 감정을 유지하면서도, 진실을 알리기 위해 냉철함을 잃지 않고 한 문장 한 문장 써 내려가야 하는 분노한 자의 문장들이 펄떡펄떡 뛰는 생물처럼 여겨져서였다. 이른바 '우리'에 대한 미화도 없고 '저들'에 대한 폄하도 없이 사실 그대로를 생생하게 묘사하면서도 핵심을 피해가는 법이 없어, 간혹 적지에서 날아온 유탄처럼 터지는 유머에 큰 소리로 웃다가 혼자 머쓱해져서 애먼 천장에 시선을 주기도 했다.

앞의 인용문에서 나는 제대로 분노한 자의 냉철함을 본다. 한때 무정부주의자를 자처한 적도 있다지만 이 책에서 오웰은 무정부주의자도 심지어는 트로츠키주의자도 아닌 것처럼 보인다. 다만 파시즘에 맞서 싸우는 지식인으로서 노동자들의 혁명에 동조하고 그들이 이루는 '민주적 사회주의'에 공감을 표하고 있을 뿐. 그런 그에게 중앙집권적 사고에서 비롯된 공산당의 우경화 정책과 동지들에 대한 무분별한 숙청 작업은 당연히 분노를 자아낼 수밖에 없다.

제대로 분노한 자는 자신의 입장과 처지를 먼저 살피고 그 기반에서 사실을 점검하게 된다. 근거 없이 자신을 과장하거나 포장하지 않고 상대를 폄훼하거나 비난하지 않는다(말하자면 정치적 제스처로서의 분노가 아니라는 뜻). 무조건적인 분노나(무조건적인 찬사도 마찬가지) 정치적 제스처로서의 분노와는 차원이 다른 분노인 셈이다. 이른바 객관적인 시각 운운하는 건 분노한 척하는 정치적인 술수에 불과하다. 제대로 분노한 자에게 객관적인 시각 같은 건 있을 수 없으니까. 당파성은 이런 분노에 기반을 둔 것이라고 믿는다.

좌파는 분열로 망한다지만 이 말은 어쩌면 좌파에겐 우파와 달리 대의라는 거울이 있다는 방증인지도 모른다. 대의 없이 구호와 동원만 난무하는 우파와 달리 좌파에겐 행위 하나 전략 하나를 비쳐볼 대의라는 거울이 있는 셈이다. 말 그대로 거울이다. 수단과 방법을 가리지 않고 반드시 이뤄내야 할 목표가 아니라, 외려 텅 비어 있어서 우리 자신을 비쳐볼 수 있는 거울. 매번 다른 의견과 논쟁이 생길 수밖에 없다. 그러니 엄밀히 말하면 좌파는 분열 책동으로 망하는 게 아니라 다른 의견을 분열로 몰아 권력으로 제압하는 순간 망하는 것이리라. 설령 반대를 용인할 수 없는 여건이었다 해도 상황은 달라지지 않는다.

오웰 스스로 '공공연하게 정치적인 책'이라고 평가했다지만 나는 이 책이 '특별히 정치적인' 글을 담고 있다고 생각지 않는다. 세상에 정치적이지 않은 글이 있겠는가. 모두가 각자의 입장과 처지에서 글을 쓰는 법인데. 그런 의미에서 정치적인 글은 차고도 넘친다. 하지만 진정한 의미의 당파적인 글은 보기 어렵다. 좌파든 우파든 정치적 실익을 고려하지 않고 아닌 건 아니라고 말하는 글. 이런 의미에서 오웰이 우화 소설이나 미래 소설로 옮겨 간 것이 못내 아쉽다. 『카탈로니아 찬가』같은(카탈로니아는 카탈루냐의 영어식 표기이다) 르포르타주를 가장한 소설을 계속 썼더라면 그의 날카롭고 냉철하면서도 유머 감각을 잃지 않는 당파적인 글들을 더 다양하게 경험할 수 있었을 텐데.

아무래도 소설 같지 않은

『모비 딕』
허먼 멜빌, 김석희 옮김
작가정신, 2019(2011)

> 그 녀석은 나를 제멋대로 휘두르며 괴롭히고 있어. 나는 녀석한테서 잔인무도한 힘을 보고, 그 힘을 더욱 북돋우는 헤아릴 수 없는 악의를 본다네. 내가 증오하는 건 바로 그 헤아릴 수 없는 존재야. (217쪽)

새해 첫날 눈이 내렸다. 비록 첫눈은 아니지만 눈다운 눈으로는 이번 겨울 들어 처음이었다. 바람도 없어 눈송이들이 흩날리지도 않고 줄을 지어 천천히 지상으로 떨어졌다. 좀 과장하자면 눈송이 하나하나마다 눈인사를 할 수 있을 정도였다. 베란다 창밖을 가득 메운 눈송이들을 오랫동안 쳐다보다가 '연필이'에게 물을 주고 새해 인사도 나눈 뒤 떡국을 끓여 먹었다. 밤엔 잠들지 못했다. 일주일째 새벽까지 잠들지 못하고 있다. 주말을 지내고 월요일까지 지켜보다가 하는 수 없이 병원에 갔다. 의사는 심각한 건 아니니 걱정하지 말라면서 세로토닌과 수면제를 처방해 주었다. 저녁에 스파게티를 해 먹고 세로토닌을 복용했다. 부디 몸이 자려고 누울 때 생각도 같이 누웠으면 좋겠다.

그러는 사이 읽은 책은 미국 작가 허먼 멜빌(1819~1891)이 1851년에 펴낸 소설 『모비 딕』이었다. 흰색 향유고래 모비 딕에게 한쪽 다리를 잃은 에이해브 선장이 복수심에 불타 모비 딕을 쫓다가 자신은 물론 피쿼드호의 선원들과 배까지 바닷속으로 수장해 버리는 이야기다.

소설을 읽는 내내 흰색 향유고래 모비 딕이 새해 첫날 베란다 창밖을 하얗게 채운 눈 같다는 생각을 했다. 어쩌면 분노는 흰색의 눈 같은 건지도 모른다. 세상 모든 걸, 그 다채로운 색깔들을 자신의 하얀색으로 온통 뒤덮어 버리니까. 수많은 감정들을 뒤덮어 버리면서 한도 끝도 없이 부풀어 오르는 분노처럼.

이 소설에서 정작 분노를 느껴야 하는 존재는 에이해브가 아니라 모비 딕 아닐까. 끊임없이 상대를 괴롭히고 목숨을 위협하는 건 모비 딕이 아니라 에이해브니까. 자신의 다리를 앗아갔다고 흰 고래에게 도저히 설명하기 어려운 분노를 느낀다면 40년간 포경선을 타느라 육지 생활을 고작 3년밖에 해보지 못했다는 이유로 바다에도 그만큼의 분노를 느껴야 맞을 터. 그러니 무모한 분노일밖에. 그 무모함은 광기로 변해서 커다란 눈송이 같은 흰 고래를 제 본성대로 유유자적 살지 못하고 미친 듯이 발악하게 만든다.

처음부터 어긋난 설정이었다. 에이해브의 분노와 광기에 공감하거나 동정하면서 읽기엔 바닷속을 유영하느라 코빼기도 비치지 않는 흰 고래가 지나치게 멀게 느껴진다. 게다가 흰 고래라니, 상어라면 또 몰라도.

그래서일까. 소설은 내내 길을 잃고 헤맨다. 박물지나 백과사전의 고래 항목을 보는 듯한 내용들이 수도 없이 끼어들고 희곡의 한 대목처럼 지문과 대사가 펼쳐지는가 하면 앞의 시작 부분과 맨 뒤의 결말 부분을 빼면 소설 속에서 시간조차 제대로 흐르지 않는다. 3년을 기약하고 출항한 포경선이 대서양과 인도양을 지나 태평양까지 이르는 동안 계절 변화도 드러나지 않고 해가 지났는지 달이 지났는지 시각은 언제쯤인지도 언급되지 않는다. 이 소설에서 시간이 초 단위까지 상세하게 기록된 건 450쪽 제85장에서 괄호 안에 적힌 "1850년 12월 16일 오후 1시 15분 15초"가 유일하다. 아마도 해당 문장을 쓰다가 작가가 시계를 본 모양이다. 게다가 저 유명한 첫 문장 "내 이름은 이슈메일이라고 해두자"로 마치 선언하듯 서술자를 소개했으면서 출항과 동시에 서술은 이슈메일의 시점과 전지적 작가 시점을 무시로 오간다. 이슈메일이 유일한 생존자라는 걸 제외하면 포경선을 처음 타는 선원인 데다 특별한 역할도 부여받지 못해서 서술자로서도 자격 미달이고.

소설로 읽어줄 수 있는 부분은 시작과 결말 부분 정도인데, 다른 부분이 난삽하고 산만한 데 반해 이 부분은 엄지 두 개를 치켜세우고 싶을 정도로 탁월하다. 가장 강렬하고 인상적인 소설의 시작과 결말로 꼽고 싶을 정도로.

뭍에서의 우울한 생활을 견디지 못하고 금속이 자석에 끌리듯 바다에 끌려 항구를 찾은 선원 이슈메일과 남양의 식인종이자 이교도인 작살잡이 퀴퀘그와의 만남을 그린 시작 부분은 그 자체로 한 편의 완결된 작품처럼 읽힌다. 이질적인 문화 배경은 물론 인종도 다르고 종교도 다른 두 남자가 우연히 여인숙의 한 방에 묵게 되면서 시작된 어색한 만남이 동성애에 가까운 우정으로 발전되는 과정은 다른 어떤 작품에서도 볼 수 없는 독특한 설정과 자연스러운 전개, 흥미로운 서술로 감동을 전한다. 그뿐인가. 항구 도시 예배당 흑인 목사의 설교 장면이나 두 사람이 피쿼드호의 승선 자격을 얻는 과정 등도 흥미진진해서 출항 뒤 이 두 사람이 과연 바다 위를 떠돌며 어떤 모험과 고난을 겪게 될 것이며 두 사람의 우정은 또 어떤 운명에 처하게 될지 잔뜩 기대하게 만드는데, 그 뒤에 이어지는 건 언급했다시피 숱한 고래 이야기와 에이해브의 광기뿐이다. 이럴 거면 소설을 왜 이렇게 시작했는지 이해가 되지 않을 정도다. 시작 부분에 두 사람이 만난 인상적인 선원 벌킹턴을 피쿼드호에서 다시 만나는데 그 뒤로 두 번 다시 언급되지 않는 것도 이해하기 어렵고. 하긴 에이해브를 따라 몰래 피쿼드호에 승선한 다섯 명의 선원들 중 배화교도 작살잡이 페달라를 제외한 네 명의 마닐라인 노잡이들 또한 단 한 번 소개한 뒤로는 언급이 없기는 마찬가지니까.

결말 부분인 추격전은 말할 필요 없이 문학사상 유례를 찾기 어려울 정도로 강렬한 인상을 남긴 명장면이다. 특히 모비 딕의 몸통에 말린 작살 밧줄에 감긴 채 죽은 페달라와 에이해브가 대면하는 장면이나 불멸의 작살잡이 타슈테고가 피쿼드호가 수장되는 그 순간까지도 에이해브의 지시에 따라 돛대 끝에 망치질을 하면서 바닷속에 잠기는 장면은 말 그대로 압권이다. 이런 시작과 결말이 어쩐지 두 척의 난파선처럼 바다 위를 헤매는 듯해 더 안타깝다.

소설의 두 축, 즉 고래의 사전적 정의를 비롯해 고래에 대한 다양한 정보를 다룬 부분과 에이해브가 이끄는 피쿼드호의 비극적인 운명이 펼쳐지는 부분을 결합해 줘야 하는 건 서술자로 호명된 이슈메일인데 그는 고래와 에이해브 사이에서 한없이 위축되고 만다. 고래의 정보를 다룬 부분은 아마도 라블레가 『가르강튀아와 팡타그뤼엘』(1532)에서 보여준 거대하게 부풀려진 유희에 영향을 받은 듯하고, 에이해브의 비극적인 운명은 셰익스피어를 따른 듯하다. 말하자면 에이해브는 햄릿이자 리어 왕이면서 맥베스이기도 한 것. 고래의 정보를 다루는 장에서는 뭔가에 들린 듯한 작가의 모습이 그려지는 반면, 에이해브를 다룬 장에서는 저 깊은 심연까지 내려간 우울이 느껴지는 건 그 때문일까.

이처럼 분열된 작가의 손끝에서 정작 소설은 길을 잃고 말았지만, 대신 이 책은 소설을 넘어선 어딘가에 놓이게 되었다. 당시의 미국이 처한 분열된 상황과 그로 인해 앞으로 겪게 될 전쟁(남북전쟁)을 예리하게 내다본 예언서이자 문명과 종교 비판서, 그리고 자연과 운명에 맞선 인간의 형이상학적인 고뇌를 다룬 철학서로. 하지만 아무리 봐도 소설로 읽기는 어렵다. 학창 시절에 『백경(白鯨)』이라는 제목으로 읽은 것까지 포함해서 세 번째 읽은 셈인데 그 생각은 좀처럼 바뀌지 않는다. 내 그릇이 형편없이 작아서겠지.

흰 눈에 하얀 떡국에 하얗게 지새운 밤에 더하여 흰 고래까지, 아마도 2021년은 흰색과 인연이 생길 모양이다. 다 좋은데 제발이지 하얗게 지새우는 밤하고만은 멀어졌으면 좋겠다.

이야기의 보수성

『마의 산』 상·하
토마스 만, 홍성광 옮김
을유문화사, 2011(2008)

> 반면에 이야기는 두 가지 종류의 시간을 갖고 있다. 그 하나는 이야기 자신의 시간, 이야기가 진행되고 나타나는 데 필요한 음악적이고 현실적인 시간이다. 다른 하나는 서술 시점과 관련되는 이야기의 내용에 따른 시간이다. (하권 380쪽)

눈은 한 번 내리기 시작하더니 마치 쌓였던 분노를 토해내기라도 하듯 거침없이 쏟아졌다. 한파까지 이어져 세상이 온통 흰 눈에 쌓인 채 그대로 꽁꽁 얼어붙는 것만 같았다. 동생도 새해 들어 통 잠을 자지 못해 의사에게 수면제를 처방받았단다. 형제가 나란히 수면제에 의지한 채 새해 첫 달을 힘겹게 보내고 있다. 다행히 '연필이'가 한파에도 잘 버텨주어 고맙기 그지없다. 나를 제외하고는 이 집에 기거하는 유일한 생명체여서 '연필이'의 고군분투가 눈물겹기까지 하다.

한파를 견디며 읽은 책은 독일 작가 토마스 만(1875~1955)이 1924년에 펴낸 소설 『마의 산』이었다. 스물세 살의 독일 청년 한스 카스토르프가 조선소 취업을 앞두고 사촌인 프로이센 장교 요아힘 침센이 폐결핵으로 요양하고 있는 스위스 다보스의 국제요양원을 문병 겸 요양차 찾았다가 7년 동안 그곳에 머문다는 이야기다.

한스는 민간인이자 이른바 아래 세상 사람으로 요양원이 위치한 베르크호프, 즉 위의 세상에선 이방인이었지만 환자 중 한 명인 러시아 여성 쇼샤 부인에게 연정을 품으면서 요양원 생활에 차츰 적응한다. 특히 진보주의자인 프리메이슨 회원 세템브리니와 예수회 회원이자 보수적 혁명론자인 나프타 사이의 격렬한 논쟁을 지켜보면서 어느새 아래 세상일을 잊고 사촌인 요아힘이 사망한 뒤로는 마치 자신이 원래부터 환자로 요양원에서 생활했던 것처럼 여긴다. 한스의 사랑 고백을 뒤로하고 요양원을 떠났던 쇼샤 부인이 커피 왕 페퍼코른과 함께 돌아오는데, 한스는 자신의 연적임에도 불구하고 관념적인 세템브리니나 나프타와는 달리 강한 생명력을 갖춘 듯한 페퍼코른에게 빠져든다. 하지만 그는 자살하고 만다. 게다가 세템브리니와 나프타가 결투 끝에 나프타가 자신의 머리에 총을 쏘고 자살하자 한스는 무기력에 빠진다. 요양원의 새로운 여성 환자 엘리에게 신비한 능력이 있다는 걸 알게 된 환자들이 엘리를 영매로 강령술을 펼치는 가운데 한스는 죽은 요아힘을 불러달라고 청하고 그의 영혼을 본다. 그리고 제1차 세계대전의 발발로 위아래 세상이 모두 흔들리는 가운데 한스는 7년 만에 아래 세상의 전쟁터로 나가 포연 속으로 사라진다.

제1차 세계대전 직전의 혼란스러운 유럽을 시대 배경으

로 한 데다 철학 소설에 가깝다는 면에서 오스트리아 작가 헤르만 브로흐의 『몽유병자들』(1931)을 떠올리게 하는 소설이다. 하지만 『몽유병자들』이 당시 프로이센 제국의 심장부인 베를린을 공간 배경으로 삼은 반면 『마의 산』은 엉뚱하게도 스위스 다보스의 요양원을 배경으로 한다. 공간뿐만 아니라 시간의 운용도 다르다. 『몽유병자들』이 시대의 격랑 속에서 여러 인물들이 삶의 변화를 겪는 걸 그려낸 반면 『마의 산』에서는 인물들이 마치 마법의 산에 갇혀 시간을 외면한 채 지내는 듯하다.

『마의 산』뿐만 아니라 토마스 만의 다른 소설들에서도 시간은 무용지물에 가깝다. 앞의 인용문에서처럼 이야기에서 시간이 갖는 중요성을 음악과 비교해 가면서까지 강조하면서도 정작 자신의 소설에서는 시간이 별 역할을 하지 못하도록 막은 건 미스터리다. 이야기와 시간에 대한 주장은 토마스 만의 다른 소설 『파우스트 박사』(1947)에도 등장한다. 주인공인 천재 음악가 아드리안 레버퀸의 일대기를 기록하는 그의 친구 차이트블롬이 서술 중간에 자신이 적는 레버퀸의 일대기가 실제로 펼쳐지던 시간과 자신이 그 이야기를 적는 시간 그리고 자신이 적은 이야기를 독자들이 읽는 시간 등을 구분하며 설명하는 대목이다. 『부덴브로크가의 사람들』(1901)에서도 비슷한 언급이 있었던 것 같고.

아무튼 회화나 영상 같은 조형예술과 달리 문장으로 이루어지는 이야기는 강렬한 인상과 함께 그 의미를 단번에 온전히 전달할 수 없다. 음악처럼 시간이 흐르지 않는다면 구현할 수 없는 예술 장르인 셈. 게다가 이야기는 음악과 또 달라서 서술된 시간, 즉 이야기 안에서 흐르는 시간과 서술 시간, 즉 글을 쓰는 시간(이건 글을 읽는 시간으로 대체 가능하다)의 차이가 의미 구현의 핵심 역할을 한다. 대부분의 소설(이야기)은 서술된 시간이 서술 시간보다 길수밖에 없다(역사 소설을 떠올려보자). 하지만 거꾸로인 경우도 있다. 가령 제임스 조이스의 『율리시스』처럼 하루하고 반나절 동안 벌어진 일을 기록했지만 다 읽으려면 사흘이 넘게 걸리는 소설도 있으니까.

토마스 만처럼 자신의 소설 안에 이 같은 이야기와 시간의 관계에 대해 (이야기의 흐름을 끊어가면서까지) 반복적으로 강조한 작가는 드물다. 언뜻 혁신적인 시도 같아 보이나 그 내용만 들여다보면 외려 이야기가 갖는 형식적인 보수성을 강조한 것으로 보인다. 그만큼 이야기가 시간에 붙들려 있을 수밖에 없음을 강조함으로써 자신이 처한 시간들(시대 상황)에서 벗어나고자 했다는 의심을 지울 수 없달까. 『마의 산』은 제1차 세계대전을, 『파우스트 박사』는 제2차 세계대전을 배경으로 한 것도 우연은 아닌 듯싶고.

인물들에게서 시간의 영향을 빼앗고 지극히 관념적으로 나누어진 세상을 살게 한다는 게 토마스 만의 이야기가 갖는 보수성이 아닌가 싶다. 『마의 산』에서도 위의 세상과 아래 세상, 건강과 병, 삶과 죽음, 보수와 진보, 문명과 야만, 서양과 동양, 남성과 여성 등으로 나뉜 세상에서 한스 카스토르프는 성장하지 못하고 결국 무기력에 빠지고 만다. 『파우스트 박사』와 『부덴브로크가의 사람들』에서도 마찬가지인데, 공교롭게도 토마스 만은 두 작품의 말미에 아리안 혈통의 어린 소년이 병(『부덴브로크 가의 사람들』)과 사고(『파우스트 박사』)로 고통스럽게 사망하는 과정을 제법 길게 묘사한다. 한 작품에서만 맞닥뜨린다면 그럴 수도 있겠다 싶지만 두 작품에서 연이어 접하면 의도적이라는 생각을 지울 수 없다.

시간에 묶여 있다는 점에서 이야기는 그 자체로 보수적일 수밖에 없다. 그림이나 영상이 갖는 파급력과 파괴력을 갖기 어렵다. 단 한 번의 시도로 기존의 형식을 뒤엎기도 쉽지 않다. 비약과 혁신이 자리할 공간을 시간이 좀처럼 허락하지 않는다. 하지만 이 점이 역설적으로 이야기가 혁신적인 힘을 가질 수 있는 지점이기도 하다. 공감이 이루어지면 이야기만큼 깊게 각인되는 것도 없으며 멀리 퍼져 나가는 것도 드물기 때문. 게다가 『율리시스』처럼 이야기의 척추에 해당하는 시간을 어떻게 운용하느냐에 따라 얼마든지 새로운 이야기 방식이 가능하기도 하다. 말하자면 이야기에 보수성을 부여하는 시간이 마찬가지로 혁신을 꾀하게도 해준다는 의미겠다.

하지만 토마스 만은 이야기의 완고한 보수성을 택했다. 그에게 시간은 아마도 한파 같은 것이었는지도 모르겠다. 지나가 버리면 그만인 것. 이야기나 진보의 한 축으로 인정하기 어려운, 가볍기 그지없는 어떤 것. 역설적인 건 이런 전략이 자신만의 독특한 매력을 갖는 성찰적인 이야기를 가능하게 만들었다는 점이다.

제목 이야기를 덧붙이지 않을 수 없다. 처음 읽을 때도 그랬지만 이번에 다시 읽으면서도 '마의 산'이라는 제목은 내내 걸렸다. 어쩐지 한자를 노출해 쓰던 시대에 쓰였을 법한 제목 같달까. '魔의 山'. 원제가 독일어로 'Der Zauberberg'이고 영어 번역본 제목은 'The Magic Mountain'이니 '마법의 산'이나 '마술 산' 혹은 '마력의 산' 정도로 옮겨야 하지 않을까 싶다. 한국어로 '마의 산'이라고 부르면 금방 알아들을 수 있는 사람이 과연 몇이나 될까. 이미 굳어져서 바꾸기 곤란하다는 건 해당 출판사가 『폭풍의 언덕』을 『워더링 하이츠』로 바꾸어 펴낸 바 있으니 핑계에 불과하지 않을까.

탁월한 서술자와 완벽한 구성

『오만과 편견』
제인 오스틴, 윤지관·전승희 옮김
민음사, 2016(2003)

> 좋은 교육을 받았지만 재산이 없는 아가씨에겐 오직 결혼만이 명예로운 생활 대책이었고, 결혼이 가져다줄 행복 여부가 아무리 불확실하다 해도 결혼만이 가장 좋은 가난 예방책임이 분명했다. (177쪽)

일주일 정도 수면제를 반 알씩 먹고 잠들었더니 수면 리듬이 제자리를 찾았다. 대신 잠이 많아졌다. 수면제를 먹지 않고 잤는데도 아침에 잠이 깨지 않아 애를 먹는가 하면 낮에도 소파에 누워 책을 읽다가 스르르 잠이 들기도 한다. 틈나는 대로 밖에 나가 동네를 크게 한 바퀴씩 걸으면서 잠을 쫓는다. 그렇게 조금씩 걷는 시간을 더해 보면 매일 두 시간 정도 걷는 셈이다. 이사 오고 난 뒤로 생긴 습관이다. 그나마 이렇게 움직인 덕분에 지금까지 잘 버티고 있다는 생각이다.

어머니 병원 때문에 부천에 다녀온 뒤로 영국 작가 제인 오스틴(1775~1817)이 1813년에 펴낸 소설 『오만과 편견』을 읽고 있다. 중류 집안인 베넷가의 첫째와 둘째 딸 제인과 엘리자베스가 오해와 거짓 모함, 편견 탓에 빚어진 갈등을 딛고 유력한 가문의 남성들과 결혼한다는 이야기다.

영국 하트퍼드셔의 롱본에 살고 있는 베넷 씨에겐 부인과 다섯 딸이 있다. 베넷 씨는 아들이 없어 자신이 죽게 되면 집과 많은 재산이 먼 남자 친척에게 한정 상속될 처지인지라, 늘 뼈 있는 농담을 즐기면서도 집안일엔 무관심으로 일관한다. 한편 교양 없는 베넷 부인의 유일한 관심사는 다섯 딸들을 재산 있는 남자에게 시집보내는 것이다. 첫째 딸 제인은 예쁘고 교양 있지만 착해 빠졌고, 둘째 딸 엘리자베스는 당차고 똑 부러진 성격을 가졌으며, 셋째 딸 메리는 책만 읽는 괴짜인 데다, 넷째와 다섯째인 키티와 리디아는 군복 입은 장교들이라면 사족을 못 쓰는 철부지들이다. 어느 날 근처 네더필드 파크에 재산깨나 있는 집안의 아들 빙리가 이사 오자 베넷 씨 집안은 술렁인다. 빙리와 제인이 서로 호감을 갖게 되지만 빙리의 친구인 다아시는 오만하고 건방지다는 이유로 베넷 집안의 여성들, 특히 엘리자베스에게 미움을 산다. 빙리 씨 집에 초대 받아 갔던 제인이 몸살에 걸려 앓아눕자 엘리자베스가 그 집으로 찾아가 언니를 보살피는데, 빙리만 제인을 걱정하고 엘리자베스에게 잘 대해 줄 뿐 빙리의 누이들은 베넷 집안을 얕잡아보고 제인과 엘리자베스를 흉보기 바쁜 와중에 다아시 또한 엘리자베스를 차갑게 대한다. 그 무렵 마을에 군대가 주둔하면서 위컴이라는 장교가 베넷 집안에 드나드는데, 위컴은 자신의 아버지가 평생 다아시 집안의 일을 봐준 대가로 자신이 교구 목사 자리를 보장 받았는데 다아시 씨가 죽고 나서 오만한 그 아들이 자신을 냉정하게 내쫓았다고 토로한다. 안 그래도 감정이 쌓인 베넷 집안 식구들, 특히 엘리자베스는 다아시에게 악감정을 품는다. 빙리의 네더필드 집에서 열린 무도회에 초대 받아 다녀온 뒤 베넷 부인은 빙리가 제인에게 곧 청혼할 거라고 기대에 부푸는데 빙리 집안 식구들과 다아시까지 런던으로 급히 떠나버려 부인은 물론 제인과 엘리자베스도 크게 실망한다. 게다가 빙리의 누이동생이 보낸 편지에 따르면 빙리는 다아시의 누이동생과 결혼하게 되리라는 것.

한편 베넷 씨의 한정 상속자인 콜린스가 베넷 집안에 머물며 엘리자베스에게 청혼했다가 거절당하자 동네에 사는 엘리자베스의 친구 샬럿에게 청혼해 결혼한 뒤, 자신이 교구 목사로 일하는 헌스퍼드로 샬럿과 함께 떠난다. 엘리자베스의 외삼촌 가드너 부부가 롱본에 와서 머물다 제인을 데리고 런던으로 돌아가고, 엘리자베스도 친구의 초청으로 헌스퍼드로 향한다. 샬럿의 헌스퍼드 신혼집 근처엔 다아시의 이모 캐서린 영부인의 저택이 있어서 엘리자베스는 샬럿 부부와 함께 식사 초대를 받아 갔다가 이모댁을 찾은 다아시와 맞닥뜨린다. 다아시의 친구에게 빙리와 제인이 맺어지는 걸 막은 장본인이 다아시였다는 사실을 전해 듣고 엘리자베스는 분노한다. 그런 사정도 모르고 다아시는 엘리자베스에게 어렵게 청혼하지만 엘리자베스는 언니와 빙리 씨의 일은 물론 위컴의 사례까지 거론하며 매정하게 거절한다. 충격을 받은 다아시는 다음날 엘리자베스에게 긴 편지를 남기는데, 제인의 일은 집안이 서로 맞지 않는데다 사람 좋은 제인이 정말 빙리를 사랑하는지 확신이 서지 않아 빙리에게 그런 충고를 했을 뿐이고, 위컴의 일은 스스로 교구 목사직이 자신과 맞지 않아 법학을 공부해 보겠다고 해서 3천 파운드를 받아 갔는데 무절제하고 방종한 생활로 돈을 탕진한 뒤 다시 교구 목사직을 요구해 왔던 것이며 거절당하자 자신의 여동생을 꼬여 함께 도망가려다가 발각되기도 했다는 것.

자신이 오해했음을 알게 된 엘리자베스는 외삼촌 부부와 여행 중 더비셔의 다아시 저택을 구경하다가 다아시와 다시 맞닥뜨리는데, 매정하게 거절당했음에도 다아시가 자신은 물론 신분이 낮은 외삼촌 부부에게도 친절하게 대하는 걸 보고 마음이 풀린다. 하지만 롱본에서 막내인 리디아가 위컴과 함께 도망쳤다는 연락이 와 엘리자베스와 외삼촌 부부는 황급히 롱본으로 떠난다. 베넷 씨가 리디아를 찾아 런던으로 떠나고 외삼촌도 급히 뒤를 쫓는데, 베넷 씨가 소득 없이 돌아온 뒤 외삼촌이 보낸 편지에 따르면 두 사람을 찾았으며 둘이 결혼하기로 했다는 것. 하지만 엘리자베스는 나중에, 리디아와 결혼할 생각이 전혀 없던 위컴을 설득하고 빚을 갚아주고 군대의 자리까지 얻어주면서 결혼을 성사시킨 게 다아시였음을 알게 된다. 네더필드로 돌아온 빙리는 제인과 다시 맺어지고 다아시 또한 이모인 캐서린 영부인의 격렬한 반대에도 불구하고 엘리자베스와 결혼한다.

탁월한 문장력을 갖춘 서술자가 들려주는 완벽한 구성의 소설을 읽는 건 언제나 매력적인 일이다. 그런 사례에 딱 맞는 소설을 꼽으라면 주저 없이 『오만과 편견』을 꼽겠다. 탄탄한 문장과 재치 있는 표현은 대조되는 내용을 한 문장에 담는 복문을 자주 구사하는데도 전혀 복잡하거나 난삽하게 느껴지지 않도록 만들고, 엘리자베스를 중심으로 배치된 인물들의 갈등 구조는 우연한 부딪힘에도 개연성을 부여하며 산만함을 피해 가도록 돕는다. 그런가 하면 '오만과 편견'이라는 두 열쇳말에 집중하게끔 다아시와 엘리자베스를 중심인물로 설정하고 제인과 빙리를 조연에 그치게끔 한 것도 이야기가 군더더기 없이 깔끔하게 이어지도록 만든 요인이다.

    서술자의 전략적인 서술도 한몫한다. 당시의 다른 소설들과는 다르게 풍경이나 인물 묘사는 되도록 자제하고 대화와 상황 설명만을 통해 인물들의 대조되는 성격과 역할을 드러낸 것이 대표적이다. 독자는 베넷 씨의 집이 어떻게 생겼고 정원은 어떤 모습이며 제인과 엘리자베스, 빙리와 다아시가 구체적으로 어떻게 생겼는지 알 길이 없다. 서술자는 각각의 거처는 물론 등장인물들의 얼굴이 계란형인지 각진 턱을 가졌는지 머리카락과 눈은 어떤 색인지 일절 묘사하지 않는다. 서술자가 유일하게 관심을 기울이며 묘사하고 설명하는 풍경은 인물들의 내면 풍경일 뿐, 독자의 시선을 분산시킬 만한 묘사는 과감하게 생략한다. 심지어는 무도회에 등장하는 여성들의 그 흔한 옷차림 묘사도 자제할 정도다. 『오만과 편견』을 낭만적인 연애소설이라고만 규정할 수 없는 이유랄까.

    '오만과 편견' 모두 개인적인 성벽에서만 비롯되는 건 아닐 터. 사회 제도와 문화, 습성의 결과물이기도 하다. 다아시는 귀족의 자제로 새로운 환경에서 뒤섞이게 된 시민 계급과 어떻게 지내야 하는지 미처 교육받지 못했고, 시민 계급의 자제인 엘리자베스 또한 귀족들의 특성을 참아줄 만큼 신분제가 공고한 환경에서 자라지 않았다. 그러니 이 소설에서 '오만과 편견'은 단지 연애와 결혼을 위해 고민하고 애쓰는 젊은 남녀들의 문제인 것만은 아니다. 한정 상속 제도라는 사례가 보여주듯 연애와 결혼에 수반하는 문제들을 제기하는 것이 곧 사회 문제를 지적하는 것일 수밖에 없는 시대의 이야기니까. 하긴 그런 시대가 따로 있겠는가. 동서고금을 막론하고 언제나 그래왔고 지금도 그러한데.

『오만과 편견』의 그늘 아래서

『이성과 감성』
제인 오스틴, 윤지관 옮김
민음사, 2012(2006)

"이런저런 점에서 성격을 완전히 잘못 이해한다거나 하는 짓 말이지요. (중략) 때론 사람들이 자신에 대해서 말하는 대로 따르기도 하고, 그보다 더 흔하게는 다른 사람들이 하는 소리를 곧이곧대로 듣는 거지요. 스스로 숙고하고 판단할 여유도 없이 말이죠." (125쪽)

한파가 지나가고 나니 기온이 오르고 비가 내린다. 구석구석 남아 있던 눈들마저 비에 녹아버리니 언제 한파가 왔고 함박눈이 내려 쌓였던가 싶다. 설 열차표를 예매하고(5인 이상 집합 금지가 유지되겠지만 우리 가족은 다 모여 봐야 네 명인지라 그냥 예매했다), 보일러 팬이 고장 나서 전화로 수리를 요청했다. 요즘은 잘 쓰지 않는 보일러라 과연 수리가 가능할까 은근히 걱정했더랬는데 할아버지 한 분이 오셔서 친절하게 팬을 갈아주시고 물통의 물도 비워주셨다.

"소리가 크지 않던가요?"

"예, 탱크 지나가는 소리가 나더라고요. 보일러가 오래

된 거라 그러려니 했는데요."

"아니에요, 팬이 오래돼서 그런 거지 보일러는 아직 쓸 만해요."

"그렇군요."

깔끔한 유니폼 차림의 젊은 기사가 와서 수리해 주는 것과는 다른 분위기였는데, 나쁘지 않았다. 옛날 생각도 났고. 어린 시절 전파사나 공업사 같은 데서 출장 수리해 주시던 아저씨 같았달까. 집주인에게 알리고 수리비용은 월세에서 제하기로 했다.

『오만과 편견』을 다시 읽은 김에 같은 작가가 1811년에 펴낸 소설 『이성과 감성』도 한 번 더 읽기로 했다.

엘리너와 메리앤, 마거릿 세 자매는 어머니 대시우드 부인과 함께 오랫동안 살던 집을 떠나게 된다. 아버지가 사망하면서 이복오빠인 존 대시우드에게 집과 대부분의 재산을 물려주었기 때문. 첫째 딸 엘리너는 예전 집에 머물 당시 올케의 동생 에드워드와 연인 사이로 발전했고, 둘째 딸인 메리앤은 새로 이사한 집 근처에서 만난 윌러비라는 남성과 열렬한 사랑을 나누는 한편, 이웃에 사는 친척인 존 경의 집에 드나들다 알게 된 브랜던 대령은 나이 차가 많이 나는 데도 불구하고 메리앤에게 호감을 갖는다. 하지만 에드워드는 엘리너 자매가 이사한 집을 찾지 않고 윌러비도 런던으로 떠난다. 어느 날 존 경의 사촌이라는 교양 없는 자매가 존 경의 집에 머무는데 엘리너는 자매 중 여동생인 루시가 에드워드와 4년 동안 약혼한 사이라는 걸 알게 된다. 에드워드가 루시 자매의 아저씨 집에 머물며 숙식하는 동안 친해졌다는 것. 그러나 에드워드의 어머니 페라스 부인에겐 차마 알릴 수 없어 둘 다 속만 태우고 있었다. 충격을 받은 엘리너는 이 사실을 가족에게도 알리지 않고 혼자 삭이는데 마침 자매의 집을 방문한 에드워드의 여전히 우유부단한 태도에 또 한 번 상처를 입는다.

한편 엘리너와 메리앤 자매는 존 경과 함께 런던에 머물면서 윌러비가 곧 결혼한다는 소식을 접한다. 충격을 받은 메리앤은 식음을 전폐하고 편지를 쓰지만 냉정한 답장을 받고, 브랜던 대령의 고백으로 윌러비가 대령의 옛사랑이 불륜으로 낳은 딸의 신세를 망친 인간망종임을 알게 된다. 에드워드는 루시와 약혼한 사이라는 게 알려지면서 집안과 척을 지게 되지만 신의를 지키기 위해 재산상의 손해를 감수하는데, 엘리너는 브랜던 대령의 호의로 에드워드에게 목사 자리를 알아봐 준다. 한편 메리앤은 병으로 앓아누우면서 사경을 헤매고 어느 날 술에 취한 윌러비가 간병 중인 엘리너를 찾아와 그간의 사정을 해명하고 돌아간다. 죽음 직전에 살아난 메리앤은 자신이 슬픔의 고통을 호소하며 앓아누워 있는 동안 언니 엘리너는 자신의 슬픔을 혼자 삭이고 있었음을 알게 된다. 집으로 돌아온 자매는 예전 생활을 되찾는데, 에드워드가 찾아와 루시가 자신의 남동생 로버트와 결혼하게 되었음을 알리고 엘리너에게 청혼한다. 형과의 결혼을 말리려고 루시를 만났다가 두 사람 사이에 애정이 싹텄고 결혼까지 이르게 됐다는 것. 어안이 벙벙해진 에드워드는 어린 시절 잠깐 품었던 연정이 약혼으로 이어지는 바람에 그 신의를 지키느라 이어온 관계를 이제야 끝낼 수 있게 된 데 만족하고 곧

바로 엘리너를 찾아온 것이다. 에드워드와 엘리너는 결혼하고 브랜던 대령 또한 메리앤을 아내로 맞는다.

『이성과 감성』은 순전히『오만과 편견』때문에 손해를 보는 작품이다.『오만과 편견』의 그늘 아래 갇혀 있달까. 다른 작가의 소설이었다면 그 나름의 평가를 받을 만한 작품인데 제인 오스틴의 작품으로, 그것도『오만과 편견』이 '첫인상'이라는 제목으로 처음 쓰이기 불과 2년 전에 '엘리너와 메리앤'이라는 제목으로 쓰인 데다, 역시 '첫인상'이『오만과 편견』으로 개작되기 2년 전에『이성과 감성』으로 개작되었다는 사실 때문에 자연스럽게 비교 대상이 된다. 두 작품의 완성도가 비슷하다면 문제 될 것이 없겠지만, 안타깝게도『이성과 감성』은『오만과 편견』에 견줄 때 서술자의 문장도 더 복잡하고 인물도 지나치게 많은 데다 구성도 산만하고 무엇보다『이성과 감성』이라는 제목에 걸맞은 내용을 보여주지 못한다. 엘리자베스에 집중하고 제인은 다른 조연들 수준으로 묶어둔『오만과 편견』과 달리『이상과 감성』은 엘리너와 메리앤을 동시에 부각하느라 관련된 인물만 늘어났을 뿐 정작 두 인물이 이성과 감성을 대표한다는 인상을 주지 못했다.

그러니 자연스럽게 '엘리너와 메리앤'을 쓰고 '첫인상'을 쓰기까지 2년 동안 제인 오스틴에게 무슨 일이 있었는지, 아니 '엘리너와 메리앤'을『이성과 감성』으로 개작하고 난 뒤 2년 동안 무슨 일이 있었길래 '첫인상'을『오만과 편견』으로 개작할 수 있었는지 궁금해진다. 더 나아가면 제인 오스틴이『이성과 감성』을 통해 어느 정도의 갈등까지(인물의 수는 물론 갈등의 종류까지) 그려낼 수 있는지 최대치를 써 본 뒤에 『오만과 편견』에서는 군더더기를 없애도록 자제할 수 있었던 게 아닐까 하는 엉뚱한 상상까지 해보게 된다.

그렇다고 『이성과 감성』이 졸작이라는 건 물론 아니다. 언급한 대로 인물간의 갈등이 그 최대치에 달할 때까지 이야기를 밀어붙여 보겠다는 의지가 느껴질 만큼, 관계도를 그려가며 읽어야 할 정도로 복잡한 갈등 관계를 무리 없이 그려낸 수작이다. 재능을 엉뚱한 데 낭비하지 않고 이른바 '선택과 집중'의 힘을 보여준 건 『오만과 편견』에 버금가는 미덕이다. 인간 군상의 다양한 성격에 천착한 작가답게 상황 변화에 따라 인물의 성격이 가볍게 왔다 갔다 하지 않고 일관성을 갖도록 관리한 것도 제인 오스틴의 작품답다는 찬사를 받을 만하다. 다만 제목은 그냥 처음 정했던 대로 '엘리너와 메리앤'으로 유지했더라면 더 좋았을 뻔했다는 아쉬움이 남는다.

아무려나 보일러 고장으로 만 하루 동안 냉기가 도는 집에서 온수도 전혀 쓰지 못하다가, 집 안도 훈훈해지고 밤엔 따뜻한 물로 샤워하고 나니 이것만으로도 엄청난 호사를 누린다는 생각이 든다.

천박해지는 것에 대한 두려움

『위대한 유산』 1·2
찰스 디킨스, 이인규 옮김
민음사, 2018(2009)

"가발 쓴 판사부터 흙먼지 날리는 식민지 개척자까지
이 모든 망할 놈들아, 네놈들을 깡그리 합친 것보다도
더 훌륭한 신사를 보여 주마!" (2권 146쪽)

갑자기 잠이 많아진 게 수면제 탓인 줄 알았는데 알고 보니 감기 때문이었다. 어릴 때부터 감기를 독감처럼 앓곤 했다. 이틀 정도 땀을 빼면서 끙끙 앓는 감기. 그런데 재작년부터 체질이 바뀌었는지 식욕을 잃거나 기운이 없는 상태가 며칠 지속되는 걸로 대신하게 되었다. 이번엔 하루 종일 잠에 취한 상태가 더해졌다. 이틀인가는 열다섯 시간 넘게 자기도 했다. 침대에서도 자고 소파에서도 자고…… 하루 대부분을 잠으로 보내는 것이 달갑진 않지만 잠을 아예 못 자는 것보다는 나아서 그러려니 하고 있다.

중간중간 깨어 있을 때 집어 든 책은 영국 작가 찰스 디킨스(1812~1870)가 1861년에 펴낸 소설 『위대한 유산』이었다. 부모와 형제를 모두 잃고 누나와 대장장이 매형 밑에서 자란 어린 소년 핍이 정체를 숨긴 독지가의 유산 상속자가 되어 위선적인 재력가이자 신사로 행세하다가, 독지가의 정체를 알게 되면서 삶의 의미와 행복을 되찾는다는 이야기다.

태어나자마자 부모와 형제를 잃고 누나와 대장장이 매형 밑에서 자란 핍은, 글을 읽고 쓸 줄도 모르지만 순박한 매형 조를 제외하곤 누나와 마을 사람들 모두에게 애정을 받지 못한다. 어느 날 핍은 집 근처 늪지를 찾아갔다가 감옥선에서 탈출한 죄수에게 붙잡혀 집에서 음식과 줄칼을 가져다준다. 다음날 핍은 탈옥한 죄수를 찾는 군인들을 따라 다시 늪지를 찾았다가 자신을 협박했던 죄수와 다른 죄수가 서로 죽이겠다며 싸우는 걸 목격한다. 그들은 결국 다시 잡혀 감옥선으로 끌려간다.

핍은 먼 친척의 주선으로 마을의 귀부인 미스 해비셤에게 소개되어 새티스 하우스를 찾아갔다가 에스텔러라는 여자아이를 만난다. 알고 보니 미스 해비셤은 막대한 유산을 상속받았는데 이복형제 아서와 공모한 사기꾼 콤피슨이 해비셤의 재산을 빼앗을 목적으로 접근해 결혼 약속을 하고는 재산 일부만 빼앗고 결혼식 당일 나타나지 않았던 것. 그 충격에서 벗어나지 못한 미스 해비셤은 결혼식 당일 그 상태로 모든 걸 유지한 채 집 안에 빛이 전혀 들지 않게 만들고는 홀로 지내고 있다. 에스텔러는 뒤늦게 해비셤이 양녀로 들인 여자아이다. 해비셤의 도움으로 매형 조의 도제가 된 핍은 대장간 일을 익히는데, 누나가 괴한의 습격으로 머리를 크게 다쳐 몸져눕자, 핍에게 글을 가르쳐주기도 한 비디라는 마을의 여자아이가 조의 집에서 핍의 누나를 돌본다.

그러던 어느 날 핍은 정체를 알 수 없는 독지가의 도움으로 런던에 가서 교육을 받게 되었으며 장차 막대한 유산을 물려받을 거라는 얘기를 듣는다. 그 집행자는 재거스라는 변호사로 런던에서도 악명을 떨치는 냉혈한인데 핍은 그를 새티스 하우스에서 본 걸 기억하고 독지가가 미스 해비셤이라고 추측한다. 런던에서 핍은 해비셤의 친척인 포킷 씨의 아들 허버트와 함께 생활하면서 신사로서의 교육을 받는 한편 흥청망청 돈을 쓴다. 그러던 중 비바람이 치던 어느 날 불쑥 자신을 찾아온 괴한을 보고 핍은 그가 어린 시절 늪지에서 만난 탈옥 죄수임을 알아본다. 매그위치라는 이름의 죄수는 자신이 정체를 숨긴 독지가라고 밝힌다. 종신형을 선고받고 오스트레일리아로 끌려가서 노동으로 번 돈을 모아 핍을 신사로 만들기 위해 투자했다는 것. 그 밖에도 핍은 그날 매그위치와 싸운 다른 죄수가 바로 콤피슨으로, 고아로 태어나 어릴 때부터 교도소를 수시로 드나들던 매그위치를 꾀어 강력범으로 만든 장본인이며, 그 사건에서 재거스가 매그위치의 변호를 맡아 자신과도 연결되었음을 알게 된다. 재거스는 매그위치의 딸 에스텔러를 양녀를 찾던 해비셤에게 소개해 준 인물이기도 하다. 이 모든 사실을 알게 된 핍은 허버트의 도움을 받아 매그위치를 해외로 도피시키고 자신도 함께 떠날 결심을 한다. 하지만 탈출 계획은 콤피슨 일당이 나타나는 바람에 무산되고 매그위치는 콤피슨과 함께 물에 뛰어들어 콤피슨을 죽이고 겨우 살아나지만 감옥에 갇힌다. 그 뒤 병원으로 옮겨진 매그위치는 핍의 간호를 받다가 자신의 딸이 살아 있다는 말을 듣고 숨을 거둔다.

한편 핍은 조를 다시 찾는데 누나가 사망한 뒤 조와 비디가 결혼한 사실을 알게 되고, 미스 해비셤은 에스텔러에게 막대한 유산을 남기고 사망했으며, 에스텔러는 첫 결혼에서 남편에게 학대를 당하다 남편이 사고로 사망한 뒤에 재혼했다는 소식도 듣는다. 11년 뒤 다시 마을을 찾은 핍은 대장간에서 조 옆에 앉은 조와 비디의 아들 핍을 만나고 새티스 하우스를 찾았다가 오랜만에 그 집을 찾은 에스텔러와 재회한다.

소설이 대중을 위한 장르라는 걸 디킨스만큼 완벽하게 증명해 준 작가가 또 있을까. 흔히 소설을 '대중소설'과 '본격소설'로 구분하곤 하지만 개인적으로는 쓸데없는 짓이라고 생각한다. 위선적이기 그지없는 구분이기도 하고. 소설은 영화와 마찬가지로 일반 대중을 대상으로 발명된 데다 지금까지도 여전히 일반 대중을 대상으로 생산되고 있으니까. 물론 소설의 대중은 초기엔 글을 읽을 줄 아는 대중에 국한될 수밖에 없었고 지금은 소설 읽기를 즐기는 대중으로 제한될 수밖에 없지만 말이다. 그렇더라도 소설이 대중을 대상으로 쓰인다는 사실에는 변함이 없다. 이런 믿음이 없었다면 나는 소설 같은 건 읽지도 않았을 것이다. 다만 대중을 한 가지 성향으로 묶을 수 없는 것처럼 소설 또한 한 가지 방식으로 규정할 수 없을 뿐이다. 서로 다른 욕구와 감성을 지닌 다양한 대중이 존재하므로 소설 또한 다양한 형식의 작품이 존재할 수 있는 것. 따라서 거기에 순위를 매기고 귀천을 가르는 건 어리석은 짓이 아닐 수 없다. 그 다양성을 즐기면 그만일 터.

물론 다양하다는 것이 여러 가지가 균일한 상태로 존재

하는 걸 말하지는 않는다. 그 여러 가지 가운데 가장 많은 사람들이 공감하고 즐기는 방식이 존재할 수 있으니까. 그래서 전형이라는 말도 있는 것 아니겠는가. 아마도 소설에서는 디킨스류의 소설이 그 전형에 속하리라. 선과 악의 구분이 분명하고, 비참한 처지에 몰렸던 주인공이 선의를 잃지 않은 덕분에 결국엔 행복해진다는 내용을 담고 있는 데다, 인물들의 성격이 현실적이면서 개성적일 뿐만 아니라, 사건 또한 치밀하게 구성되었고, 소설 후반부에 실마리가 한꺼번에 풀리는 전개 방식 등이 많은 사람들의 흥미를 끈다는 점에서 그렇다.

『허영의 시장』(1847)을 통해 이른바 중산 계급의 위선을 드러낸 새커리와 달리 하층 계급을 대변했다는 평을 받는 디킨스이기에, 만일 대중과의 접점을 고민하지 않았다면 아마도 이 소설의 주인공은 매그위치가 돼야 했으리라. 소설 속에 그려진 그의 삶은 그야말로 하층 계급의 처참한 삶을 그대로 보여주고 있으니 말이다. 게다가 앞의 인용문에서처럼 그는 신사 하나를 키워냄으로써 자신을 짓누르며 자신보다 나은 삶을 사는 중상류 계층 사람들에게 복수하려는 인물이다. 하지만 디킨스는 그가 복수의 수단으로 삼은 핍을 주인공으로 세웠다. 그리고 자신의 주인공에게 분노나 복수심이 아닌 선의를 심어주었다. 이는 그의 다른 소설 『올리버 트위스트』(1837)나 『데이비드 코퍼필드』(1850)도 다르지 않다.

찰스 디킨스와 그의 소설을 즐기는 대중과의 접점은 하층 계급의 실상을 제대로 파악하거나 그들의 분노에 공감하는 데서가 아니라, 천박해지는 것에 대한 두려움을 공유하는 데서 말미암지 않았을까. 디킨스는 어린 시절 불운 때문에 잠시 빠져들었던 하층민 생활에서 어렵게 빠져나온 기억이 있고, 당시 대중들 또한 자신은 물론 하층민 사람들도 더 이상 천박해지지 않고 하루빨리 그곳에서 빠져나오기를 바랐을 테니 말이다. 아니면 세상이 점점 천박해지는 것에 대해 모멸감과 두려움을 느끼고 있었거나. 소설 속에서 매그위치가 반복적으로 '천하게 행동하지 않겠다'고 다짐하는 것이나, 하층 계급의 이야기를 전하는 디킨스의 문장이 지나치게 고급스럽고 해학적인 것도 그 때문인 듯하다. 에밀 졸라의 직설적인 문장과 비교하면 디킨스의 해학적인 문장은 어색할 정도로 인물들과 괴리되어 있잖은가. 말하자면 디킨스나 당시의 대중 모두 아직은 에밀 졸라가 십수 년 뒤 『목로주점』(1877)이나 『제르미날』(1885)에서 보여줄 생존을 위해 고투하는 자들의 날것 그대로의 '천박한 세계'를 두려워하고 있었는지도 모르겠다. 아니, 그건 지금도 마찬가지일까?

행복은 정말 다른 곳에 있는 걸까?

『마담 보바리』
귀스타브 플로베르, 김화영 옮김
민음사, 2007(2000)

사실 애써 찾아야 할 가치가 있는 것은 하나도 없다. 모두 다 거짓이다! 미소마다 그 뒤에는 권태의 하품이, 환희마다 그 뒤에는 저주가, 쾌락마다 그 뒤에는 혐오가 숨어 있고 황홀한 키스가 끝나면 입술 위에는 오직 보다 큰 관능을 구하는 실현 불가능한 욕망이 남을 뿐이다. (410쪽)

보일러가 또 말썽이다. 이번엔 물이 샜다. 할아버지가 오셔서 열어보더니 온열교환기를 갈아야 한단다. 사무실에 돌아가서 부품을 가져와야 한다며 오후에 다시 오겠다고 했다. 집주인에게 또 문자를 보냈다. 공연히 내가 뭘 잘못하기라도 한 것처럼 마음이 오그라든다. 봄이 지나면 집을 팔 거라고 했으니 어차피 새로 들어오는 주인이 전부 바꿀 텐데 그때까지 좀 버텨주지…… 공연히 보일러가 원망스러워진다.

그사이 프랑스 작가 귀스타브 플로베르(1821~1880)가 1857년에 펴낸 소설 『마담 보바리』를 읽었다. 보바리 부인이 된 엠마 루오가 외도와 낭비 때문에 큰 빚을 지고 궁지에 몰려 자살한다는 이야기다.

의사인 샤를 보바리는 부모의 권유로 나이 많은 과부와 결혼하지만 결혼생활이 힘겹다. 어느 날 다리 골절상을 입은 시골 영감 루오를 치료하러 갔다가 루오의 딸 엠마를 알게 된다. 엠마는 수도원에서 지내는 동안 낭만적인 소설들을 즐겨 읽으며 사랑과 삶에 대해 환상을 잔뜩 품게 된 처녀다. 아내가 돌연사해 혼자 된 샤를은 엠마와 결혼해 토트라는 마을에 신혼집을 꾸미고 개업을 한다. 딸 베르트를 낳았지만 엠마는 결혼생활에 만족하지 못한다. 남편 샤를은 더 이상 꿈꾸던 남자가 아니고 시골에서의 생활 또한 답답하기만 하다. 마을의 공증인 사무실 서기 레옹에게 잠깐 연정을 품게 되나 레옹은 파리에 가서 법률 공부를 더 하기로 했다면서 떠나버린다. 그러다가 자신의 하인을 치료하기 위해 샤를을 찾은 바람둥이 청년 로돌프가 엠마에게 마음을 품고 접근한다. 둘은 연인으로 발전해 엠마는 새벽마다 로돌프의 집을 찾기에 이른다. 불안해진 엠마는 다시 남편에게 정을 붙여보기 위해 새로운 안짱다리 치료법을 시도해 보라고 부추기지만 샤를이 금사자 여관의 사환 이폴리트를 치료하다가 그만 한쪽 다리를 잃게 만들자 또 한 번 실망한다. 남편에 대한 실망은 로돌프에 대한 무서운 집착으로 이어지고 마침내 두 사람은 함께 도망가기로 결정한다. 엠마는 이미 많은 빚을 지고 있는 고리대금업자 뢰르에게 여행에 필요한 것들을 사들인다. 하지만 로돌프는 엠마와 도망가고 싶은 마음이 전혀 없었기에 전날 멀리 떠난다는 거짓 편지를 엠마에게 보내고 엠마는 신경증 증세를 보이며 앓아눕는다. 엠마의 상태가 우선해지자 샤를은 엠마를 데리고 루앙으로 오페라를 보러 가는데 그곳에서 레옹을 다시 만난다. 엠마는 피아노 레슨을 받는다는 핑계로 목요일마다 루앙으로 나가 레옹과의 밀회를 즐긴다. 그사이 시아버지 보바르 씨가 사망하고 엠마는 뢰르의 꼬임에 넘어가 이런저런 어음에 사인을 하며 돈을 융통하다가 이자가 불어 감당할 수 없는 큰 빚을 진다. 뢰르의 협박에 겁을 먹고 돈을 구하기 위해 레옹과 로돌프를 찾지만 거절당하자 엠마는 약제사 오메 씨의 창고에서 몰래 비소를 먹고 고통을 당하다가 사망한다. 아내를 잃은 슬픔에 재산까지 차압당한 샤를은 혼자 딸 베르트를 키우다가 어느 날 앉은 채로 사망하고, 베르트는 할머니 보바르에게 보내졌다가 할머니마저 사망하자 남의 집에 살면서 공장에 다니며 돈을 벌어야 하는 신세가 된다.

이른바 '보바리슴'을 낳은 소설이다. '스스로를 있는 그대로 보지 못하고, 환상을 품은 채 다른 존재로 상상하는 정신 기능'으로 프랑스의 평론가 고티에가 바로 이 소설을 읽고 지은 개념이다. 엠마는 늘 행복은 다른 곳에 있다고 여긴다. 시골집 창턱에 팔을 괴고 먼 곳을 바라보는 모습이 엠마의 시그니처 장면일 정도로 그는 늘 다른 곳을 응시한다. 하지만 이런 성향을 엠마만의 것이라고 할 수 있을까. 스스로나 스스로의 처지를 있는 그대로 받아들이면서 사는 사람이 얼마나 된다고. 기계가 아닌 다음에야 누구나 더 나은 나를 상상하기 마련이고 그게 삶을 지탱하는 힘이 되기도 하지 않은가.

엠마는 외도 때문이 아니라 고리대금업자의 덫에 걸려드는 바람에 비극적인 최후를 맞는다. 이 부분이 비슷한 시기 결혼한 여성이 외도 때문에 비극적인 최후를 맞는다는 내용을 갖는 유럽의 다른 두 소설, 즉 독일 작가 테오도어 폰타네의 『에피 브리스트』(1895)나 러시아 작가 톨스토이의 『안나 카레니나』(1877)와 구별되는 점이다. 비슷한 시기에 유럽의 문학계에 같은 내용의 소설이 세 편이나 등장했다는 것도 예사로워 보이지 않는다. 엠마와 안나는 자살하고, 에피는 병으로 사망한다. 안나는 외도 끝에 절망한 나머지 기차에 몸을 던지지만, 에피의 경우는 외도 자체는 큰 문제가 되지 않았지만 몇 년이 지난 뒤 남편이 연애편지를 발견하는 바람에 순전히 명예 때문에 결투를 하고 에피는 딸과 함께 집을 나와 병으로 사망한다. 엠마에게만 빚이 문제가 되었다. 외도가 아니라 새로운 시대 환경이 엠마를 죽음으로 내몬 셈이랄까.

정을 붙여보려고 여러 번 읽어보지만 어쩐 일인지 플로베르의 소설과는 여전히 좋은 관계를 맺지 못하고 있다. 『마담 보바리』도 그렇고 『감정교육』(1869)도 마찬가지다. 사실주의 소설의 대가답게 치밀한 묘사만큼은 플로베르를 따를 작가가 없으리라. 하지만 내겐 외려 그 점이 그의 소설을 읽는 데 매번 방해가 될 뿐이니 얄궂은 노릇이다. 뭐랄까, 서술자에게서 인물에 대한 애정을 찾아보기가 쉽지 않달까. 치밀한 묘사에 기반을 둔 플로베르만의 강고한 소설 세계 속에서 인물들은 그저 역할 연기를 하는 것처럼 보인다. 엠마를 죽이더라도 한번쯤은 자신은 물론 자신이 살아온 과정을 되

돌아보고 스스로를 이해할 기회를 주었어도 좋지 않았을까 싶다.

플로베르의 치밀한 서술 기법의 가장 큰 수혜자는 아마도 카프카이리라. 플로베르 학교라는 게 있다면 가장 성실한 우등생이었을 체코 작가. 플로베르만큼이나 치밀하고 정확한 묘사가 카프카에겐 의외의 수확을 가져다주었다. 자신만의 소설 세계와 인물들을 더 특이하고 기괴하게 보이도록 만든 것. 이것만 봐도 플로베르의 소설이 낯설게 다가오는 게 충분히 이해된다. 너무 앞서갔던 것일까.

내 경우는, 엠마처럼 행복은 다른 곳에 있으리라고 여긴 대신 이번 생에선 나와는 거리가 멀다고 믿었더랬다. 그래서 엠마처럼 굳이 행복을 찾으려고 발버둥 치지도 않았던 모양이다. '행복하다'는 형용사여서 내가 주관할 수 없는 것이라고 여겼달까. '사랑하다'는 동사여서 주어인 내가 얼마든지 주관할 수 있지만 '행복하다'는 형용사여서 그럴 수 없잖은가. '사랑하자, 사랑할 거야, 사랑하세요' 모두 어법에 맞는 말이지만, '행복하자, 행복할 거야, 행복하세요'는 어법에 맞지 않는 말이니까. 행복이란 그저 행복한 그림(형용) 속에 내가 들어가 있을 때 잠깐 느낄 수 있고 그렇지 않을 땐 내 것일 수 없는 그 무엇이라고 생각했다.

지금은 그런 생각조차 하지 않는다. '행복'이나 '사랑', '불행' 모두 낯선 외국어 같기만 하다. 내가 자주 연락하고 지내는 사람은 부모님을 제외하면 지난 10년간 인연을 맺어온 P와 최근 들어 동병상련 탓인지 자주 연락하게 된 동생뿐이다. 두 사람 다 행복하고는 거리가 먼 삶을 살고 있다.

그 점에선 나하고 닮았다. 서머싯 몸이 『인간의 굴레에서』(1915)에서 쓴 표현을 응용하자면, 다른 곳에서 다른 사람들과 행복해지는 길보다 내가 서 있는 곳에서 이들 두 사람과 불행해지는 길을 기꺼이 택할 용의가 있다. 참, '연필이'를 빼먹을 뻔했다. 그러려면 무엇보다 보일러가 더는 말썽을 일으키지 말아야 할 텐데, 걱정이다.

미리 만나 보는 현대 소설

『고리오 영감』
오노레 드 발자크, 임희근 옮김
열린책들, 2018(2008)

> 그는 있는 그대로의 세상을 보았다. 법과 도덕은 부자에게서 아무 힘도 발휘하지 못한다. 그리고 〈이 세상 최후의 논리〉를 돈에서 보았다. (121쪽)

어느새 2월이다. '연필이' 물을 주고 다시 거실로 옮기면서 보니, 줄기가 햇빛 받는 쪽으로 기울어졌길래 반대로 돌려놓아 주었다. 마치 초록색 불꽃이 활활 피어오르다가 바람 때문에 한쪽으로 살짝 기울어진 것처럼 돼버렸다.

소파에 누운 채로 '연필이'를 바라본다. 감기가 좀처럼 떨어지지 않는다. 말끔하게 낫지도 않고 그렇다고 심해지지도 않은 채 지지부진한 상태가 열흘 넘게 이어지고 있다. 소파에 누워 책을 읽다가 나도 모르게 스르르 잠이 들고 만다. 꿈도 없이 자맥질하듯 잠 속으로 빠져들었다 깨어나기를 반복한다. '연필이'를 따라서 내 몸도 어쩐지 기우뚱 균형을 잃은 듯한데 좀처럼 중심을 잡지 못하고 있다.

그렇게 기우뚱한 상태로 프랑스 작가 오노레 드 발자크

(1799~1850)가 1835년에 펴낸 소설 『고리오 영감』을 읽는다. 스무 살의 법학도 외젠이 파리에서 하숙 생활을 하며 사교계에 진출하려고 애쓰다가 같은 하숙집에 기거하는 고리오 영감의 서글픈 가족 관계를 알게 되고 결국은 쓸쓸히 죽어간 고리오 영감을 묻어준다는 이야기다.

스무 살의 외젠 드 라스티냐크는 프랑스 남부에서 파리로 유학 온 법학도로 보케 부인이 운영하는 뒷골목 허름한 하숙집에 기거한다. 외젠은 친척인 보세앙 자작 부인의 도움을 받아 사교계에 진출해 보려고 시골에서 어렵게 사는 어머니와 두 누이에게 돈을 부탁한다. 한편 같은 하숙인인 예순아홉 된 고리오 영감은 혁명기에 곡물 매매로 제법 큰돈을 벌어 두 딸인 아나스타지와 델핀을 각각 레스토 백작과 금융자본가인 뉘싱겐에게 막대한 지참금을 들려 시집보냈다. 하지만 왕정이 복고되자 사위들은 쇠락한 장인을 외면하고 레스터 백작 부인과 뉘싱겐 부인이 된 두 딸은 급전이 필요할 때만 아버지 고리오 영감을 찾는다. 그런가 하면 쿠튀르 부인은 친구의 딸인 빅토린 타유페르 양과 함께 하숙집에 기거하는데, 타유페르 양의 어머니가 사망하면서 아버지가 아들에게만 재산을 물려주려고 딸을 내쫓자 쿠튀르 부인이 거둔 것. 그리고 마흔 살의 화통한 사내 보트랭은 세상물정을 속속들이 잘 아는 호인이면서 쉽게 범접하기 어려운 기질을 지닌 또 다른 하숙인이다. 하숙인들은 고리오 영감을 어린 귀부인들과 염문을 뿌리는 괴상한 노인으로 여기고 놀리거나 기피한다. 하지만 보세앙 부인을 통해 레스토 백작 부인과 뉘싱겐 부인을 만난 외젠은 고리오 영감이 그들의 아버지라는 것과 두 딸의 헤픈 씀씀이 때문에 고리오 영감이 재산을 다 날리고 남은 은그릇 따위를 저당 잡혀 가며 여전히 두 딸에게 돈을 대주느라 허름한 하숙집에서 살 수밖에 없음을 알게 된다.

외젠은 뉘싱겐 부인과 가까워지지만, 더 큰 야망을 가져야 한다는 보트랭의 꼬임에 넘어가 빅토린과 짝이 될 수도 있다고 여긴다. 보트랭은 자신이 빅토린의 오빠 프레데리크를 결투에 끌어들여 죽게 만들면 타유페르 씨는 딸 빅토린을 받아들일 수밖에 없고 그러면 외젠과 자신이 큰돈을 벌게 될 거라고 외젠을 부추긴다. 실제로 결투 끝에 프레데리크가 사망하고 빅토린은 쿠튀르 부인과 함께 아버지 집으로 들어간다. 하지만 보트랭은 지명 수배를 받고 있는 탈옥수이자 죄수들의 자금을 운영하는 조직의 우두머리인 흉악범 자크 콜랭임이 밝혀져, 경찰에 매수된 또 다른 하숙인들인 푸아레와 미스 미쇼노 노인들의 활약으로 잡혀간다. 그리고 두 노인은 그 일로 하숙집에서 쫓겨난다. 외젠은 고리오 영감의 도움으로 뉘싱겐 부인의 정부가 되지만, 뉘싱겐 부인은 남편이 사업에 모든 돈을 투자하면서 자신의 돈마저 빼앗길 처지에 몰리자 법정 다툼 직전까지 이르렀다며 아버지를 찾아와 우는소리를 하고, 레스토 백작 부인마저 정부 막심에게 속아 엄청난 돈을 날렸다면서 아버지에게 도움을 청한다. 고리오 영감은 자신의 연금까지 저당 잡혀 가며 그들을 도와주지만 그만 뇌일혈로 쓰러져 사경을 헤맨다. 외젠과 의학도인 비양숑이 고리오 영감을 간병하며 버텨보지만 결국 고리오 영감은 코빼기도 비치지 않는 딸들을 원망하면서 사망하고 외젠이 지켜보는 가운데 가족도 없이 쓸쓸하게 묻힌다. 혼자 남은 외젠은 파리와 한판 붙어보겠다는 결심을 하고 뉘싱겐 부인 집으로 저녁을 먹으러 간다.

발자크 하면 공연히 주눅부터 든다. '인간 희극'으로 알려진 방대한 양의 연작 소설을 쓴 작가인데다, 개인적으로는 대학 시절부터 워낙 자주 들었던 작가여서 그렇기도 하다. 문예 이론서, 특히 마르크스주의 문예 이론서에선 어느 책에든 빠지지 않고 등장한 작가였다. 반동적인 왕당파 작가였으면서 작품을 통해 민중의 삶을 제대로 그려냄으로써 이른바 '진보적 리얼리즘의 승리'를 구현한 대표적인 사례로 꼽혔던 것. 그래서인지 첫인상은 그다지 좋지 않았다. 어쩐지 교과서적인 작품을 쓴 작가가 아닐까 하는 의심이 들었달까.

『고리오 영감』, 『골짜기의 백합』(1836), 『루이 랑베르』(1833)를 차례로 읽었는데 작품마다 분위기가 판이해서 왕성한 필력을 자랑한 작가답다는 느낌은 받았다. 하지만 문예 이론서에서 추어대던 정도는 아니었다. 이런저런 '-이즘'들은 작품을 읽는 데 도움은커녕 방해만 된다는 걸 다시 한 번 확인할 수 있었다. 작품과 나 사이에 뭔가 다른 것들이 끼어들기 시작하면 작품을 보는 시각은 왜곡되기 마련이니까.

다만 『고리오 영감』은 인상적이었는데 이번에 다시 읽으니 현대 소설에서나 볼 수 있는 구성을 하고 있어 발자크가 확실히 앞서간 작가였다는 생각이 들긴 했다. 비슷한 시기 파리에서 사교계 여인들을 제물 삼아 출세의 야욕을 불태우는 남성을 다룬 다른 소설들과 비교해 봐도 알 수 있다. 가령 스탕달의 『적과 흑』(1830)이나 모파상의 『벨아미』

(1885) 같은 소설들. 시간 순서와 공간 이동에 따라 주인공의 이야기를 단선적으로 진행시키는 이들 소설과 달리 『고리오 영감』은 이야기의 중간에서 불쑥 시작해 이미 흘러가 버린 다양한 시간들을 되짚거나 엮고, 소설의 공간 또한 여러 곳을 동시에 펼쳐 보여주는 방식을 택했다. 하숙집 풍경과 일곱 명의 하숙인들을 소개하는 것으로 시작하는 서술은 1819년 11월 파리의 뒷골목 하숙집 풍경을 보여주지만, 이미 서로 다른 일곱 개의 시간이 흐른 뒤의 시점인 데다(고리오 영감은 무려 69세고, 보트랭은 범죄자로서의 파란만장한 삶을 살고 난 뒤이며, 푸아레와 미쇼노는 삶에 끝에 다다른 노인들인 데다, 빅토린 또한 사연이 될 만한 사건을 겪은 뒤다), 하숙인 각각의 방이 다른 것처럼 그들이 삶의 공간 또한 제각각이다.

무엇보다 소설의 제목이 된 고리오 영감과 실제 주인공인 외젠의 공간이 따로따로 펼쳐지다가 고리오 영감의 두 딸 때문에 만나고 다시 흩어지는 과정을 절묘한 구성을 통해 무리 없이 그려냈다. 딸들의 공간 또한 복권된 귀족 사회를 대표하는 레스토 백작과 새로 부상한 금융자본 세력을 대표하는 뉘싱겐의 공간이 나뉘고, 하숙집에서도 푸아레로 대표되는 은퇴한 하급 관리와 비양숑으로 대표되는 부상하는 전문가 집단(의사)의 공간이 나뉜다. 이들은 마치 복잡하게 얽힌 골목들처럼 서로 만났다가 흩어지기를 반복한다. 등장인물들이 소설이 시작되기 전에 이미 각자의 삶을 시작했고 소설이 시작되는 동안 여전히 삶을 이어가다가 소설이 끝난 뒤에도 각자의 삶을 마저 사는 걸 보여주는 이야기, 현대 소설에

나 어울리는 이런 열린 구조를 1835년에 발표된 『고리오 영감』을 통해 접하게 될 줄이야.

현대 소설은 19세기 말에서 20세기 초에 걸쳐 작품을 발표한 조지프 콘래드에서 시작되었다고 여겼더랬는데, 엉뚱하게도 발자크의 『고리오 영감』을 통해 미리 현대 소설을 맛보게 되어 시대 구분이란 게 얼마나 편의적인지 다시 한번 깨달았다.

독자를 만들어야 하는 작가의 운명

『아Q정전』
루쉰, 김태성 옮김
열린책들, 2020(2011)

"가령 말이야, 창문은 하나도 없고 절대로 부서지지도 않는 쇠로 된 방이 있다고 치세. 그리고 그 안에는 수많은 사람들이 깊이 잠들어 있다고 하세. 다들 곧 질식해 죽겠지. 하지만 혼수상태에서 곧바로 죽음의 상태로 이어질 테니까 절대로 죽기 전의 슬픔 따위는 느끼지 못할 걸세. 그런데 지금 자네가 큰 소리를 질러서 비교적 정신이 맑은 사람 몇몇을 깨운다면 말이야, 이 소수의 불행한 사람들은 만회할 수 없는 임종의 고통을 겪어야 하지 않겠나? 그러고서도 자네는 그 사람들에게 미안한 생각을 갖지 않을 수 있겠나?"
"하지만 몇 사람만이라도 깨어난다면, 쇠로 된 방을 부수고 나올 수 있다는 희망이 절대로 없는 것은 아니지 않은가?" (14쪽, 「『외침』 자서(自序)」 중에서)

다행히 감기가 우선해졌다. 감기 때문에 미뤄두던 청소도 하고 샤워도 하고 나니 기분이 날아갈 듯하다. 저녁엔 갑자기 피자 생각이 나서 얼른 검색한 다음 20분 정도 천천히 걸어

레귤러 사이즈로 한 판을 사서 들고 와서는 남김없이 다 먹어버렸다. 오랜만에 먹어서 그런지 맛이 그만이었다.

아침부터 손에 든 책은 중국 작가 루쉰(1881~1936)이 1923년에 펴낸 단편소설집 『외침(吶喊)』과 1926년에 펴낸 단편소설집 『방황(彷徨)』에서 가려 뽑은 15편의 짧은 소설들을 한글로 옮긴 『아Q정전』이었다.

이 책에 실린 작품들은 「아Q정전」을 제외하면 단편이라기보다 '엽편(葉片)'이라고 불러야 할 정도로 짧은 이야기들이다. 「아Q정전」과 함께 가장 잘 알려진 「광인일기」도 그렇고 「쿵이지」, 「약」, 「내일」, 「작은 일 한 가지」, 「머리털 이야기」, 「고향」, 「토끼와 고양이」, 「오리의 희극」, 「축복」, 「술집에서」, 「장명등」, 「죽음을 슬퍼하며」, 「형제」 등이 다 그렇다.

그런데 읽다 보면 이야기의 내용이나 문장의 호흡이 짧은 이야기에 맞춤해 보이지 않는다. 충분히 더 길게 이어질 수 있는 이야기를 어쩔 수 없이 짧게 들려준 듯한 느낌인 데다, 문장도 긴 이야기에 어울리는 차분한 호흡을 유지하고 있어 작품이 끝난 뒤에도 여운이 길게 남는다. 그나마 완결된 이야기로 읽히는 「아Q정전」마저도 서술이나 구성, 인물의 성격 묘사 어느 하나 모자란 것이 없어 보이지만, 충분히 더 길게 쓸 수 있는 이야기를 짧게 축약한 듯한 인상을 받게 된다.

루쉰의 글을 읽거나 다른 사람이 쓴 루쉰과 관련한 글을 읽을 때면 매번 놀란다. 우선 그가 생각보다 더 강골 지식인이었다는 점이 그렇고('미리 쓰는 유서'를 청탁 받고, 죽음을 앞둔 상황이라고 해서 자신이 비판해 온 세력과 거짓 화해를 할 생각은 추호도 없다는 내용의 유서를 썼다는 글을 읽은 기억이 있다), 소설보다 잡문을 더 많이 썼다는 점이 그렇고 (단편소설집은 세 권을 묶어 냈는데, 잡문집은 열 권이 넘고 번역서도 그 정도 되는 듯하다), 장편소설을 단 한 편도 쓰지 않았다는 점이 그렇다. 그리고 가장 놀라운 점은 그의 소설이 계몽 지식인이 인민을 계몽하기 위한 목적으로 쓴 소설이라고는 믿기지 않을 정도로 문학적이고, 문장도 성마르게 딴 덜 익은 감처럼 떫고 아린 맛이 아니라 홍시처럼 차지고 깊은 맛이 난다는 점이다.

이 책의 서두에 실린 그의 첫 소설집 『외침(吶喊)』의 자서(自序)에서도 언급했듯이, 루쉰은 당시로서는 늦은 나이에 일본으로 유학 가서 센다이 의학전문학교에 적을 두던 스물다섯 살 무렵, 강의 시간에 환등기를 통해 본 중국 인민들의 우매한 모습에 충격을 받고 몸을 고치는 일보다 정신을 개혁하는 일이 시급하다고 판단해 문예 운동에 뛰어든다. 그리고 첫 소설을 썼을 때 그의 나이는 서른이었다. 쉰다섯에 폐결핵으로 사망했으니 활동 기간이라고 해봐야 25년쯤 되는 셈이다. 시간에 쫓겼으리라. 인민을 계몽하기 위한 잡지를 만들고 짧은 글들을 써서 싣고 번역을 하고 강연을 하는 데도 빠듯한 시간이었으리라.

그가 첫 소설을 쓴 해는 신해혁명이 일어난 1911년이었다. 그 뒤의 혼란상을 생각해 볼 때 계몽 지식인으로서 루쉰이 싸워야 할 대상은 한두 가지가 아니었을 터. 무엇보다 무너진 청조의 봉건 폐습을 타파해야 했고, 위안스카이의 군벌과도 싸워야 했으며, 상하이 사변을 시작으로 중국 침략을 노리던 일본 제국주의와도 맞서야 했다. 물론 가장 중요한 적은 인민을 괴롭히던 '무지몽매(無知蒙昧)'였다. 말하자면 소설가로서 편안히 앉아 창작에만 전념할 수 없었던 것. 설령 그럴 수 있었다 해도 독자가 없었을 테니 의미가 없었으리라. 그는 자신의 글을 읽어줄 독자를 만들어내야만 했다. 그것도 소설가를 위한 독자가 아니라 계몽 지식인을 위한 독자.

그러니 루쉰이 변변한 장편소설 한 편 남기지 못한 걸 아쉬워할 수만은 없다고 이해하면서도, 마음 한편에 미련이 남는 건 어쩔 수 없다. 그가 너무 이른 나이에 사망한 것도 못내 아쉽고. 하긴 더 살았더라도 그에겐 소설을 쓰고 있을 여유 같은 건 없었을지도 모른다. 그가 죽은 해가 중일전쟁이 벌어지기 1년 전인 1936년이었으니까.

아쉬운 마음에 이 책에 실린 열다섯 편의 짧은 소설을 긴 장편소설처럼 읽어 본다. 식인 풍습에 물든 사람들이 자신도 잡아먹을 거라는 피해망상에 시달리는 「광인일기」의 주인공과, 글공부깨나 했지만 외상술이나 먹다가 결국 도둑질이 들통 나 다리가 부러진 쿵이지, 서른 살 먹도록 장가도 못 가고 마을의 허드렛일이나 도우며 술과 도박에 빠져 지내다 혁명기에 처음으로 큰 소리 좀 쳐보려다가 결국 총살당하고 마는 아Q, 혁명에 나섰다가 처형당한 청년의 어머니와 그 청년의 피가 묻은 만터우를 먹였지만 결국 죽고 만, 폐병 걸린 아들의 어머니, 아이를 잃은 싼쓰 댁과 기구한 운명의 샹린 댁, 바닷가 마을의 재주 많은 소년에서 여섯 아이를 키우며 이런저런 세금으로 애써 일군 식량을 죄다 뜯겨 나무뿌리처럼 변해 버린 아버지 룬투, 그토록 원하던 리본 한번 가져보지 못하고 어린 나이에 병으로 죽은 소녀 아순, 그리고 작가와 동거하다가 사랑을 잃고 죽는 여성 즈쥔이 등장하는 아주 긴 소설을 머릿속에 그려 본다.

그리고 마지막 문장은 어린 시절 자신이 형이라고 부르며 따랐으나 지금은 자신을 나리라고 부를 수밖에 없는 룬투를 그린 「고향」의 마지막 문장으로 삼는다.

> 희망이라는 것에 생각이 미치자 갑자기 무서워졌다. 룬투가 향로와 촛대를 달라고 했을 때, 나는 마음속으로 몰래 그를 비웃었다. 그가 줄곧 우상을 숭배하면서 한시도 잊지 못하는구나 하고 생각했다. 하지만 지금 내가 생각하는 희망 역시 나 스스로 만들어 낸 우상이 아닌가? 단지 그의 소망이 현실에 아주 가까운 것이라면, 나의 소망은 막연하고 아득하다는 것이 다를 뿐이다. 몽롱한 상태에서 눈앞에 바닷가의 파란 모래사장이 떠올랐다. 위로는 짙은 쪽빛 하늘에 황금빛 보름달이 걸려 있었다. 나는 생각했다. 희망이란 본래 있다고도 할 수 없고 없다고도 할 수 없는 것이라고. 그것은 마치 땅 위의 길과 같다. 사실 땅에는 원래 길이 없었다. 걷는 사람이 많아지면서 곧 길이 된 것이다. (99쪽, 「고향」)

포크너, 포크너!

『소리와 분노』
윌리엄 포크너, 공진호 옮김
문학동네, 2020(2013)

일순간 벤은 전적인 단절감에 휩싸이며 울부짖었다. 울부짖음에 울부짖음이 더해지며 그의 목소리는 더욱 커졌다. 숨을 쉴 틈도 두지 않았다. 거기에는 경악 이상의 감정이 담겨 있었다. 그것은 공포였다. 충격이었다. 눈이 없고 혀가 없는 고통이었다. 그것은 오로지 소리였다. (419쪽)

새로 내는 책의 교정지를 확인하고 편집자에게 수정 사항을 메일로 보내주느라 며칠 동안 책을 손에 들 수 없었다. 작년 3월에 보낸 원고인데 사정상 작업이 늦어졌다. 기억을 더듬어 내용을 확인하고 교정을 보느라 오랜만에 눈을 혹사했다. 맞춤법 관련 실용서라 확인에 확인을 거듭할 수밖에 없었다.

눈을 좀 쉬게 한 뒤에 손에 든 책은 미국 작가 윌리엄 포크너(1897~1962)가 1929년에 펴낸 소설 『소리와 분노』였다. 1928년 4월 6, 7, 8일 3일 동안 미국 남부 웨스트버지니아 주 제퍼슨 카운티에 사는 벤저민(벤지)의 집에서 벌어진 일을 의식의 흐름 기법으로 그려낸 모더니즘 소설의 걸작이다.

소설은 모두 네 개 장으로 구성돼 있고, 각각 '1928년 4월 7일', '1910년 6월 2일', '1928년 4월 6일', '1928년 4월 8일'이라는 제목이 달려 있다.

첫째 장은 벤저민, 즉 벤지의 서술로 전개된다. 벤지는 이 가족의 4남매 가운데 막내로 말하지도 듣지도 못할 뿐만 아니라 세 살 정도의 정신 연령에 머물러 있어 울고 소리 지르는 일밖에 하지 못한다. 1928년 현재 서른세 살이 되었지만 벤지의 눈에 비친 세상은 세 살배기 아이의 눈에 비친 세상과 다르지 않다. 벤지에겐 두 명의 형 퀜틴과 제임스, 그리고 누나 캐디가 있다. 신경성 질환 때문에 늘 누워 지내는 어머니 캐롤라인과 아버지가 있고, 외삼촌 모리가 있다. 누나 캐디는 허버트와 결혼하지만 자신의 딸 퀜틴(삼촌 이름과 같다)이 다른 남자의 아이라는 사실이 밝혀져 이혼하고 퀜틴은 다시 할머니 집으로 보내진다. 큰형 퀜틴은 벤지의 몫인 집안 땅을 판 돈으로 하버드 대학에 들어가지만 1학년을 마칠 무렵 자살한다. 작은형 제임스는 은행에 다니는 허버트의 소개로 은행에서 일할 기회를 잡지만 캐디의 이혼으로 물거품이 되고 집에서 가장 역할을 하며 '누나를 닮아 행실이 좋지 않은' 조카 퀜틴을 감시한다.

이 집엔 흑인 하녀인 딜지, 그리고 류머티즘을 앓는 그의 남편 로스커스, 그들의 두 아들 버시와 티피 그리고 딸 프로니도 있다. 벤지는 처음엔 버시와 티피가 돌보다가 현재는 프로니의 아들인 러스터가 따라다닌다.

1928년 4월 7일 벤지의 서른세 번째 생일날 러스터는 벤지를 데리고 평소처럼 골프 치는 사람들을 울타리 밖에서 구경하며 잃어버린 은전을 찾는다. 마을을 찾은 순회극단 공연에 가기 위해 엄마 프로니에게 받은 돈이다. 그렇게 마을을 돌아다니다가 집에 돌아온 벤지는 딜지 할머니가 마련해 준 케이크를 먹고 조카 퀜틴이 형 제이슨과 다투다가 그날 밤 2층 자기 방 창문을 통해 나무를 타고 몰래 빠져나가는 걸 목격한다. 단 하루 동안 벌어진 일을 서술하고 있지만 벤지의 시선을 통해 먼 과거와 가까운 과거 그리고 현재를 수시로 오가는 데다, 현재를 서술하는 문장들 안에 과거가 담긴 문장들이 수시로 끼어들기 일쑤여서 첫 장만 읽고는 내용은 물론 등장인물들의 관계조차 파악하기 쉽지 않다.

둘째 장은 1910년 6월 2일 퀜틴이 하버드에 다니던 어느 날 정장을 차려입고 자살하기 위해 길을 나서는 것으로 시작해 퀜틴의 서술로 역시 현재와 과거를 수시로 오가는 의식의 흐름을 보여준다. 퀜틴은 누이동생 캐디가 다른 남자의 아이를 임신하고 자신이 싫어하던 허버트와 결혼하던 날을 떠올리고, 자신이 정신적으로 캐디와 근친상간을 저질렀음을 아버지에게 고백하던 날도 떠올린다. 그렇게 해서라도 캐디를 데리고 마을 사람들의 입방아로부터 함께 도망치고 싶었던 것.

셋째 장과 넷째 장은 앞의 두 장과 비교하면 비교적 정상적인(?) 서술로 이루어진다. 셋째 장은 가장이 되어 어머니와 딜지, 그리고 학교를 빼 먹고 순회극단의 남자들이나 외판원들과 어울려 다니는 조카딸 퀜틴을 맡아 가장 역할을 하는 제임스의 서술로 1928년 4월 6일의 일을 기록하고, 넷째 장은 전지적 작가 시점이긴 하지만 딜지를 중심으로 1928년 4월 8일 하루 동안의 일이 저주 받은 이 집안 이야기와 함께 서술된다. 제임스는 집안의 구성원 모두는 물론 미쳐 돌아가는 세상을 저주하며 자신만이 제정신을 가진 인간이라는 투로 비아냥거리며 퀜틴을 몰아세우지만, 퀜틴이 자신의 돈 3천 달러를 훔쳐 달아나 버리자 절망하고, 딜지는 체념한 할머니의 시선으로 자신이 본 이 집안의 '처음과 끝'을 증언한다.

이 소설은 한 번 읽고 난 뒤에 다시 읽어야 그 묘미를 즐길 수 있다. 아니 다시 통독하지 않더라도 최소한 첫 장은 다시 읽어야 혼란스럽게 뒤섞인 시간의 타래를 제대로 풀어낼 수 있다. 첫 장을 다시 읽다 보면 벤지의 시선으로 서술된 요령부득의 이야기가 분명해지면서 나머지 세 장의 이야기 또한 머릿속에서 명료하게 재구성된다.

모더니즘은 다른 사조와 달리 디딜 언덕이 없었다. 앞의 사조에 반해서 혹은 앞의 사조가 더는 효력을 발휘할 수 없을 정도로 낡아서 새로운 분위기를 조성할 동력을 얻었던 다른 사조들과 달리, 모더니즘은 폐허에서 새로운 길을 찾은 사조였다. 제1차 세계대전과 러시아 혁명에 자본주의라는 괴물까지, 세상은 더 이상 예전의 세상이 아니었다. 따라서 더는 예전의 문법으로 시를 읊고 소설을 쓸 수 없게 되었다. 따지고 보면 모더니즘은, 말은 그럴듯해 보여도 항복 선언이나 마찬가지였으리라. 이런 파편적인 세상에서 어떻게 작품을 써야 할지 도무지 모르겠다는 선언.

시는 모르겠지만 소설에서는, 그 폐허에서 어렵게 찾은 새로운 길을 누구보다 분명히 보여준 작가가 포크너였다. 유럽에서 시작된 이른바 '의식의 흐름' 기법이 완벽한 결과물로 구현된 작품들 또한 포크너의 손끝에서 탄생했고.

과거와 현재, 감성과 이성, 의식과 무의식을 넘나드는 문장들임에도 군더더기 없이 명료하고, 그럴듯함과는 거리가 먼 지극히 일상적인 이야기와 대사들은 전혀 늘어지지 않고 시종일관 긴장감을 잃지 않으며, 시간이 중첩된 구성은 현대적인 삶과 의식의 혼란 그 자체를 혼란스럽지 않게 드러낸다. 무엇보다 그의 '의식의 흐름'은 '지식의 흐름'이 아닌 진정한 '의식의 흐름'이어서 빛난다.

이런저런 걸작들을 읽으며 놀라고 감동하곤 하지만 그 작품들은 어쨌든 잘 만들어졌다는 느낌을 주는 반면, 포크너의 소설들은 대체 이런 작품을 어떻게 썼을까 싶어 고개를 절레절레 흔들게 만든다. 얼개의 밑그림도 추측하기 어렵고 못질한 자리는 물론 사개를 짠 흔적도 찾아볼 수 없다. 문장, 표현, 서술, 대사, 어느 것이든 하나만 들어내도 소설 전체가 무너져 내릴 것만 같아 읽기조차 조심스럽다. 이 소설을 처음 읽고 어, 하고 놀라서 『내가 죽어 누워 있을 때』(1930), 『압살롬, 압살롬!』(1936), 『성역』(1931)을 연이어 읽은 기억이 있다. 그 뒤로는 읽지 않았다. 다시 읽어야 할, 그리고 아직 읽지 않은 포크너의 소설이 있다는 사실이 숨겨놓은 비자금처럼 나를 든든하게 만들었달까.

이번에 『소리와 분노』를 다시 읽으면서(예전엔 『음향과 분노』라는 제목으로 읽었더랬다) 포크너가 자신의 걸작들을 발표하고 난 뒤 오랜 시간이 지나 유려한 한국어로 옮겨질 때까지 내가 이 땅에 살아서 그의 소설들을 읽을 수 있다는 사실에 감사했다. 남은 생애 동안 한 작가의 소설만 읽어야 하는 형벌 아닌 형벌을 받게 된다면, 그리고 그 작가를 내가 직접 고를 수 있다면 주저 없이 포크너를 고르리라는 행복한 상상을 하면서.

고급 심리소설의 초상

『한 여인의 초상』 1·2
헨리 제임스, 유희석·유명숙 옮김
창비, 2013

> 고양되고 우월한 느낌으로 저 아래 펼쳐진 세상을 내려다보면서 판단하고 선택하고 동정할 수 있는 지복의 높은 위치로 올라서지 못하고, 다른 사람들이 느긋하고 자유롭게 살아가는 소리가 위에서 들리고, 그래서 실패의 자괴감이 더 깊어지는 구속과 억압의 세계로 떨어진 것이다. (2권 186쪽)

대전역 광장에 가면 머리가 허옇게 센 할아버지 한 분이 기타 치는 걸 볼 수 있다. 어쿠스틱 기타에 앰프를 연결해서 따로 틀어놓은 가요나 팝송에 맞춰 연주를 한다. 매일 나오시는지는 알 수 없다. 내가 매일 대전역을 오가는 건 아니니까. 가끔씩 대전역을 이용하면서도 매번 맞닥뜨리는 건 아니니 나오시는 날짜나 시간이 따로 정해져 있는 것 같기도 하다. 늘 극단적인 목소리를 전하는 정치 집회나 특정 종교에 치우친 종교 집회만 접하다가, 광장 한편에 울리는 할아버지의 맑은 기타 소리를 듣게 되면 어쩐지 몸과 마음이 정화되는 기분이 든다. 연주 실력이 출중한지는 알 수 없지만 오랫동안 기타를 즐겨 쳐온 분인 것만은 분명해 보인다. 매번 귀 호강만 하며 지나치다가 이번에 처음으로 할아버지 앞에 놓인 기타 케이스 안에 오천 원짜리 한 장을 조심스럽게 내려놓았다. 내 나름의 저작권료를 지불한 셈이랄까. 그렇게 대전역에서 부천으로 이동해 설을 쇠고 다시 대전역으로 돌아왔고, 그다음 주엔 비대면 강연이 잡혀서 또다시 대전역을 이용해 서울에 갔다가 경기도 동생 집에서 하룻밤을 자고 다음날 부천으로 이동해 어머니 모시고 병원에 다녀온 뒤 다시 대전역으로 내려왔다. 그동안 딱 한 번 할아버지를 봤다. 봄이 돼서 날이 풀리면 자주 뵐 수 있기를 바란다.

부천에서 하룻밤 자고 온 것 말고는 정말이지 아무것도 안 하고 설 연휴를 빈둥거리며 지낸 뒤에도 게으름 병이 도졌는지 내내 게으름을 피우다가 오랜만에 손에 든 책은 미국 작가 헨리 제임스(1843~1916)가 1881년에 펴낸 소설 『한 여인의 초상』이었다. 독립적인 성향의 미국 여성 이저벨 아처가 이모와 함께 영국으로 건너가 이모부에게 막대한 유산을 물려받고 결혼까지 하지만, 세상을 마음껏 경험해 보겠다는 꿈도 이루지 못하고 불행한 결혼생활에 고통 받는다는 이야기다.

미국에서 태어나 자란 이저벨 아처는 영국에 사는 이모 터칫 부인을 따라 영국으로 간다. 인습에 얽매이지 않고 자유를 숭상하는 독립적인 미국 여성으로 유럽을 여행하며 세상을 두루 경험하는 게 삶의 목표인 이저벨은 터칫 씨는 물론 그의 아들 랠프와 이웃에 사는 귀족 워버턴 경까지 단번에 사로잡는다. 터칫 씨 또한 수십 년 전 미국에서 영국으로 건너와 사업에 성공한 미국인이다. 다만 그의 아들 랠프는 폐병에 걸려 젊은 나이임에도 불구하고, 건강이 좋지 않은 아버지처럼 집에서 요양하는 신세다. 워버턴 경의 청혼을 거절한 이저벨은 미국에 살 때 자신에게 청혼했던 사업가 굿우드가 영국까지 찾아와 다시 청혼하지만 같은 이유로 거절한다. 결혼할 생각이 없다는 것.

랠프는 지병 때문에 더 이상 삶다운 삶을 영위할 수 없는 자신의 신세를 한탄하면서 대신 사촌 여동생이 멋진 삶을 살도록 돕기 위해 아버지에게 이저벨이 받을 유산에 자신이 받을 유산의 절반까지 얹어주도록 부탁한다. 막대한 유산을 물려받은 이저벨이 결혼하지 않고 세상을 두루 돌아다니며 독립적인 여성으로 살아가리라 기대했지만, 이저벨은 십 대 딸을 가진 오즈먼드라는 사십 대 남성과 결혼한다. 두 사람을 연결해 준 건 이모 터칫 부인과 친분이 있는 멀 부인이었다. 이저벨에게 접근해 환심을 산 멀 부인이 오즈먼드와 공모해 돈 많은 이저벨을 유혹한 것. 오즈먼드는 돈은 많지 않지만 문화적 교양과 탁월한 안목으로 그림을 비롯한 다양한 수집품을 소유한 채 이탈리아에 정착한 미국인이다. 이저벨은 사랑에 빠져 랠프를 비롯한 주변의 반대를 물리치고 결혼하지만 결혼생활은 행복과는 거리가 멀다. 남편 오즈먼드는 이저벨을 자신의 교양과 고급 취향을 완벽하게 구현해 줄 수집품처럼 취급할 뿐 이저벨이 꿈꾸던 자유롭고 독립적인 삶은 안중에도 없다. 냉랭함만 감도는 결혼생활을 유지해 준 건 이저벨이 매주 목요일에 주최하는 파티와 의붓딸 팬지에 대한 애정이었다.

한편 로마에 살고 있는 오즈먼드 부인 이저벨에게 랠프와 워버턴 경이 찾아오고 굿우드 또한 포기를 모르고 이저벨을 다시 찾는다. 워버턴 경이 팬지에게 관심을 보이는 듯하자 멀 부인과 오즈먼드는 예전처럼 다시 공모해 두 사람을 결혼시키려 하면서 이저벨에게 도움을 요청한다. 팬지는 자신에게 청혼한 로지어라는 청년에게 마음이 있지만 아버지의 반대 때문에 자신의 의사를 미처 표현하지 못한다. 워버턴 경이 영국으로 돌아가고 랠프 또한 건강이 악화되어 이저벨의 여자 친구인 기자 헨리에타의 도움으로 영국으로 돌아간 뒤 팬지 또한 실망하고 분노한 오즈먼드에 의해 어린 시절 지냈던 수녀원으로 다시 들어간다. 그리고 랠프가 위독하다는 편지를 받고 영국으로 가야겠다는 이저벨을 오즈먼드가 비아냥거리며 막아서는 와중에 오즈먼드의 여동생 제미니 백작 부인이 이저벨에게 팬지가 실은 오빠와 멀 부인의 딸이라는 사실을 알려준다. 이저벨은 수녀원을 찾아 팬지를 면회하는데 마침 수녀원을 찾은 멀 부인이 유산 상속 과정에서 랠프가 이저벨을 위해 한 일을 귀띔해 준다. 이저벨은 영국으로 돌아가 랠프의 임종을 지키고 워버턴 경의 결혼 소식을 듣는 한편, 포기를 모르고 다시 찾아온 굿우드의 마지막 청혼에 흔들리는 듯하더니 결국 로마로 돌아간다.

헨리 제임스 소설의 특징을 한 마디로 정의하자면 '고급스러움'이 아닐까. '고상함'이라고 불러도 좋으리라. 이 소설과 『나사의 회전』(1898) 딱 두 편을 읽은 게 고작이면서 함부로 정의 내리기 뭣하지만, 그래도 다른 단어를 찾지 못하겠다. 『여인의 초상』이라는 제목으로 읽었던 이 소설을 이번에 다시 읽으면서도 여전히 똑같은 생각을 했으니까. 미국인 작가로 활동하다 영국으로 귀화한 헨리 제임스는 자신의 소설에 '국제주의'라는 이름을 붙였다지만, 개인적으로는 그냥 유럽 지향의 취향을 가진 미국 작가였지 싶다('국제주의'라니, 대체 무슨 말인가?).

이저벨 같은 현대적 여성 캐릭터를 제대로 그려내는 데는 유럽보다 당시의 미국, 그러니까 남북전쟁 이후의 미국이 훨씬 더 적합했을 텐데 굳이 '구세계'인 유럽으로 끌어들일 필요가 있었을까 하는 의문도 작가가 추구한 '고급스러움'을 고려하면 금방 설명이 된다. 미국의 찰스 디킨스가 되기보다 영국의 또 다른 헨리가 되는 길을 택했달까(다른 헨리는 물론 헨리 필딩이다). 작가는 소설 속 오즈먼드의 수집품에 수놓인 고급 장식처럼 품격 있는 문장들로 악역마저도 고급 취향과 교양을 갖춘 인물로 그려내는 데다, 이야기의 구성도 극적인 것과는 거리가 멀어 이야기 자체보다 인물들의 심리적 갈등을 통해 극적 긴장감을 유지한다. 심지어는 대저택에 유령이 출몰하는 이야기인 『나사의 회전』에서는 유일하게 유령을 보는 인물인 여성 가정교사를 서술자로 내세우면서까지 저급해지지 않으려고 애쓴다(대개 이런 경우 유령을 보는 인물을 관찰하는 서술자를 따로 두어 더 극적인 상황을 만들게 마련인데도).

아무튼 헨리 제임스의 소설은 내가 읽은 소설 가운데 가장 고급스럽고 고상한 소설에 속한다. 그의 소설이 흥미로우면서도 한편으로는 불편하기도 한 이유다. 마치 고급 식당에서 잘 조리된 스테이크를 앞에 두고 그런 자리에 익숙한 상대와 그 자리에 어울릴 만한 고상한 대화를 나누며 격식에 맞게 식사를 해야 하는 상황에 놓인 듯하달까. 그의 소설이 심리소설의 전범이 된 것도 이런 이유 때문이 아닐까 싶다. '심리전'이나 '신경전'이라는 말이 있듯이 심리소설은 자신의 심리를 바닥까지 드러내 보이지 않으려고 애쓰면서 각자의 욕망을 추구하느라 갈등을 빚는 인물들을 그린 소설에 붙일 수 있는 이름일 테니까. 그러니 몇 푼 안 되는 돈 말고는 딱히 지킬 것 없는 저잣거리 인생들의 아귀다툼보다 돈과는 상관없어 보이는 품격과 교양을 갖춘 자들이 자신들의 품위와 취향을 지키면서 어떻게 돈을 얻어내느냐로 갈등을 빚는 상황만큼 심리소설에 적합한 소재는 또 없으리라.

    어쩌면 독자인 내가 느끼는 불편함도 헨리 제임스가 보여주는 고급 심리소설의 한 부분을 차지하는지도 모르겠다. 흥미롭기만 하다면 제대로 된 심리소설이 아닐 테니까.

문학이란 무엇인가

『보이지 않는 인간』 1·2
랠프 앨리슨, 조영환 옮김
민음사, 2012(2008)

이제는 사람들이 제각기 다르다는 걸 알게 됐으며, 모든 삶은 서로 갈라져 있고 그렇게 갈라진 곳에 진정한 건강이 존재한다는 사실을 알게 됐다. 그래서 나는 내 구멍 속에 머물러 왔다. 왜냐하면 저 위의 세상에는 인간들을 하나의 양식으로 일치시키려는 열망이 커지고 있기 때문이다. (2권 365쪽)

P와 통화했다. 둘 다 오십 대 중반이어서 요즘은 건강 이야기를 주로 나누게 된다. 이야기는 자연스레 죽는 문제로 이어진다. 지나치게 오래 살지 않고 적당한 시기에 큰 고통 없이 자연사하는 게 나나 P 둘 다 바라는 바다. 그런 행운을 맞을 수 있을까. 가장 큰 걸림돌은 건강 상태보다 외려 의·약학의 발전이다. 반복되는 치료와 약으로 연명하는 시간이 길어질까 봐 걱정이니까. 적당한 때에 스스로 삶을 끝낼 권리를 보장하는 문제도 사회적 의제로 논의될 날이 오는지 모르겠다.

죽음을 생각해서인지 한결 차분해진 마음으로 읽은 책은 미국 작가 랠프 엘리슨(1914~1994)이 1952년에 펴낸 소설 『보이지 않는 인간』이었다. 미국 남부에서 성장한 아프리카계 미국인 남성 '나'가 불미스러운 일로 대학에서 쫓겨나 북부 뉴욕으로 옮겨 간 뒤 할렘가에서 '동지회' 소속으로 흑인 인권 운동에 뛰어들었다가 정체성을 잃고 지하에 숨어 지내는 이야기다.

　미국 남부에서 태어난 '나'는 고등학교 졸업 연설이 화제가 되면서 백인들의 지원으로 대학에 진학한다. 그 과정에서 흑인 소년들을 모아놓고 격투기를 시키고 전기가 흐르는 카펫 위의 돈을 집게 만드는 등 백인들의 횡포를 겪기도 한다. 대학에서는 이사인 백인 노인 노턴 씨의 차를 운전하고 아내와 딸을 동시에 임신시킨 무지한 흑인을 만나게 만든 데다 흑인들의 술집에까지 데려간 것이 문제가 되어, 흑인 총장에게 협박과 회유를 받은 끝에 총장의 편지를 들고 북부 뉴욕으로 쫓겨 간다. 하지만 일자리를 위한 추천서인 줄 알았던 편지가 '나'를 비난하는 내용으로 일관한 편지라는 게 밝혀지고 어렵게 얻은 페인트 공장에서는 사고를 당해 일자리마저 잃는다. 어느 날 할렘의 흑인 노부부가 강제 퇴거되는 현장에서 일장 연설을 한 것이 계기가 되어 '나'는 이른바 '동지회'라는 곳에서 일하게 된다. 백인과 흑인이 함께하지만 주로 백인들이 주도하는 '동지회'는 라스로 대표되는 할렘의 흑인 민족주의 세력과 대치하는데, 그 와중에 '동지회' 소속 요원 클리프톤이 배신자로 몰렸다가 경찰의 총탄에 맞아 사망한다. 과학적 논리와 전략 그리고 위원회 중심으로 운영되는 저항 조직 '동지회'의 수장 잭은 위원회의 명령에 따르지 않는 '나'를 조직원으로 훈련시키면서 동시에 '나'에게 조직이 결국 너를 써먹고 버릴 것이라는 익명의 경고 편지를 보내기도 하는 위선자다. 클리프톤의 장례식을 통해 할렘의 흑인들을 조직한 '나'는 '동지회'에서 비난을 받고 흑인들은 폭동을 일으킨다. 현장으로 달려간 '나'는 폭동의 아수라장 속에서 그만 맨홀에 빠져 지하 토굴에 갇히는데, 백인에게도 흑인에게도 그저 보이지 않는 인간에 불과했다는 걸 깨달은 뒤 토굴에서 홀로 지내다가 개인으로서 세상에 나갈 준비를 한다.

작가는 아프리카계 미국 남성이다. 이런 식의 소개야말로 인종 차별이다. 포크너를 미국 백인 남성 작가라고 소개하지 않고 스탕달을 유럽의 백인 남성 작가라고 소개하지 않으니 말이다. 같은 이유로 아프리카계 미국 작가들의 소설이나 시 작품을 뭉뚱그려 '흑인 문학'이라고 이름 붙이는 것도 인종 차별이다. '백인 문학'이라는 규정이 따로 없는 한.

이렇게 단언하면 개운해질까? 당연히 그렇지 않다. 전 세계적으로 인종 차별이 여전히 심각한 사회 문제인 데다 겉으로 잘 드러나지 않는 사회 구조적인 차별도 만만치 않으니까. 문학이 이 같은 사회 문제에 귀 닫고 눈감는다면 문학의 의미는 더 이상 논할 가치조차 없으리라.

문제는 방법이다. 흑인 작가는 오로지 흑인 문제를 대변하는 작품을 써야만 하는 걸까? 흑인 작가는 개별적인 작가로서의 평가, 즉 작품성과는 무관한 대변자로서의 평가에만 의존해야 하는 걸까?(아시아나 중동 작가들도 마찬가지일 테다) 만일 그래야만 한다면 굳이 문학을 그 수단으로 택할 필요는 없을 게다. 선언문이나 팸플릿 혹은 르포르타주가 더 강력한 수단이 될 테니까. 외려 문학 안에서 '흑인'이라는 범주 자체를 지워버리고 그런 식으로 범주화하는 걸 추문으로 만드는 것이 마땅한 길일지도 모른다. 문학을 백인 남성들만의 전유물로 남겨두지 않는 것이야말로 문학을 통한 저항의 길이 될 테니까. 차별당하고 핍박받는 사람들이 입는 가장 큰 피해는 무조건 집단으로 묶이며 그 정체성을 강요당하는 것이 아닐까.

이 소설 속에서 주인공 '나'의 할아버지는 백인들에게 네, 네 하고 머리를 조아리며 종국엔 백인들 스스로 추한 압제자가 되도록 만드는 것이야말로 흑인들이 해야 할 일이라고 강조하지만, '나'는 그 길을 따르지 않고 대학에 진학한다. 대학 총장 블레드소는 백인들의 비위를 맞추며 총장의 자리에까지 오른 인물이지만 왜곡된 민족주의에 사로잡힌 권력자다. 한편 백인을 증오하고 '동지회'에 가입한 흑인들을 백인의 앞잡이라고 비난하는 흑인 민족주의자 라스는 아프리카로 돌아가야 한다며 흑인들을 부추기는 극단주의자다. '나'는 '동지회'에서 활동하며 저항 조직의 시스템을 경험하는데, 분노를 과학적 인식으로 무기화하고 단지 흑인의 시각에만 머무는 대신 세계 시민으로서의 저항 의식을 지녀야 한다는 데는 동의하지만, 그들은 '나'의 개별성을 인정하지 않을 뿐만 아니라 할렘의 흑인들을 저항을 위한 수단으로 이용한다. '나'는 백인 사회에서나 흑인 사회에서나 심지어는 저항을 위해 백인과 흑인이 함께하는 조직에서조차 개별성을 인정받지 못하고 '보이지 않는 인간'에 머물고 만다.

랠프 엘리슨은 이름도 부여 받지 못한 '나'가 지하 토굴에서 스스로를 돌아보며 잃어버린 개별성을 되찾아 가는 과정을 소설의 시간으로 설정함으로써 진실을 폭로하는 집단의 대변자에서 벗어나고자 애쓴다. 이름이 없는 건 아니지만 소설 속에서 단 한 번도 그 이름으로 호명되거나 스스로 자신의 이름을 밝히지 않는 데다 보이지 않는 인간으로 살아가야 하는 '나'에겐 흑인으로서의 정체성을 찾는 일 못지않게 개인으로서의 정체성을 찾는 일도 시급하다. 그래야 관계를 회복할 수 있고 당당히 한 사람의 시민으로 살아가며 저항할 수 있을 테니까.

　내가 생각하는 문학은 개별적 인간이 인생을 살아가면서 맺는 유무형의 관계에 대한 비논리적 성찰의 기록이다. 반면 성(性), 인종, 종교, 국가, 지역, 정치 단체 단위의 관계는 논리적 성찰을 통해 다루어야 마땅하리라. 그러니 문학의 영토에 집단 거주 지역이 따로 있어야 할 필요는 없겠지만, 이제까지 읽어온 세계 문학 작품들을 봐도 알 수 있듯이 세계 문학의 시민권자들이 주로 유럽이나 북미의 백인 남성들인 것 또한 부정할 수 없는 사실이다. 이 불균형과 불평등을 문학적으로 해결하는 방법은 이제까지 세계 문학의 비시민권자였던 흑인 남성과 여성, 아시아와 중동의 남성과 여성 작가들 다수가 시민권을 획득하는 길밖에 없으리라. 정치적 해결이 우선되지 않은 상황에서 문학적 해결을 바라는 게 가당키나 한 일일까 싶지만, 왜곡된 정치 현실을 추문으로 되비추는 게 문학의 특성이자 효용이라는 걸 생각하면 가당하지 않을까. 바로 이 작품 『보이지 않는 인간』이 그런 것처럼.

쥘리엥 소렐은 뫼르소의 모델일까?

『적과 흑』 1·2
스탕달, 이동렬 옮김
민음사, 2012(2004)

나는 진실을 사랑했다……. 그 진실이 어디에 있는가?
……도처에 위선이 있을 뿐, 적어도 허풍만이 난무할
뿐. 가장 덕성스럽다는 사람들에게도 가장 위대하다는
인물들에게도 그렇다. 그의 입술에는 역겨움의 표정이
떠올랐다……. 아니, 인간은 인간을 신뢰할 수 없는 것
이다. (2권 404쪽)

어느새 3월이 되었다. 봄을 재촉하는 비가 하루 종일 추적추적 내린다. 다시 찾아온 감기 때문에 오전 시간을 통째로 잠으로 날려버리고 점심을 대충 차려먹고 나서 '연필이' 물을 주었다. 동거인인 나와 달리 겨울을 잘 버텨 주어서 '연필이'에게 고맙기 그지없다.

3월이 되기 전 감기 때문에 자다 깨다 하면서 읽은 책은 프랑스 작가 스탕달(1783~1842)이 1830년에 펴낸 소설 『적과 흑』이었다. 프랑스 왕정복고기에 목수의 아들이자 나폴레옹의 열렬한 숭배자인 자유주의자 쥘리엥 소렐이 시장의

가정교사로 들어간 뒤 파리에까지 입성하면서 반동적인 상류사회의 일원이 되고자 야망을 불태웠으나, 두 여인과의 사랑 때문에 결국 파멸하는 이야기다.

프랑스의 소도시 베리에르에서 제재소를 운영하는 목수의 셋째 아들로 태어난 쥘리엥 소렐은 연약한 몸에 섬세한 감수성을 타고나 아버지와 두 형에게 매질을 당하기 일쑤다. 다행히 먼 친척인 퇴역 군인에게 라틴어를 배우고 사제에게 신학의 기본을 배운 덕에 쥘리엥은 열아홉 살에 시장 드 레날 씨 집에 가정교사로 들어간다. 하지만 자신보다 열 살이 많은 드 레날 부인과 내연 관계가 된 데다 투서를 통해 드 레날 씨가 그 사실을 알게 되어 피신하듯 브장송의 신학교에 입학한다. 신학교에서도 쥘리엥은 소외감을 느낀다. 왕정복고기의 혼란과 불안 속에서 권력과 돈을 가진 자들이 암투를 벌이는 것은 베리에르에서나 신학교에서나 마찬가지였던 것.

신학교 교장 피라르 사제의 추천으로 쥘리엥은 파리의 드 라몰 백작의 비서로 들어간다. 베리에르와 신학교에서 겪은 실패를 거울삼아 매사에 냉철하게 판단하고 신중하게 처신한 덕에 쥘리엥은 드 라몰 백작의 신임을 얻는다. 파리 상류사회의 귀족과 사제들은 물론 그들에게 붙어 재산을 불린 부르주아들 모두 다시 찾은 권력을 누리면서도, 언제 혁명이 일어나 쥘리엥 같은 평민들이 자신들을 공격할지 몰라 전전긍긍하느라 정치 이야기도 금하면서 그야말로 권태에 찌들어 지내는 형편이다. 나폴레옹을 숭배하며 자유주의 사상에 심취한 쥘리엥은 그 사실을 숨겨가며 사교계에까지 진출하지만 물과 기름처럼 겉돌기만 한다. 그러던 중 드 라몰 백작의 딸 마틸드가 쥘리엥에게 연정을 품는다. 따분하기 그지없는 귀족 청년들에게 매력을 못 느낀 마틸드는 낭만적이고 영웅적인 기사 같은 인물과의 사랑을 꿈꾸던 중 쥘리엥을 주목한 것. 하지만 오만한 마틸드는 쥘리엥의 마음을 흔들었다가 다시 냉정한 귀족의 딸로 돌아가기를 반복한다. 이에 격분한 쥘리엥은 다른 귀부인에게 관심을 갖는 척하며 마틸드의 질투를 유발해 마음을 사로잡는다. 마틸드가 임신을 하자 드 라몰 백작에게 영지와 많은 돈은 물론 경기병 장교 신분까지 얻지만, 드 레날 부인이 사제의 꾐에 빠져 드 라몰 백작에게 쥘리엥을 비난하는 편지를 보내는 바람에 모두 허사로 돌아간다. 격분한 쥘리엥은 베리에르로 말을 몰아 가 교회에서 드 레날 부인에게 총을 쏘고 그 자리에서 붙잡혀 감옥에 갇힌다. 다행히 드 레날 부인은 어깨에 부상만 입지만, 열정과 야망으로 성공만을 꿈꾸던 쥘리엥은 자신의 행동에 충격을 받고 삶의 의욕을 잃는다.

쥘리엥은 자신을 구하려고 이리 뛰고 저리 뛰는 마틸드를 냉담하게 대하는 한편 쾌차해 찾아온 드 레날 부인과는 사랑을 재확인한다. 하지만 마틸드와 드 레날 부인의 부단한 노력에도 불구하고 쥘리엥은 재판정에서 평민 계급의 젊은 이로서 야망을 가진 것이 죄이고 안타깝게도 분개한 부르주아들의 판결을 받게 되었노라고 발언해 배심원들을 자극함으로써 사형 선고를 받는다. 쥘리엥은 기요틴에 목이 잘리고 마틸드는 쥘리엥의 시신을 빼내 장사지낸다. 그리고 드 레날 부인은 쥘리엥이 참수되고 사흘 뒤 사망한다.

스탕달의 본명은 앙리 벨(Henri Beyle)이다. 이른바 '벨리슴(beylisme)'은 스탕달의 본명에서 왔다. 삶에서 가장 중요한 건 행복 추구라는 주장이다. 스탕달이 살았던 시대를 감안하면 좀 뜬금없는 주장이다. 자유나 혁명, 귀족의 고상함 따위가 아니라 행복 추구라니. 실제로 스탕달의 다른 소설 『파르마의 수도원』(1839)은 "소수의 행복한 사람들에게 바친다(To the Happy Few)"라는 문장으로 끝난다. '소수'라고 했으니 만인의 행복은 아닌 모양이다. 선택된 소수에게만 허락된 행복, 스탕달이 추구한 행복이었다.

그렇다고 스탕달의 일생이 불행으로 점철된 삶이었느냐면, 그건 또 아닌 듯하다. 어린 나이에 어머니를 여의고 변호사였던 아버지와 불화를 겪었다는 정도랄까. 나폴레옹 치하에서 공직에 진출해 고위관료로 일하기도 했다. 비록 왕정복고기에 실직하지만 이탈리아에 머물며 글을 썼고, 1830년 7월 혁명 후에는 다시 관직을 얻는다. 결혼은 안 했지만 연애 경험은 여러 번이어서 저 유명한 『연애론』을 쓰기도 했다. 간혹 질병에 시달리고 궁핍을 겪기도 했지만 그 정도 가지고 불행한 삶이었다고 할 수는 없으리라. 생전에 작품이 널리 알려지지 않았다지만 문인으로 레지옹 도뇌르 훈장을 받았으니 불운한 작가였다고 할 수도 없겠다. 나폴레옹이 모스크바에서 퇴각할 때 관료 신분으로 함께했다는 사실이 이력 가운데 눈에 띈다. 그렇다고 전쟁의 참혹함을 직접 겪은 것 같지 않으니 그 때문에 행복을 강조한 건 아닌 듯하다.

소설 『적과 흑』도 작가의 경험이 아니라 실제 일어난 사건 기록을 토대로 쓰였다. 실제 사건의 뼈대를 지나치게 의식해서인지 이야기의 전개나 서술자의 서술 모두 입을 떡 벌리게 만들 정도는 아니다. 연애 사건의 비중이 과하다 싶고 그 밖의 사건은 연애 사건만큼 치밀하게 다루어지지 못한 듯하다. 가령 밀사로 영국에 건너간 쥘리엥의 행보는 뒷이야기도 없이 바람 빠진 풍선처럼 허무하게 끝나버린다. 세 번째 읽는데도 여전히 짜임새 있는 소설이라는 인상을 받지는 못했다.

이 소설에서 가장 인상적인 부분은 마틸드와 쥘리엥의 연애 사건을 그린 부분과 감옥에 갇힌 쥘리엥을 그린 부분이다. 마틸드와 쥘리엥, 즉 계급이 다른 두 남녀의 연애 감정을 묘사한 부분은 현대 소설 작품에서도 보기 어려울 정도로 섬세하고 치밀해서 놀라웠고, 감옥에 갇힌 쥘리엥은 『이방인』의 뫼르소를 떠올리게 할 정도로 서늘했다. 그러니 연애 이야기를 좀 줄이고 감옥 이야기를 늘렸다면 야망과 정열로 가득한 뫼르소로서의 쥘리엥 소렐이라는 독특한 인물을 창조할 수 있었을 텐데 하는 아쉬움이 남는다. 그랬다면 쥘리엥 소렐을 알제리 알제의 강렬한 태양과 지중해의 소금기 가득한 더운 바람에 꾸덕꾸덕하게 말려 낸 인물이 바로 뫼르소가 되었을 텐데.

『파르마의 수도원』도 『적과 흑』과 마찬가지로 연애 사건이 중심인 이야기다. 다른 점이라면 주인공 파브리스가 쥘리엥과 달리 이탈리아 귀족의 아들이라는 점과 시대가 좀 앞서서 나폴레옹의 워털루 전투에 참전했다는 정도랄까. 『연애론』을 비롯해 다양한 에세이를 소설보다 더 많이 남긴 작가라는 점을 고려할 때, 스탕달의 '벨리슴'은 소설보다는 에

세이에 더 어울려 보인다. "소수의 행복한 사람들에게 바친다(To the Happy Few)"라는 문장도 소설보다는 에세이에 더 어울려 보이고.

하지만 반동적으로 정체된 사회의 권태와 불안 심리를 스탕달만큼 예민하게 그린 작가가 다시없다는 사실에는 별다른 이의를 달고 싶지 않다.

'빈곤 포르노' 속에 버려진 인물들

『목로주점』 1·2
에밀 졸라, 윤진 옮김
펭귄클래식코리아, 2012(2011)

제르비즈는 (중략) 자기가 꿈꾸던 것들이 기억났다. 마음 편하게 일하고, 먹을 것이 있고, 조금 깨끗한 잠자리가 있고, 아이들을 잘 기르고, 매 맞지 않고, 자기 침대에 누워 죽는 것 말이다. (중략) 지금 그녀는 일을 못 하고, 먹지 못하고, 쓰레기 더미 위에서 자고, 딸은 남자들 꽁무니를 따라다니고, 남편은 자기를 때린다. 이제 길거리에서 죽는 것만 남았다. (2권 258쪽)

3월이 되었는데도 날씨도 마음도 스산하기만 한데 그래도 집 앞 산수유나무에 노랗게 꽃이 핀 걸 보면 봄이 오긴 온 모양이다. 하지만 집 안은 여전히 썰렁한 데다 감기 기운마저 떨어지지 않아서 전혀 봄 같지 않은 나날을 보내고 있다. 베란다 창으로 보이는, 미처 겨울 코트를 벗지 못한 듯 잔뜩 흐린 채로 무겁게 내려앉은 봄 하늘을 흘낏거리며 프랑스 작가 에밀 졸라(1840~1902)가 1877년에 펴낸 소설 『목로주점』을 읽었다. 이른바 '루공 마카르 총서' 스무 권 중 일곱 번째 책으로, 제르비즈 가족을 주인공으로 해서 프랑스 제2제정기 파리 변두리에서 빈궁한 생활을 이어가는 하층 계급들의 삶을 그린 소설이다.

스물두 살 꽃다운 나이에 남편 라티엥과 두 아이를 데리고 파리 변두리 단칸방으로 이사 온 제르비즈는 앞으로 어떻게 살아가야 할지 막막하기만 하다. 남편은 일은 하려 하지 않고 제르비즈의 옷가지들을 전당포에 맡기게 하더니 결국엔 같은 건물에 사는 아델이라는 여성과 바람이 나서 도망가 버린다. 세탁장에서 제르비즈는 아델의 언니 비르지니와 대판 싸움을 벌인다.

그렇게 두 아이와 남은 제르비즈는 세탁부 일을 하며 악착같이 돈을 번다. 그리고 몇 년 뒤 함석 일을 하는 쿠포와 결혼한다. 인색하기 그지없는 시누이 로리유 부인은 절름발이인 데다 아이들까지 딸린 제르비즈를 못마땅해하지만 제르비즈와 쿠포는 성실하게 돈을 벌어 동네에 세탁소를 열 가게를 얻을 수 있게 된다. 하지만 쿠포가 지붕에서 일하다가 떨어지는 바람에 모아둔 돈이 치료비와 생활비로 나가 가게는 남 일이 되어버리는데, 이웃에서 어머니와 함께 살며 제르비즈를 흠모하던 구제라는 철공소 직원이 큰돈을 빌려주겠노라고 해서 제르비즈는 큰맘 먹고 가게를 열고 이사를 한다.

그리고 비르지니가 푸아송이라는 경찰과 결혼해 제르비즈가 살던 방으로 이사 오면서 두 사람은 화해하고 제르비즈는 라티엥과 아델이 헤어졌다는 소식도 듣는다. 제르비즈의 생일날 친척과 세탁소 직원 그리고 동네 사람들을 초대해 잔치를 벌이는데 라티엥이 나타났고, 쿠포와 실랑이를 벌이다가 엉뚱하게도 의기투합하게 된 두 사람은 함께 살기로 한다.

그렇게 제르비즈는 세 아이와 두 남자 그리고 인색한 시누이들에게 버려지다시피 한 시어머니까지 여러 입을 먹여 살려야 하는 신세가 된다. 다행히 큰아들은 다른 지방으로 일을 배우러 떠나고, 작은아들 에티엔도 구제의 철공소에 견습생으로 취직한다. 쿠포와의 사이에 태어난 딸 나나만 남은 셈이다. 하지만 성실하던 쿠포는 라티엥과 어울려 다니며 술에 절어 살고 삶의 의욕을 잃은 제르비즈는 라티엥의 유혹에 넘어가 잠자리를 반복한다.

동네에 소문이 자자해지면서 세탁소의 일거리도 떨어지고 하루하루 빚만 늘던 어느 날 시어머니 쿠포 부인이 사망하자 라티엥의 꾐에 넘어간 제르비즈는 가게를 비르지니 부부에게 넘긴다. 라티엥은 이번엔 비르지니에게 붙어 잡화점 가게 한쪽을 차지한 채 산다. 훌쩍 성장해 고모가 일하는 조화 공장에서 일하던 나나는 가출을 반복하다 아주 떠나버리고, 쿠포는 술 때문에 정신병원에서 사망한다. 쿠포를 따라 술을 마시게 된 제르비즈도 먹을 것이 없어 굶주리다가 죽는다.

'루공 마카르 총서'라고 하니까 대단한 듯 보이지만 실은 루공 집안과 마카르 집안의 이야기를 스무 권의 소설로 엮은 것이다. 한국이라면 '김이 총서'나 '이박 총서'가 되는 셈이랄까. 마카르는 결혼하기 전 제르비즈의 성이다. 내가 읽은 마카르 집안 이야기는 제르비즈의 이야기인 이 소설 『목로주점』과 둘째아들 에티엔이 탄광촌에서 광부들의 파업을 이끄는 이야기인 『제르미날』 그리고 나나가 여배우이자 고급 매춘부가 되어 살다가 쓸쓸하게 죽는 이야기인 『나나』(1880)가 전부다. 루공 집안 이야기는 『여인들의 행복 백화점』(1883)이 번역된 걸로 아는데 아직 읽어보지 못했다.

'총서'라는 이름에서 느껴지는 것처럼 에밀 졸라는 하층 계급의 삶을 두 가문의 가계도를 따라가며 소설화함으로써 "유전과 환경이 인간의 지적이고 감정적 현실에 미치는 영향"을 탐구하고자 했다. 그중 『목로주점』은 "변두리 지역의 끔찍한 환경 속에서 일어나는 한 노동자 가족의 숙명적인 타락" 이야기다.

작가는 오랜 시간 하층민들의 삶을 취재했으리라. 그들이 어떻게 돈을 벌어 뭘 먹고 사는지는 물론 그들이 사용하는 저급한 표현이나 속어, 음탕한 말 들도 꼼꼼히 기록해 소설에 담았을 테고, 그런 노력의 결과 이 같은 르포르타주 소설이 탄생했으리라. 세계 문학 전집에 수록된 장편 소설로 치면 세계 문학사상 최초로 하층 계급이 소설의 중심인물로 등장한 것이다. 이 책을 통해 이제까지 읽어온 많은 작품들 속에서 변변한 대사 한 줄 얻지 못하거나 이름조차 부여받지 못하고 배경으로만 등장하던 그 사람들, 귀족이나 부르주아들과 달리 몸을 써 일하지 않으면 먹고살 수 없는 사람들이 마침내 한 편의 소설을 책임지는 주요 인물로 부각한 셈이랄까.

이렇게 따지면 뭔가 공정해진 느낌이지만, 막상 소설을 읽어보면 '그 사람들'이 과연 만족해할지 의문이다. 처음 이 소설을 읽었을 땐 나 또한 어린 시절의 풍경들이 떠올라 정감이 가기도 하고 공연히 뭉클해지기도 했지만(조선작의 단편소설 「영자의 전성시대」의 배경인 1970년대 서울 변두리의 삶을 떠올린다면), 소설이 전개되는 과정을 보면 귀족이나 부르주아들이 주인공인 소설과 달리 주목할 만한 문학적 장치가 거의 없다는 데 일단 실망하게 된다.

실제로 이 소설에서 시간은 아무런 작용을 하지 않는다. 파리에 온 제르비즈 가족이 20년 넘게 고생하면서 파멸해 가는 기록을 그대로 전하는지라 시간의 운용으로 만들어지는 절묘한 플롯은 기대하기 어렵다. 작가가 애써 길게 묘사하는 몇몇 장면들, 즉 세탁장에서의 싸움, 제르비즈와 쿠포의 결혼식 풍경, 제르비즈의 생일 축하연, 배가 고파 밤거리에 나선 제르비즈, 쿠포가 병원에서 발작을 하며 죽어가는 장면 등은 플롯을 위해서가 아니라 그저 볼거리를 위해 길게 묘사하고 설명한 데 지나지 않는 듯하다. 나머지 시간들은 각각의 장 안에서 몇 년씩 훌쩍 지나가기 일쑤고.

인물의 대사나 행동도 성격을 드러내기보다 하층민들의 생활을 적나라하게 보여주기 위한 장치에 불과해서, 대사가 서로 바뀐다 해도 소설의 색깔이 달라지진 않을 듯하다. 아니, 제르비즈가 아니라 비르지니나 로리유 부인에게 주인공 역할을 맡겼더라도 전혀 다른 소설이 되었을 것 같지 않다. 작가의 서술에서 자신이 창조한 인물들에 대한 애정을 엿볼 수 없다는 뜻이기도 하다.

하층민의 실태를 조명하는 소설이라 해도 그들에게 맞는 드라마를 부여할 수 있었을 텐데, 이 소설에는 드라마가 전무하다. 전남편 랑티에가 등장할 때만 해도 사뭇 긴장감이 감돌았지만 먹고사는 문제에 덮여 그럴듯한 갈등은 소문 속에 묻히고 만다. 구제와 제르비즈 사이의 애틋한 감정 또한 곁다리 이야기로 처질 뿐이다.

이 소설에서 유일하게 비극적인 드라마를 부여받은 인물은 이웃에 사는 여덟 살짜리 소녀 랄리뿐이다. 술주정뱅이 비자르의 맏딸로 엄마가 술 취한 아버지에게 반복적으로 맞아 사망한 뒤, 동생들을 돌보며 엄마 역할을 대신하는데 술 취한 아버지에게 두드려 맞는 역할까지 떠맡는 바람에 어린 나이에 안타깝게 사망한다. 그러면서도 어른스럽게 아버지를 두둔하고 동생들을 걱정하는 랄리만이 비극적 드라마의 주인공 역할을 담당하고 있달까.

하지만 구제와 랄리는 소설에서 변방에 머무는 인물들이어서 외려 이 소설이 시종일관 드라마를 거부한다는 걸 방증해 줄 뿐이다. 드라마가 없으니 소설의 인물들에게 삶의 의미 같을 걸 물을 수도 없다. 단지 먹고살기 위해 그악스럽게 싸우고 일하고, 잔치도 삶의 여유를 즐기기 위해서가 아니라 목 끝까지 음식을 욱여넣기 위해 벌이는, 그야말로 일차원적인 생존만 있을 뿐이다.

이 소설을 다시 읽으면서 나는 '빈곤 포르노'를 떠올렸다. 가난하고 빈곤한 삶의 단면이 마치 전시되듯 혹은 광고되듯 반복적으로 노출되는 영상. 처음엔 충격을 주지만 반복되다 보면 전시되는 대상이나 지켜보는 사람이나 인간 개개인의 존엄성이란 게 있는지 의심하게 만드는 영상들. 그들만의 삶의 맥락이나 드라마는 빠진 채 극단적인 장면만 반복적으로 노출되기 때문일 터이다. 『목로주점』이 뛰어난 소설인 건 알겠는데 그래도 어쩐지 내겐 '빈곤 포르노'처럼 비친다. 안타깝게도.

소설가 염상섭

『삼대』
염상섭
문학과지성사, 2004

'(전략) 아버지는 신앙과 빵을 차차 잃어버려가는 도중에 있는 양반이다. (중략) 현대인도 아니었다. 몰락의 운명을 앞에 두고 화에 뜨니까 저러시는 것이다. 그것을 생각하면 도리어 가엾으시기도 하나 그것은 아버지 일개인의 운명만도 아니다. 전 유산 계급인의 공통한 고통이다……' (576~77쪽)

경칩이 지났으니 이젠 그야말로 봄인 셈이다. 봄이 지나면 또 새로운 거처를 찾아야 한다. 근처에 다시 들게 되면 좋겠는데 그리 될지 모르겠다. 오랜만에 병원에 가서 의사를 만나고 수면 장애를 개선할 약을 새로 처방 받고 이런저런 이야기도 나누고 왔다. 항우울제 성분이 포함된 약이라니 다시 약을 먹게 된 셈이다. 역시 섣부르게 약을 끊겠다고 고집을 부린 모양이다.

    P하고 통화했다. 3월이 지나기 전에 꼭 얼굴을 한번 보자고 약속했다. 요즘은 매일 통화하면서 서로의 안부를 챙기는

동생에게도 봄 인사를 전했다. '연필이'에게도 겨울을 잘 나 주어서 고맙다고 인사했다.

아무려나 지난해 6월에 이 집에 들어오면서 세계 문학 전접 읽기를 시작한 것이 어느새 9개월째에 접어들었고 지금까지 아흔아홉 권을 읽고 썼다. 마지막 백 권째 책으로 어떤 걸 고를까 하다가 세계 문학 전집인데 한국 작가의 작품 한 권 없어서 되겠나 싶어 염상섭(1897~1963)이 1931년에 연재해 1948년에 펴낸 소설 『삼대』를 골랐다. 1930년대 일제 강점기에 경성의 재산가 조씨 집안이 3대에 걸쳐 재산을 지키고 빼앗기 위해 서로 싸우는 이야기를 그린 소설이다.

일본 유학 중인 조덕기는 방학을 지내고 다시 돌아가기 전에 친구인 김병화와 함께 작은 술집에 들렀다가 자신의 어릴 적 친구이자 아버지 조상훈의 아이를 낳은 홍경애를 만난다. 수원 출신인 홍경애는, 기독교 계통에서 독립운동을 하다 옥고를 치르고 병중에 있는 아버지, 그리고 어머니와 살다가 조상훈이 지원하는 기독교 계통 학교에서 교원으로 일하던 중 상훈의 아이를 낳고 지금은 술집에서 일하는 여성이다. 조상훈은 재산가 조의관의 아들로 2년간 미국 유학을 다녀와 사회 운동에 나서지만 3·1 만세 운동 이후 허무주의에 빠져 술과 여자에 탐닉하다 아들의 친구인 경애에게마저 소실을 본다.

한편 김병화는 조선공산당 검거 사태 이후 장차 조직을 재건한다는 명분으로 무산자 계급 투쟁의 선배격인 필순의 아버지 집에 기거하며 친구인 덕기에게 술과 생활비를 얻어먹는 신세다. 그런가 하면 덕기의 조부 조의관은 부인이 죽은 뒤 젊은 여성 수원댁을 안방에 들이고 일흔 나이에 딸을 낳더니 기독교에 빠진 아들 상훈은 내치다시피 하고 손주 덕기만 싸고도는 노인이다. 또한 양반 족보를 사서라도 자신 사후까지 집안의 재산과 권위가 이어지기를 바란다. 하지만 기생집 마담과 참봉이 짝짜꿍해 들인 수원댁은 어떻게 해서든지 재산을 차지하기 위해 상훈과 상훈의 처도 내쫓고 덕기의 처까지 경계한다. 손자인 덕기는 재산과 가문에 집착하는 봉건적 중인인 조부도, 유학 1세대로 기독교를 통한 문화 운동에 나선 듯하더니 외려 더 위선적인 작태에 빠져든 부친도 이해가 안 되고, 그렇다고 친구 병화처럼 사회주의 의식에도 몰입하지 못한 채 그저 못 가진 자들을 동정하는 무력한 지식인이다.

상훈은 아들의 친구인 김병화에게 비아냥거림을 들어가면서도 경애를 만나기 위해 술집을 찾고 호텔에까지 유인하려다가 봉변을 당한다. 한편 홍경애는 수원 집 판 돈을 들고 블라디보스토크로 떠버린 외삼촌 대신 찾아온 외사촌 피혁에게 병화를 소개하고, 병화는 조의관이 죽고 나면 상훈을 꼬드겨 군자금을 확보하려던 차에 피혁을 소개받아 그에게 돈을 받는다. 그러는 중 경애는 병화에게 연정을 느끼고, 병화를 통해 고무공장에 다니는 필순을 소개받은 덕기는 필순을 공부시키고자 한다. 필순은 그런 덕기에게 비록 아내와 자식이 있는 유부남임에도 연정을 느낀다.

그 와중에 조의관이 낙상해 드러눕게 되자 집안엔 긴장감이 감돈다. 일본에 있는 덕기를 급하게 불러들인 조의관은 금고 열쇠를 건네며 재산 분배에 대해 언질한다. 결국 조의관은 병원에 실려 갔다가 사망하는데 비소 중독이 의심되자 수원댁과 참봉 일당이 대주며 달여 먹인 한약을 검사해 보지만 집안 망신이 염려돼 부검은 하지 못한다. 한편 병화와 경애는 필순네를 데리고 일본 반찬집을 넘겨받아 장사를 시작하는데, 당파를 달리하는 운동 그룹 내부에서 총독부의 비밀 자금을 받아 가게를 차린 것으로 오해한 데다가 내부의 숨은 전략까지 엮여 충돌이 벌어지는 바람에 필순의 아버지가 부상을 당하고 병화와 경애도 봉변을 당한다. 상대의 우두머리 격인 장훈과는 오해를 풀지만, 일본 경찰은 이참에 골칫거리인 피혁과 장훈, 병화는 물론 덕기 집안의 문제까지 일괄 처리하려는 속셈으로 모두 잡아들인다. 그 와중에 기생집 마담의 부추김에 젊은 여성을 집에 들인 성훈은 덕기에게 배분된 아버지 재산을 빼돌리려고 유서를 조작했다가 잡혀 들어가고, 수원댁 무리는 비소 중독 사건의 용의자로 검거되고, 장훈은 취조를 받다가 코카인을 몰래 복용하고 자살한다. 경애와 필순 그리고 덕기는 풀려나지만 필순의 아버지는 결국 사망하고 병화는 감옥에서 나오지 못한다.

『삼대』는 1930년대 일제강점기, 돈 많은 서울 중인 계급 집안의 3대에 걸친 이야기이자 식민 시대를 산 조선인 3대의 이야기이기도 하다. 구한말 봉건의식을 그대로 구현한 조부 조의관과 그런 아버지 세대에 맞서 서구의 학문과 종교로 무장하고 새로운 시대를 개척하기 위해 싸우다 허망하게 무너져 버린 조상훈, 그리고 아버지 세대의 실패를 목도한 채 무력한 지식인으로 삶의 좌표를 잃고 헤매는 조덕기가 3대를 대표하는 인물들이다. 이들의 삶을 그리는 데 집단보다 개인에 주목했다는 게 소설 『삼대』의 특징이 아닐까. 조의관도 할아버지 세대를 대표할 만한 인물은 아니고 조상훈과니 기독교에 빠진 아들 상훈은 내치다시피 하고 손주 덕기만 싸고도는 노인이다. 또한 양반 족보를 사서라도 자신 사후까지 집안의 재산과 권위가 이어지기를 바란다. 하지만 기생집 마담과 참봉이 짝짜꿍해 들인 수원댁은 어떻게 해서든지 재산을 차지하기 위해 상훈과 상훈의 처도 내쫓고 덕기의 처까지 경계한다. 손자인 덕기는 재산과 가문에 집착하는 봉건적 중인인 조부도, 유학 1세대로 기독교를 통한 문화 운동에 나선 듯하더니 외려 더 위선적인 작태에 빠져든 부친도 이해가 안 되고, 그렇다고 친구 병화처럼 사회주의 의식에도 몰입하지 못한 채 그저 못 가진 자들을 동정하는 무력한 지식인이다.

상훈은 아들의 친구인 김병화에게 비아냥거림을 들어가면서도 경애를 만나기 위해 술집을 찾고 호텔에까지 유인하려다가 봉변을 당한다. 한편 홍경애는 수원 집 판 돈을 들고 블라디보스토크로 떠버린 외삼촌 대신 찾아온 외사촌 피혁에게 병화를 소개하고, 병화는 조의관이 죽고 나면 상훈을 꼬드겨 군자금을 확보하려던 차에 피혁을 소개받아 그에게 돈을 받는다. 그러는 중 경애는 병화에게 연정을 느끼고, 병화를 통해 고무공장에 다니는 필순을 소개받은 덕기는 필순을 공부시키고자 한다. 필순은 그런 덕기에게 비록 아내와 자식이 있는 유부남임에도 연정을 느낀다.

그 와중에 조의관이 낙상해 드러눕게 되자 집안엔 긴장감이 감돈다. 일본에 있는 덕기를 급하게 불러들인 조의관은 금고 열쇠를 건네며 재산 분배에 대해 언질한다. 결국 조의관은 병원에 실려 갔다가 사망하는데 비소 중독이 의심되자 수원댁과 참봉 일당이 대주며 달여 먹인 한약을 검사해 보지만 집안 망신이 염려돼 부검은 하지 못한다. 한편 병화와 경애는 필순네를 데리고 일본 반찬집을 넘겨받아 장사를 시작하는데, 당파를 달리하는 운동 그룹 내부에서 총독부의 비밀 자금을 받아 가게를 차린 것으로 오해한 데다가 내부의 숨은 전략까지 얽혀 충돌이 벌어지는 바람에 필순의 아버지가 부상을 당하고 병화와 경애도 봉변을 당한다. 상대의 우두머리 격인 장훈과는 오해를 풀지만, 일본 경찰은 이참에 골칫거리인 피혁과 장훈, 병화는 물론 덕기 집안의 문제까지 일괄 처리하려는 속셈으로 모두 잡아들인다. 그 와중에 기생집 마담의 부추김에 젊은 여성을 집에 들인 성훈은 덕기에게 배분된 아버지 재산을 빼돌리려고 유서를 조작했다가 잡혀 들어가고, 수원댁 무리는 비소 중독 사건의 용의자로 검거되고, 장훈은 취조를 받다가 코카인을 몰래 복용하고 자살한다. 경애와 필순 그리고 덕기는 풀려나지만 필순의 아버지는 결국 사망하고 병화는 감옥에서 나오지 못한다.

『삼대』는 1930년대 일제강점기, 돈 많은 서울 중인 계급 집안의 3대에 걸친 이야기이자 식민 시대를 산 조선인 3대의 이야기이기도 하다. 구한말 봉건의식을 그대로 구현한 조부 조의관과 그런 아버지 세대에 맞서 서구의 학문과 종교로 무장하고 새로운 시대를 개척하기 위해 싸우다 허망하게 무너져 버린 조상훈, 그리고 아버지 세대의 실패를 목도한 채 무력한 지식인으로 삶의 좌표를 잃고 헤매는 조덕기가 3대를 대표하는 인물들이다. 이들의 삶을 그리는 데 집단보다 개인에 주목했다는 게 소설 『삼대』의 특징이 아닐까. 조의관도 할아버지 세대를 대표할 만한 인물은 아니고 조상훈과

조덕기 또한 마찬가지다. 하지만 이들 각자의 생생한 일상과 심리 묘사를 통해 당시 서울에 살던 조선 사람들이 무슨 생각을 하며 어떻게 살았는지 자연스럽게 그려냈다는 게 이 소설의 특장인 셈이다.

설화나 신화와 달리 소설은 집단이 아닌 개인의 삶에 주목한 이야기이다. 하여 집단의 정체성을 규정하고 그 운명을 바꾸는 사건이 아니라 개인의 정체성을 살피고 그 운명을 바꾸는 사건을 다룬다. 그래야 소설에 맞는 이야기를 개인의 시간 안에서 이끌어 갈 수 있기 때문. 소설의 탄생이 곧 개인의 탄생 혹은 개인 이야기의 탄생이라고 규정할 수 있는 이유겠다.

염상섭은 당대 한국 작가들 가운데 이 사실을 가장 적확하게 깨닫고 쓴 작가다. 미리 재단된 선악 구분을 특징으로 하는 관념적 이야기나 감상적인 민족애를 자극하는 집단적 이야기를 통해 계몽 지식인의 역할을 자처했던 작가들 속에서 염상섭은 탄탄한 사실주의에 입각해 개인들의 이야기를 들려준 작가로 빛난다. 『삼대』에서도 인물들은 전혀 겹치지 않은 채 각각의 개성을 그대로 드러내면서 누구 하나 도중에 내쳐지지 않고 전체 이야기 속에서 자신만의 역할을 담당한다. 심지어는 김병화가 입던 낡은 외투와 피혁이 신었던 구두조차도 소홀히 다루어지지 않고 결정적인 역할을 해낼 정도다.

마지막 백 권째 책으로, 유일한 한국 소설 작품으로, 다른 작품들에 전혀 뒤지지 않을 만큼, 아니 당당히 내세워도 좋을 만큼 뛰어난 소설, 『삼대』를 읽었다.

세계 문학 전집을 읽고 있습니다 1
김정선 지음

초판 1쇄 발행 2021년 8월 16일

펴낸곳 포도밭출판사
펴낸이 최진규
등록 2014년 1월 15일 제2014-000001호
주소 충청북도 옥천군 옥천읍 성신로 16, 필성주택 202호
전화 070-7590-6708
팩스 0303-3445-5184
전자우편 podobatpub@gmail.com
웹사이트 podobat.co.kr

ISBN 979-11-88501-21-2 03800

이 책은 저작권법에 따라 보호받는 저작물이므로
무단 전재와 복제를 금합니다.

책값은 뒤표지에 있습니다. 잘못된 책은 바꾸어 드립니다.